社会就労センター ハンドブック
働く支援のあり方

はじめに

　平成24年6月27日に障害者総合支援法が公布され、平成25年4月に施行されました。平成26年1月20日には障害者権利条約が批准、同年2月19日に発効され、日本は141番めの批准国となりました。また、障害者虐待防止法が平成24年10月、障害者差別解消法が平成28年4月、改正障害者雇用促進法が一部を除き平成28年4月、そして平成28年5月改正の障害者総合支援法が平成30年4月にそれぞれ施行され、令和3年5月には改正障害者差別解消法が成立するなど、障害者を取り巻く状況は、大きく変化を続けています。

　本書は、全国社会就労センター協議会（セルプ協）が平成27年に『改訂　社会就労センターハンドブック』を発刊して以降の社会福祉制度改革の経緯に加え、この間のセルプ協の取り組みを含め、最新の状況を踏まえ、事業を推進する上で活用できる多岐にわたる情報を整理したものです。

　障害者の「働く・くらす」を支える社会就労センターの役割は、就労継続支援B型事業、就労継続支援A型事業、生産活動を行う生活介護、就労移行支援、就労定着支援、また、生活保護・社会事業授産の基準該当B型、地域活動支援センター等の「働く」を支えると、施設入所支援、グループホーム、アパート、自宅等で生活をする「くらす」を支えるとの幅の広いものとなっています。しっかりと働き続けるためには、生活の安定が重要であり、それを支える社会就労センター職員の役割も増大しています。社会就労センターの職員には、利用者への支援力に加え、仕入れ、生産、販売、商品開発等の就労支援事業にかかる専門知識や技術力、営業力などが求められています。

　平成25年4月1日には、セルプ協の悲願であった障害者優先調達推進法が施行されました。まさに私たちの事業を後押ししてくれる法律ですが、それぞれの施設・事業所が工賃向上に向けた取り組みを進めるためにも、前述した知識の習得が求められます。

　令和3年度には「SELP Vision 2030」として、SDGs（持続可能な開発目標）等のめざすところを取り込みながら、セルプ協と会員社会就労センターがめざす未来を「みんなの夢を実現するための11チャレンジ」として整理し、従来の「働く・くらす」から「楽しく働き、心豊かにくらす」へとバージョンアップしました。

　「障害の有無や年齢、性別、国籍に関係なく、誰もが地域のなかで、必要とされ、自分の力を生かして楽しく働いて活躍し、限りある地球の資源を大切にしながら、ともに心豊かに安心して暮らせる未来を創る」ことが私たちの役割です。

　最後に、本書を作成するために、お忙しいなか執筆にご協力をいただいた、諸先生方ならびに役員、委員の皆さまに心より感謝を申しあげます。

　令和4年1月

社会福祉法人 全国社会福祉協議会
全国社会就労センター協議会
会長　阿由葉　寛

目　次

第2章　組織の運営 ……………………………………………………………… 33

第1章

社会就労センターの沿革と機能

1 授産施設から社会就労センターへ

（1）授産施設の歴史と概要

　授産事業は、古代から窮民や刑余者を対象とする更生の方法として、主に救済施設に付随して行われてきた。

　古くは、6世紀後半に聖徳太子によって建立された四天王寺に付設された四箇院が設置された。そのひとつ「悲田院」は、貧窮孤独な人々を住まわせて、衣食住を保障し、仕事を手伝わせたとの記録がある。この実践は、わが国の中央集権的律令国家の成立の下による、仏教思想に基づく人道主義の実践であった。その後、この聖徳太子の実践は、中世を経て今日まで大きな影響をもつものとなった。

　江戸時代には、加賀藩の飢饉等における救済施設としての取り組みや江戸幕府による石川島人足寄場における自然災害の被災者、無宿人、軽犯罪者の授産・更生を目的とした取り組みがみられた。これは、明治維新後わが国で最初の福祉施設として知られている渋沢栄一による「東京養育院」に引き継がれている。

　授産施設の名称が、わが国において登場するのは、明治維新以降である。記録に残る最初の施設は、明治3（1870）年に設置された困窮家庭の女性や子どもに機織りの職業を与えた東京府立の「深川授産場」である。また、物産の加工業などを行った「麹町授産場」は、明治5（1872）年に設置されている。さらに、明治初期には「士族授産」が各地で取り組まれた。

　授産施設は、わが国のさまざまな社会福祉施設のなかにあって、150年余の歴史をもつ、最も古い歴史と伝統のある社会福祉施設である。

　大正時代には、相次ぐ経済恐慌や米騒動（大正7［1918］年）などが起こり、失業者が激増し、失業者の保護事業の一環として授産事業も進展した。昭和10（1935）年に編纂された『日本社会事業年鑑』によれば、「授産職業補導所」として143施設が確認されている。

　昭和13（1938）年には、社会事業法が制定され、内務省から厚生省（当時）が独立し、授産施設に対して、国家による公的助成と指導・監督がなされるようになる。しかし、戦時体制の強化に伴い授産施設も軍事援護の目的のために、指導・再編されていくことになる。わが国における授産施設の役割は、時代の変遷とともに異なったものとなるが、明治、大正、昭和初期を通して「生活困窮者への援護対策」を主な役割として展開されてきたのである。

　授産施設の本格的な展開は、第2次世界大戦後の社会福祉の展開とともに開

始された。敗戦による失業者問題、あるいは引揚者問題、およそ600万人の餓死者が予測される食糧危機、こうした深刻な生活困窮者への対策は、終戦後のわが国における緊急かつ最重要課題であった。このような状況の下で、授産施設は重要な役割を果たした。昭和23（1948）年の日本社会事業協会（現全国社会福祉協議会）の統計によれば、全国で1,272カ所の授産施設が確認されている。最も多い時には1,500カ所を超えたといわれている。

しかし、その後のわが国の経済復興は、授産施設の利用者の激減をもたらすものとなった。また、授産施設の運営を巡る経理の不明瞭さや経営の私物化などの諸問題が指摘されるようになり、厚生省から「授産事業の整理」「授産事業の刷新」（昭和24、25年）の通知が出され、これらの一連の指導によって、授産施設もまた激減していく。昭和31（1956）年の統計では、約半数以下の540カ所となっている。

障害者分野では昭和24年に制定された身体障害者福祉法によって、授産施設が位置付けられ活動を開始する。しかし、これは公立の施設における施策に限定され、民間事業者への対応は昭和33（1958）年の法改正後に本格的な展開をしていくことになる。

知的障害者授産施設は、昭和35（1960）年の精神薄弱者福祉法（現知的障害者福祉法）の制定、そして昭和42（1967）年の改正によって始まった。精神障害者分野は、ほかの授産施設から大きく遅れて、昭和62（1987）年の精神保健法（現精神保健及び精神障害者福祉に関する法律）の制定によって制度として始まった。

戦後から今日までの70数年の授産施設の展開を概括すると、授産施設制度とその役割は、次の3要因によって変化してきている。それは、第1に時々の社会政策的要請、第2に当事者をはじめとする関係者の運動、第3にはILO（国際労働機関）などの国際的な影響である。

また、その機能と役割を概括すると、一般的な生活困窮者の援護対策としての役割と、障害者の職業リハビリテーション対策としての役割とのふたつの流れがあり、このふたつの流れは1970年代に合流し、今日においては障害者のリハビリテーション対策をその主な役割としている。

さらに、新たな世紀を迎え、社会保障と障害者福祉制度は激動を加速する。平成15（2003）年には、措置制度から契約制度へと、「支援費制度」が実施され、平成17（2005）年に障害者自立支援法が成立し、平成18（2006）年に施行された。ここにおいて、長年使用されてきた「授産施設」が終わり、障害者の就労支援体系は、就労継続支援A型事業と就労継続支援B型事業、就労移行支援事業の3体系となった。しかし、この法制度も利用料の「定率負担問題」などにおいて激しい反対があり、違憲訴訟が起こされることとなる。その

後、「障がい者制度改革推進本部」の下に設置された当事者が多数参加する「障がい者制度改革推進会議」において、「障害者総合福祉法の骨格に関する総合福祉部会の提言（骨格提言）」がまとめられ、平成 24（2012）年には「障害者の日常生活及び社会生活を総合的に支援するための法律」（障害者総合支援法）が成立し、平成 25（2013）年に施行された。また、平成 24 年には、全国社会就労センター協議会（セルプ協）の悲願であった国等による障害者就労施設の物品等の調達の推進等に関する法律（障害者優先調達推進法※1）が成立し、平成 25 年に施行された。

　平成 28（2016）年には、「障害者差別解消法」と「改正障害者雇用促進法」が施行され、「不当な差別的取扱いの禁止」と「合理的配慮の提供」が求められることとなった。併せて、「改正障害者雇用促進法」では、平成 30（2018）年度以降の法定雇用率の算定基礎への精神障害者の追加が盛り込まれ、昭和 35 年に「身体障害者雇用促進法」で障害者雇用率が導入されて以来、初めて 3 障害が対象となった。

　また、就労支援体系に目を向けると、「改正障害者総合支援法」が成立し、平成 30 年度より、一般就労後の生活面の支援を行う就労定着支援事業が創設されることとなった。平成 30 年度には、3 年に 1 度実施される障害福祉サービス等報酬改定において、就労系事業の基本報酬に成果主義の考え方が導入され、さらに、時代が進み、令和 3（2021）年度障害福祉サービス等報酬改定では、就労継続支援 A 型事業で「5 つの観点から成る評価項目の総合評価によって基本報酬が決定される仕組み」（スコア方式）が導入されることとなった。

　なお、令和 2（2020）年度に、厚生労働省の労働部局と福祉部局が横断的に協議する「障害者雇用・福祉施策の連携強化に関する検討会」が設置された。労働サイドと福祉サイドの関係者が共に知恵を出し合い、障害者の「働く」を検討する場ができたことにより、障害者の就労がより良い方向に進むことを期待される（図表 1-1）。

注
※1　「障害者優先調達推進法」という名称は、"障害者を優先的に調達する法律" と誤解されかねないという考えの下、セルプ協では「優先調達推進法」という名称を使用しているが、本書においては制度上使用されている名称「障害者優先調達推進法」を使用している。

図表 1-1 戦後障害者福祉体系の略年表とセルプ協歴代の会長―就労支援制度を中心に―

西 暦	元 号	事 項	会長
1945 年	昭和 20 年	「生活困窮者緊急生活援護要綱」閣議決定 →授産施設への施設整備に国庫補助・生活保護授産施設の活動開始	
46 年	21 年	「旧生活保護法」公布	
47 年	22 年	「日本国憲法」公布 「児童福祉法」公布	
49 年	24 年	「身体障害者福祉法」公布 →身体障害者入所授産施設の制度確立	
1950 年	25 年	新「生活保護法」公布	
51 年	26 年	「社会福祉事業法」公布 →授産施設が第一種社会福祉事業に位置付く →社会福祉事業授産の制度確立	
55 年	30 年	ILO（国際労働機関）99 号勧告「障害者の職業更生に関する勧告」（障害者職業リハビリテーションの国際指針） →保護雇用制度の提言	
1960 年	35 年	「精神薄弱者福祉法」公布 →精神薄弱者援護施設設置 「身体障害者雇用促進法」公布	
63 年	38 年	「老人福祉法」公布	
64 年	39 年	「母子福祉法」公布 厚生省通知にて「重度身体障害者授産施設」新設 厚生省通知にて「精神薄弱者収容授産施設」新設	
67 年	42 年	「精神薄弱者福祉法」改正 →「精神薄弱者授産施設（入所・通所）」制度創設	
1970 年	45 年	「心身障害者対策基本法」制定 →厚生省通知にて「身体障害者福祉工場」制度創設	
76 年	51 年	「身体障害者雇用促進法」全面改正 →雇用納付金制度・雇用率制度の創設	
77 年	52 年	全国授産施設協議会（全授協）発足 共同作業所全国連絡会発足	
79 年	54 年	「養護学校義務制」実施 厚生省通知にて「身体障害者通所授産施設」制度創設 厚生省通知にて「精神薄弱者福祉ホーム」制度創設	大須賀忠夫
1981 年	56 年	国際障害者年 厚生省通知にて身体障害者福祉ホーム」制度創設	
83 年	58 年	ILO159 条約「障害者の雇用と職業リハビリテーションに関する条約」	
85 年	60 年	厚生省通知にて「精神薄弱者福祉工場」制度創設 ＊全授協「人間復権の場をめざして―福祉作業振興方策への提言」	
87 年	62 年	「精神衛生法」全面改正「精神保健法」 →「精神障害者通所授産施設」制度創設 「身体障害者雇用促進法」が改正「障害者の雇用の促進等に関する法律」に	

89 年	64 年	厚生省通知にて「精神薄弱者グループホーム」制度創設
	平成元年	＊全国社会福祉協議会（全社協）「重度障害者の社会参加を保障するために―小規模作業所のあり方についての提言」
1990 年	2 年	「老人福祉法等関係 8 法」改正 →授産施設に「分場」制度・身体障害者授産施設に「混合利用」制度創設
91 年	3 年	厚生省通知にて「精神障害者入所授産施設」制度創設
92 年	4 年	ILO159 条約を批准 ＊全授協「授産施設制度改革の基本提言」を発表 厚生省「授産施設制度のあり方に関する提言」を発表
93 年	5 年	政府―「障害者対策に関する新長期計画」を発表 「障害者基本法」改正 厚生省―精神障害者授産施設の設置者負担金の改善 　　　―「分場」授産施設の改善（職員配置 1 名増） 　　　―徴収金制度の改善 　　　―「精神障害者福祉工場」制度創設 　　　―「相互利用」の通知
94 年	6 年	厚生省―授産施設への重度加算制度を創設 全授協―CI プロジェクトスタート 　　　―「リーダー養成ゼミナール」スタート
95 年	7 年	「精神保健法」を「精神保健及び精神障害者福祉に関する法律」に改正 厚生省―知的障害者の授産施設への受注活動費を新設 政府―「障害者プラン～ノーマライゼーション 7 か年戦略～」を発表 全授協の名称変更―「全国社会就労センター協議会」（略称：セルプ協）
96 年	8 年	生活保護授産施設・社会事業授産施設「精神障害者」利用を認定 精神障害者授産施設に「作業開拓職員」を配置 身体障害者福祉ホーム「5 人定員」の制度化
97 年	9 年	厚生省―「社会福祉の基礎構造改革（主な論点）」を発表 　　　―「今後の障害保健福祉施策の在り方について（中間報告）」を発表
98 年	10 年	セルプ協―「授産施設制度改革の新・基本提言」（2 月） 厚生省―「社会福祉の基礎構造改革を進めるに当たって（追加意見）」を発表 労働省・厚生省「障害者就業・生活支援センター」モデル実施
99 年	11 年	厚生省―「今後の障害保健福祉施策の在り方について（最終報告）」を公表 　　　―「離職した障害者のため授産施設の定員 10％枠外利用」 　　　―「授産施設等の製品等の利用促進について」24 年ぶりに通知 　　　―「知的障害者と精神障害者の相互利用制度」の実現
2000 年	12 年	「社会福祉法」成立・公布
01 年	13 年	厚生労働省―「小規模通所授産施設」制度創設
03 年	15 年	厚生労働省―「障害者支援費制度」実施 セルプ協―「社会就労センターのあり方検討委員会」最終報告
03～04 年	15～16 年	厚生労働科学研究「日本版保護雇用（社会支援雇用）制度の創設にむけて」
04 年	16 年	厚生労働省―「障害者就労支援に関する省内検討会」

調一興

斎藤公生

06 年	18 年	厚生労働省―障害者自立支援法施行 →「就労移行支援事業」「就労継続支援事業（Ａ型・Ｂ型）」 国際連合―「障害者権利条約」採択	星野泰啓
09 年	21 年	政府―「障がい者制度改革推進本部」設置	近藤正臣
2010 年	22 年	「障がい者制度改革推進会議」発足 障害者自立支援法一部改正「つなぎ法案」	
11 年	23 年	「障害者基本法」改正法成立 障がい者制度改革推進会議「障害者総合福祉法の骨格に関する総合福祉部会の提言（骨格提言）」 「障害者虐待防止法」成立 セルプ協―「『働く・くらす』を支える就労支援施策のめざす方向（基本論）」	
12 年	24 年	「障害者優先調達推進法」成立 「障害者総合支援法」成立	
13 年	25 年	「障害者差別解消法」成立	阿由葉寛
14 年	26 年	「障害者権利条約」の批准	
16 年	28 年	「社会福祉法」改正法成立 「障害者総合支援法」改正法成立 「障害者差別解消法」施行 「障害者雇用促進法」改正法施行 「発達障害者支援法」改正法成立・施行	
17 年	29 年	「社会福祉法」改正法施行	
18 年	30 年	セルプ協「『働く・くらす』を支える就労支援施策のめざす方向（基本論）〔更新版〕」 「障害者総合支援法」改正法施行	
2020 年	令和 2 年	厚生労働省―「障害者雇用・福祉施策の連携強化に関する検討会」設置	
21 年	3 年	「障害者差別解消法」改正法成立	

（2）「授産」と「社会就労」

　長く法律に基づく制度名称として、「授産施設」は現在も生活保護分野で使われているが、障害者分野では、総合支援法における現制度において「就労継続支援Ａ型・Ｂ型事業」および「就労移行支援事業」の3体系に整理された。

　これとは別に全国社会就労センター協議会は、「社会就労センター」および「セルプ」という名称を使用している。この名称問題について歴史的な経過について説明したい。

　授産施設関係者と全国授産施設協議会（全授協・セルプ協の前身）は、明治以来使われている「授産」という名称について、時代に合わせて検討し変えていく必要があることを要望してきた。それは、「産（仕事あるいは職業）を授ける」ことを意味する「授産」は、恩恵的、慈恵的なわが国の古典的な福祉観に基づく名称であり、国際障害者年（1981 年）をはじめ、今日確立してきた人権保障やリハビリテーション、ノーマライゼーションの理念とは異なるもの

であるからである。

　一連の授産施設に関する制度改革の検討と議論が進むなかで、平成 4（1992）年 7 月に厚生省（当時）より発表された「授産施設制度のあり方に関する提言」に「授産という名称について、国民の中に馴染みにくいとの指摘もあるので、この名称の検討を行うことが必要である」との内容が示された。

　全授協では、この提言を受け、名称変更について、具体的に何を進めるべきかの検討を開始した。

　この検討過程で、単なる名称変更でなく 1980 年代から一般企業等で情報化時代に対応して盛んに実施されてきた CI（Corporate Identity）戦略を導入し、社会就労センターのアイデンティティーと存在意義を明確にして名称変更と関係者の意識改革と体質改善、事業振興を図ることを方針化した。

　全授協では予備調査期間を含め 2 年間、専門家との合同検討会や全国的な大学習運動を展開しつつ、名称の開発に向けて全国の関係者への周知広報活動、アンケート活動などが活発に展開され、3,000 通を超えるアンケート結果、500 を超える新たな名称の提案が寄せられた。

　新名称の開発については、アイデンティティーを表現できる名称、簡易でインパクトのある名称、国際化時代に対応できる名称、長期の使用に耐える名称、事業展開と振興に活用できる名称等、さまざまな角度から検討が重ねられた。

　具体的には「授産施設」に代わる、意味訴求できる制度名称としての日本語名と、視覚的記号として事業展開を進めつつ社会とのコミュニケーションネームとなる英語名のふたつの名称を開発する方針を確定し、最終的な検討を進めた。

　その結果、新しい制度名称として「社会就労センター」、コミュニケーションネームは「SELP（セルプ）」に絞り込み、平成 7（1995）年度の協議員総会に提案し全会一致で決議された。また同時に全授協は「全国社会就労センター協議会（略称：セルプ協）」に改称された。

　「社会就労センター」は、わが国で最も古くから使用されてきた「社会事業授産」や制度の基礎になっている「社会福祉」、さらには国際障害者年のメインテーマとなった「社会参加」、国際的にも新しい動きとして展開されている「Social Employment─社会就労」や「Social Firm─社会的企業」などを考慮して名付けられた。

　「SELP」は「Self Help」の造語であり、その内容、役割を「Support of Employment, Living and Participation」の頭文字の SELP で表し、就労と生活、社会参加を支援するセンターとした[2]。

　さらに、全国社会就労センター協議会は、法律と制度における名称の変更を

要望してきたが、十分なコンセンサスを得ることができず今日に至っており、今後の課題として残されている。

　「社会就労センター」「セルプ協」および「SELP」は、NPO 法人日本セルプセンターなどを中心として商品開発等でも活用されている。また、新設の社会就労センターの施設名称などにも広く活用されている。

　平成 18（2006）年からの障害者自立支援法、その後の障害者総合支援法においては、事業の名称もさまざまに検討された。セルプ協としては、社会就労センターを使用した事業名を提案したが、結果として障害者の就労支援体系は、就労継続支援 A・B 型事業と就労移行支援事業の 3 体系となった。

（3）障害者権利条約と障害者の働く権利

1）障害者の労働者性と権利条約

　障害者の労働者性を論じる上で基本に据えるのは、障害者の権利に関する条約（以下、障害者権利条約）であろう。そこから、関連各法について述べていきたい。

　障害者権利条約では、「合理的配慮」という概念が明記された。第 2 条（公定訳）に「『合理的配慮』とは、障害者が他の者との平等を基礎として全ての人権及び基本的自由を享有し、又は行使することを確保するための必要かつ適当な変更及び調整であって、特定の場合において必要とされるものであり、かつ、均衡を失した又は過度の負担を課さないものをいう」とされている。この概念は合理的配慮を行わない、もしくは否定することは差別となるが、過度の負担になるようなことまでは要求しないということになる。ここで解釈の難しさ、尺度の明確化の困難さを含むこととなるが、後述する労働者性のなかでは、この合理的配慮がなされていることを前提に記述する。

2）障害者の労働者性の尊重

　障害者の労働者性を論じるに際し、障害者権利条約第 27 条「労働及び雇用」、日本国憲法第 27 条で定める勤労の権利と義務、そして労働者を守る法律として労働三法（労働基準法、労働組合法、労働関係調整法）を基本としてその労働者性を考える。

　まず障害者権利条約第 27 条（公定訳）では、「障害者が他の者との平等を基礎として労働についての権利を有することを認める」とされている。この権利

注
※ 2　第 5 章 2（4）　232 頁参照

条約のなかでは、雇用を伴わない、いわゆる福祉的就労については認めておらず、全て労働者としての位置付けを示している。

　わが国では労働者について、労働基準法第 9 条において以下のように定義している。

> **労働基準法第 9 条**
> 　この法律で「労働者」とは、職業の種類を問わず、事業または事務所（以下、事業）に使用される者で、賃金を支払われる者をいう。

　一方、平成 19（2007）年 4 月、神戸東労働基準監督署により、同所管の知的障害者作業所（就労継続支援 B 型事業所）が最低賃金法（低い工賃）および労働基準法（雇用契約がない）に違反しているとされた。このことについて障害者自立支援法に基づく事業であることから、セルプ協としても本件に対する意見を国に提出した結果、平成 19 年 5 月 17 日付の厚生労働省労働基準局長通知（基発第 0517002 号）により一定の整理がされた。通知では、作業が訓練の一部であることが定款、運営規程に記載されていること、個別支援計画で明示されていること、使用従属関係がないこと、これらに関する本人の合意等があることを前提として、労働基準法第 9 条で定義する「労働者」ではないとされた。したがって、ここで得た収入は「工賃」として取り扱われ、賃金における税法上の優遇措置等からも除外されることとなる。当然ながら法定福利等も除外される。現在のわが国の法下ではこのように取り扱われているが、果たしてそれで良いのだろうか。「働く・くらす」を支えてきたセルプ協としても、雇用関係がない就労継続支援 B 型事業における労働者性については、さまざまな課題があるとして検討を重ねてきている。

　検討課題のひとつである最低賃金に関しては、賃金（工賃）の支払いが困難であり、原因が本人の障害に起因するのであれば、合理的配慮の対象となるであろうし、ましてその責任を本人に求めるべきではない。最低賃金法第 7 条に規定される減額の特例については、この法そのものが雇用主に対して遵守すべきものを規定したものであることから、減額される側に沿った内容ではない。つまり、雇用主側は法によって利益を得ておきながら、同法によって不利益を被る者に対しての救済措置は定められていない。ただ、この制度の活用によって雇用の継続や労働契約を結ぶ際に雇用されやすくなることも付け加える。

　一方、ILO（国際労働機関）が進めてきた「同一労働同一賃金」の考え方に照らし合わせてみると、稼得能力に差がある者同士が、最低賃金法により賃金を横並びにするということとなり、違和感が生じてしまう。この矛盾を合理的配慮で整理するならば、不利益部分の補償のみ解決すれば良いこととなる。

　障害福祉と労働施策の間でこうした矛盾を抱えるなかで、どのような制度にすることが障害者権利条約をはじめとする働く尊厳を等しく享受できるものに

なるか、わが国における転換期が迫っている。

　次に雇用関係がある障害者をみると、多くの場合が障害者雇用率に算入可能な障害者雇用枠のなかで働いている。労働基準法で定める雇用条件については、基本的に雇用契約が同一であれば同一の就業規則の下で就業することとなる。しかし、現実には障害者雇用における雇用契約が、ほかの者と異なることが散見される。例えば、圧倒的に有期雇用契約が多い。企業や職種によってさまざまな理由があろうかとは思われるが、それにしてもこうした事例が多いことについては、有期雇用でなければならない理由の明示や無期雇用への転換などを踏まえた対応がなされていることなどが前提であろう。

　平成27（2015）年に改訂された「改訂　社会就労センターハンドブック」において、またセルプ協の基本論においても、福祉的就労の場における労働基準法の適用を求める内容となっている。働く者の尊厳として障害の有無にかかわらず、福祉的就労の場であっても、そこが就労の場である以上は各労働法規を適用し、労働者としての権利を保障し、尊厳を重んじるべきである。ただし、このことによって置き去りにされてしまう方が出ないようにしなくてはならない点は極めて重要なことであり、セルプ協としてはそのことを最重視している。

3）ディーセントワークの理念

　ディーセントワーク（Decent Work）とは、「権利が保護され、十分な収入を生み、適切な社会保護が供与された生産的仕事」（第87回ILO総会（平成11〔1999〕年）事務局長報告DECENT WORK日本語訳）という意味で、1999年のILO総会で初めて用いられた言葉であり、「働きがいのある人間らしい仕事」のことと訳されている（ILO駐日事務所より）。

　具体的には、平成24（2012）年3月に公表された「ディーセントワークと企業経営に関する調査研究事業報告書（厚生労働省）」では、以下の4点に整理している。

ⅰ）働く機会があり、持続可能な生計に足る収入が得られること

ⅱ）労働三権などの働く上での権利が確保され、職場で発言が行いやすく、それが認められること

ⅲ）家庭生活と職業生活が両立でき、安全な職場環境や雇用保険、医療・年金制度などのセーフティネットが確保され、自己の鍛錬もできること

ⅳ）公正な扱い、男女平等な扱いを受けること

　この理念を現在の障害のある方たちの雇用に照らし合わせてみると、障害がある方たちに対しては、最低賃金法の「減額の特例」を適用することが可能であることから、ⅰ）が満たされているといえなくなる。また「減額の特例」の

取り扱いについては、首都圏とそうでないところでは大きな差が生じており、地域格差が否めない。セルプ協では、こうした所得の保障をはじめとする、労働者に対しての権利をどのようにすれば実現できるのか検討し、国に対しても意見を提出してきた。

4）インクルーシブな社会

　障害の有無に限らず、年齢、性別、国籍、文化など多様性を認め合い、共に社会参加していくことが可能な社会づくりが重視され始めている。超党派国会議員にて雇用を主軸とした社会づくりを検討する「インクルーシブ雇用議連」※3 が結成され、セルプ協も市民団体のひとつとして参加しており、障害をはじめとする生きづらさのある人たちの労働・雇用を検討する動きがすでに始まっている。ここでは、現行制度の矛盾点を解消すべく、最終的にどのようなスキームが望ましいかなどを法制度や所管横断で検討の上、マスタープランのつくりこみが進められている。

（4）障害者権利条約批准

1）障害者権利条約批准までの動き

　障害者の権利に関する条約（以下、障害者権利条約）の起草会合では、障害当事者の間で「"Nothing About Us Without Us"（私たちのことを、私たち抜きに決めないで）」にいうスローガンを掲げ、障害者団体も同席し発言する機会が設けられた。日本からも延べ200名ほどの障害者団体の関係者がニューヨークの国連本部で委員会を傍聴した。

　日本の政府代表団には、障害当事者が顧問として参加し、平成14（2002）年から8回にわたる起草会合を経て、平成18（2006）年12月13日、障害者権利条約が国連総会で採択された。日本はその翌年の平成19（2007）年9月28日、同条約に署名し、平成20（2008）年5月3日に正式に発効した。

　日本国内では条約の締結に先立ち、障害当事者等の意見も踏まえ、政府が平成21（2009）年12月、「障がい者制度改革推進本部」を設立し、集中的に国内法制度改革を進めていくこととした。その結果、障害者基本法の改正（平成23〔2011〕年8月）、障害者総合支援法の成立（平成24〔2012〕年6月）、障害者差別解消法の成立および障害者雇用促進法の改正（平成25〔2013〕年6月）など、さまざまな法制度整備が行われた。平成24年10月からは国会で

注
※3　超党派「障害者の雇用安定・安心就労促進をめざす議員連盟」（略称：インクルーシブ雇用議連）は平成30（2018）年2月に設立された。

の条約締結に向けた議論が始まり、衆参両院の承認後、平成 26（2014）年 1 月に障害者権利条約の批准書を国連に寄託し、日本は 141 番めの締約国・機関となった。令和 3（2021）年 8 月末現在、183 カ国・機関が、同条約を締結している。

2）障害者権利条約の内容

　この条約は、障害者の人権や基本的自由の享有を確保し、障害者の固有の尊厳の尊重を促進するため、障害者の権利の実現のための措置等を規定した、障害者に関する初めての国際条約である。締約国に対して市民的・政治的権利、教育・保健・労働・雇用の権利、社会保障、余暇活動へのアクセスなど、さまざまな分野における取り組みを求めている。また、障害に基づくあらゆる差別が禁止され、直接的な差別だけでなく、段差がある場所に仮設式スロープを提供しないなど、障害者の権利の確保のために必要で適当な調整等を行わないという「合理的配慮の否定」も含まれる。さらに、障害者がほかの人と平等に、自立した生活を送るための地域社会への包容について定めている。

3）条約締結後の取り組み

　条約締結により、障害者の権利の実現に向けた取り組みが一層強化されることが期待される。例えば、平成 23 年に改正障害者基本法に基づき「障害者政策委員会」が設置された。ここでは障害者基本計画の実施状況の監視が行われた。また、締約国は、国連に設置されている「障害者権利委員会」へ条約に基づく義務の履行等についての報告書を定期的に提出し、同委員会からさまざまな勧告を受けることになる。そのため、国外からもモニタリングされ、常に障害者の権利確保に取り組むことを要請される。

　また、国際協力の一層の推進も期待される。日本はこれまで国連アジア太平洋経済社会委員会（ESCAP）で果たしてきた地域の障害者に関する取り組みにおいて主導的な役割を継続していくほか、ODA（政府開発援助）等を通じて、途上国の障害者の権利向上に貢献していくことが求められる。

4）セルプ協として

　障害がある方たちの「働く・くらす」を支える事業として、これまで多くの障害がある方の支援に関わってきた。障害の有無にかかわらず社会参加できる社会の実現に向けて、多くの制度改正を経て今日に至っているが、そのたびに翻弄されているのは当事者の障害がある方たちであることを忘れてはならない。

参考文献 ‥‥
・内閣府『平成 26 年度障害者白書』

全国授産施設協議会の誕生と全国社会就労センター協議会の役割（目的）

B型関連法律を熟知し、利用者の自立生活向上を支えるのが目的

　昭和52（1977）年に、我われの大先輩、名古屋厚生会館理事長 故 大須賀忠男氏（初代会長）や東京コロニー理事長 故 調 一興氏（2代会長）等の並々ならぬご尽力によって、個々に組織化されていた授産施設関連団体が大同団結し、「全国授産施設協議会」（全授協）が全国社会福祉協議会（全社協）の一種別として誕生した。

　全授協の目的は、障害者の権利条約に掲げられている「人間復権」の生き方を支援する施設で、具体的には①低工賃の改善、②自立生活への移行（特に、親亡き後の自立生活）等で、まさに平成27（2015）年の国連サミットで採択され、現在世界の国々で進められている【誰一人取り残さない】ことを目的に取り組んでいるSDGs（持続可能な開発目標）の精神の先取りで、当時としては有り得なかった、身体障害・知的障害・精神障害・生活保護・社会事業などの施設を一体化する国の制度に先がけた、画期的な組織の誕生であった。

　全授協の設立目的は利用者の生活環境の向上で、そのために不可欠なことは「事業振興」であり、設立時の目的は、①共同受注による仕事の確保　②共同販売システムの構築③共同生産のための製品開発・研究　④そのための組織強化の推進等であった。

　この間、平成6（1994）年に国民の一層の理解を得るため、組織の近代化を図り、授産施設CIプロジェクトに取り組み、その一環として名称を「全国授産施設協議会」から「全国社会就労センター協議会」（略称：セルプ協）に変更した。

　セルプ協の存在意義は、事業振興の強化を目的に、利用者の処遇改善による生活向上であり、そのために組織化した「中央授産事業振興センター」※4 は、社会福祉法人の全社協の一種別にあっては、定款等に抵触する事項が多々発生した。これらの課題を解決のため全社協と協議し、別組織として平成12（2000）年11月にNPO法人日本セルプセンターを設立した。このセンターの目的は、全授協発足時に掲げた「事業振興」を組織活動の中枢に置くのはもちろん、都道府県セルプ協との連携強化と基盤安定化のための資金づくりであった。これらの目的を成し遂げるため、組織安定化のため、飲料水自動販売機（セルプ自販機）設置推進事業への取り組みを行った。この事業は予想以上の効果を上げ、中央だけでなく地方組織活動の安定化に寄与することになった。

（顧問　斎藤公生）

注
※4　第1章4（1）　27頁参照

世界に例のない、漂流を続けているわが国の「福祉支援による就労施設制度」

15年間で、措置費制度➡支援費制度➡自立支援法➡総合支援法
（1998～2004年　セルプ協会長）

突然！　障害者授産施設制度が廃止に、新法律で就労継続支援B型事業に

　以下の文章は、過去のハンドブックには掲載されていない大変重要なことであり、事実を理解しひとりでも多くの利用者の自立生活を支える支援につなげることが必須である。

　わが国の成人障害者施策で、固定化されていない重要な施策が「福祉的就労支援施策」である。日本国憲法第27条には「すべて国民は、勤労の権利を有し、義務を負う」とある。

　昭和33（1958）年、わが国はまだ敗戦の復興途上にあり、障害者の働く場は閉ざされていた。厚生省（当時）は職場を得られず生活に苦慮している障害者のために、身体障害者収容施設を制度化した。後に知的障害者や精神障害者の法律が整備され、障害ごとに通所、入所、小規模、福祉工場、重度等の15種類の授産施設が制度化され、廃止された平成18（2006）年度末には約10万人が利用していた。

　平成16（2004）年10月12日開催の社会保障審議会障害者部会の席上に、1冊の資料が提示された。「今後の障害保健福祉施策について（改革のグランドデザイン案）である。そのなかに新しい事業体系案の項目があり、福祉工場を除く授産施設制度全てが廃止となっていた。

　当時、セルプ協の会長を務めていた関係で、その日から2カ月間ほど厚生労働省（平成13［2001］年の中央省庁再編で厚生省と労働省が統合した）通いが続くことになる。窓口担当者に「10万人の利用者はどこにやるのか？」答えは「多くは就職できる、一部はデイサービス、またはほかの施設」「なぜ授産施設制度を廃止するのか？」「財政難のなか、貴重な予算を配分しているが、授産の目的にある一定の工賃を支給し、自立生活に移行させる目的が守られていない」であった。一瞬、返す言葉がなかった。

　その後、多くの交渉を重ねたが、答えは前進しなかった。12月20日の夜中に携帯電話が鳴り、担当幹部から「今、結論が出た、時間がなく名称を議論できなかった、福祉工場をA型、授産施設をB型でいかがか？」

　翌朝、三役等と協議し厚労省を訪問した。

　あれから、15年が経過したが、相変わらず利用者の工賃は低額、自立生活移行者も少ない。第2の授産制度廃止にならなければ、と危惧している。

　理解していただきたいのは、B型が廃止になれば利用者だけでなく、職員の職場も消滅するのである。

（顧問　斎藤公生）

障害者自立支援法の見直し

（2005〜2008 年　セルプ協会長）

　支援費制度が破綻するなかで、厚生労働省は"改革のグランドデザイン案"を示し、その後「障害者自立支援法案」（平成 17〔2005〕年）につなげ、"新しい障害福祉サービスを考える会"を立ち上げて障害関係 13 団体に声をかけ、中身づくりに巻き込んだ。その最中、セルプ協では役員改選があり、強い指導力をもつ斎藤公生会長（当時）から筆者がその役割を引き継ぐこととなった。

　以降、2 期 4 年間を担うことができたのは、先人たちが築き上げた強い組織力、熱い志の役員の皆さん、そして献身的な支え役の事務局がひとつになっての活動にほかならない。激しい流れに対応するための情報収集、共有、全国の会員施設の協力で何度も続いた「実態調査」の実施とその分析、検討、議論、そして集約と提言づくり、またそれらを素早く情報発信し、全国の会員施設に届ける作業は、平成 20（2008）年度の社会保障審議会障害者部会「自立支援法施行 3 年後の見直し」議論、そしてまとめづくりまで続いた。

　見直し改善案は、後の政権交代により新法ができるまでの"つなぎ"とされた。再度の政権交代後「障害者総合支援法」となったが、その底流には自立支援法の源流"費用対効果の視点"が脈々と引き継がれ、今に至っている。「セルプ施設は働く力のある利用者を施設の都合で抱え込んでいる」「利用者の希望を奪っている」「就職率は 1%」「安い工賃しか払っていない」など、散々批判された。費用対効果の視点から評価が義務化され、個別支援プログラムに効率・効果が強く問われ、就職率や工賃で報酬が決まる。記録、報告書等の事務量が増え、利用者との関係づくりは後回しになった。同じ視点で「社会福祉法人制度改革」も行われた。

　国は経済施策に「成長戦略底上げ作戦」を出し、そのなかで「福祉から雇用へ」とけしかけてきた。その背景には"社会保障制度を持続可能とするために、給付と負担の見直しを行い、働き手を増やし受け手を減らす"の方針がある。就労支援の場には「工賃倍増 5 カ年計画」として地方自治体に福祉施設からの優先発注施策や随意契約の役務業務の拡大を促し、企業には発注促進税制等の施策が出てきた。それらはセルプ協が長年求め続けてきたことであり、"相手の手のひらに乗りながら実を獲る"の狙いで、ステップアップ事業や事業振興調査研究に取り組み、実践からの提案を行った。後に今の障害者優先調達推進法に実を結ぶこととなるが、先駆けて米国の官公需優先発注制度の調査・実態把握を行い具体的提案とし、日本セルプセンターを軸とする共同受注窓口づくりを積み上げた。

　セルプ協は設立以来「利用者の立場に立つことを忘れない」を脈々と受け継いできた。"障害のある人の働き"を実質化することをめざし、長年"基本論"を培ってきた。そこには必要となるさまざまな条件整備が示されている。どれも難しく重い課題が山積しているが、就労関係団体を巻き込み、協調・協働の力を結集し、一つひとつを社会につなぎ普遍化する努力を広げ続けてほしい。

（顧問　星野泰啓）

さまざまな取り組み

障がい者制度改革推進会議　障害者総合支援法　障害者優先調達推進法
(2009〜2012 年　セルプ協会長)

「働いて、楽しんで、生きて行こう！」、セルプの原点である。この原点をアシストするのが社会就労センターに携わる者の任務である。筆者はこのことを心に施設運営を行い、セルプ協の会長としての務めに当たってきた。

平成 18（2006）年 4 月、応益負担を導入した障害者自立支援法が施行された。それに対し応益負担は違憲である、と障害者を中心とした集団訴訟が起こされた。平成 21（2009）年 9 月、「コンクリートから人へ」を掲げた民主党政権が誕生し、違憲訴訟について話し合いにより解決すべく「基本合意」が結ばれた。その主な内容は応益負担の廃止、新たな福祉法制の実施であった。

やがて障害者制度改革推進会議が設置され、その下に置かれた総合福祉部会において、新たな法の理念・目的をはじめ各分野の検討がいくつかの作業チームに分かれて行われた。セルプ協は「就労（労働と雇用）のチーム」に参加、福祉的就労の重要性や意義について主張し続けた。しかしチームメンバーの多くの意見は、「1 万数千円たらずの工賃では日中活動の 1 メニューへ整理すべし」で孤立無援状態であった。各作業チームの議論は「骨格提言」としてまとめられ、最終的に障害者総合福祉法案（仮称）が示された。その後、基本合意での約束どおり障害者総合支援法として成立、施行された。

なお「骨格提言」での福祉的就労の部分については、「『障害者就労センター』と『デイアクティビティセンター（作業活動支援部門）』として再編成する」とされた。残念ながら就労継続支援 B 型事業はデイアクティビティセンターへ包含されてしまった。それにしても総合福祉部会における障害当事者の発言にはインパクトがあり、あの障害者権利条約を象徴する"Nothing About Us Without Us"（私たちのことを、私たち抜きに決めないで）の意気込みを彷彿させるものがあった。

障害者優先調達推進法は通称「ハート購入法」として一旦は国会に提出されたが、平成 21年 7 月の解散により廃案となってしまった。平成 23（2011）年の暮れに突如、障害者総合支援法のスムーズな審議、成立を条件に、廃案になった「ハート購入法」を再提出しようという情報を得た。時は今とばかりに各政党、関係議員に集中的な働きかけを行った。その結果、通称「障害者優先調達推進法」として、障害者総合支援法と同日に成立することになった。

平成 23 年 3 月 11 日の東日本大震災の発生と、その後の東北地方の仲間への支援活動も忘れられない出来事であった。「働いて、楽しんで、生きて行こう！」を実現するためには、良質な支援員、良質な環境、良質な仕事の確保の三拍子がそろわなければならない。セルプ関係者においては、「骨格提言」を見返すためにも、私たちの下に希望をもって集まる約 35 万人の障害者のため、奮闘していただきたい。

（顧問　近藤正臣）

2 障害者総合支援法における障害福祉事業の概要と最近の課題

　戦後長く続いた措置制度が支援費制度に代わり、さらに障害者自立支援法、障害者総合支援法と障害者を取り巻く法律が変わっていくなか、セルプ協ではそれぞれ法律や時代に合わせた要望活動や課題提起を行ってきた。この項では、現在の障害者総合支援法における事業ごとの課題とセルプ協の対応について説明する。以下の記載については執筆時点（令和 4 年 1 月現在）での内容であるので、直近の事項については随時「セルプ通信速報」やセルプ協ホームページをご覧いただきたい。

（1）就労継続支援 A 型事業

　令和 3（2021）年の報酬改定で、報酬の仕組みの大幅な見直しが行われ、平均労働時間のみが評価の対象だった仕組みから、それまでの「1 日の平均労働時間」に加え、「生産活動」「多様な働き方」「支援力向上」「地域連携活動」の五つの観点から各評価項目の総合評価をもって実績とするスコア方式が導入された。

　それまでの労働時間のみの評価では、精神障害等の障害特性で毎日の利用や長時間の就労が難しかったりする利用者を多く受け入れている事業所への評価がされにくかったため、これらの点の改善を要望してきた。その結果として新たに設けられたスコア方式であるが、それぞれの項目の評価について事業所の取り組みがしっかりと反映されるよう検証を要望している。

　また、障害福祉計画の基本指針の見直しに当たり、就労継続支援事業（A 型・B 型）に一般就労移行者数の成果目標が設定されたことで、本来の目的（通常の事業所に雇用されることが困難な障害者につき、就労の機会を提供するとともに、生産活動その他の活動の機会の提供）や就労移行事業との役割が曖昧になることの懸念を表明している。

　平成 18（2006）年の障害者自立支援法の施行により、それまでの福祉工場から就労継続支援 A 型事業になった。このことにより障害福祉サービスの利用契約制度に含まれたため、雇用契約と障害福祉サービスの二重契約となり、労働者であると同時に福祉サービスの利用者となったことから、雇用契約で働いているにもかかわらず利用者負担が生じたり、個別支援計画が必要になったりするという矛盾が生じており、この課題は現在でも解決されていない。

　就労継続支援 A 型事業については一部の事業者が法律の盲点を突いた運営で営利追求に走り、「あしき A 型」というありがたくない呼称がつけられた時

期があった。これに対し、厚生労働省も報酬算定の基礎を作業時間にしたり、新規指定を行う際には、事業計画の内容を十分に精査したりするよう通達を出して対応を図ってきたが、いまだに、収益性の低い仕事しか提供せず、生産活動収支から利用者に対する最低賃金を支払うことが困難な事業所も存在しているため、新規指定を行う際には、事業計画の内容を十分に精査する等、慎重な取り扱いを実施することを要望している。

「今後の障害者雇用促進制度の在り方に関する研究会報告書」（厚生労働省平成 30［2018］年 7 月）のなかで、「就労継続支援 A 型事業所の利用者については、一般の雇用とは異なるものであることを前提にするのであれば、法定雇用率の計算式から控除するだけでなく、障害者雇用調整金及び報奨金の支給対象としないことや、当該事業所の利用者を障害者雇用率制度における雇用者とみなさないこと等の対応を検討すべき」と整理された。

一方で、当該事業で雇用契約を結ぶ障害者について、「障害者自立支援法に基づく就労継続支援により作業を行う障害者に対する労働基準法の適用等について」（平成 18 年 10 月 2 日［最終改正　平成 19 年 5 月 17 日］厚生労働省労働基準局長通知）のなかで「基本的には労働基準法第 9 条の『労働者』に該当する」と規定されている[※5]。これらを踏まえセルプ協では、A 型事業利用者の労働者性に関する誤った認識により、雇用率からの除外や報奨金の対象外となってしまったため、A 型事業の運営に支障が生じないよう要望している。

（2）就労継続支援 B 型事業

令和 3（2021）年度の報酬改定で、これまでの平均工賃と職員配置で評価されていた報酬の仕組みが、「『平均工賃月額』に応じた報酬体系」と「『利用者の就労や生産活動等への参加等』をもって一律に評価する報酬体系」のふたつの体系から事業者が選択する仕組みに変更された。

「『利用者の就労や生産活動等への参加等』をもって一律に評価する報酬体系」については、これまでの平均工賃のみの評価方法では、高齢や重度障害などの障害特性によって、利用日数や勤務時間が少なくならざるを得ないなど、工賃に反映されづらい利用者を積極的に受け入れ、支援している事業所が評価されなかったことに対する課題について、セルプ協が要望してきたことが一部反映されている。ただこの新体系だけでは解決しきれない課題も多く残ってい

注
※5　当該通知によれば、A 型事業場と雇用契約を締結する者は、労働基準法第 9 条の「労働者」に該当し、A 型事業場と雇用契約を締結せずに利用する者、B 型事業場と雇用契約を締結せずに利用する者は「労働者」に該当しない。第 1 章 1（3）9 頁参照

ることから、手厚い職員配置をしている事業所に対する人員配置基準の要望は引き続き行っている。

　また、この新たな体系は生活介護事業との違いがないという指摘もあることから、現在任意となっている工賃向上計画の提出を義務付けるよう要望を行っている。合わせて就労継続支援B型事業の工賃平均額の最低基準が3,000円になっている件についても、生活介護事業との違いやB型事業として工賃を保証していく意味も含めて、最低基準を5,000円に引き上げる要望もしている。

　逆にこれまでの報酬体系では、高工賃の事業所に対する評価についても十分なものではなく、45,000円以上の報酬単価の区分を設けることを要望してきたが、令和3年度の報酬改定では実現していない。

　セルプ協では従来から、少なくとも最低賃金の1/3以上の工賃支給をめざし、工賃と年金、その他の手当を合わせて自立した地域生活実現を目標としている。このようなことからも、高工賃を実現している事業所に対する正当な評価のために、45,000円以上の報酬単価の区分を設けるよう引き続き要望を続けている。

（3）　生活介護事業

　現在、生活介護事業の利用に当たっては、障害支援区分による利用制限（区分3以上［50歳以上は区分2以上］）があるが、本来は、本人のニーズに基づく支援が重要であることから、生活介護における障害支援区分による利用制限を廃止するよう要望を行っている。

　また65歳になった障害福祉サービスが必要な利用者に対して、一部自治体が年齢で一律に介護保険サービス（共生型サービスを含む）への移行を強いている実態があるため、利用者の状態に応じた支給決定を行うよう要望している。

（4）　就労移行支援事業および就労定着支援事業

　就労移行支援事業については障害者自立支援法施行によりこの事業が始まった当初からいわれていることだが、利用者数で報酬が支払われる仕組みのため就職実績が高い事業所が定員充足に苦労している実態が続いている。このことから報酬の定員払化や就職後の一定期間の追加給付について要望を続けている。

　就労移行支援事業所等を経て一般就労した方が、6カ月経過後に就労定着支援事業を利用するための計画相談支援がちょうど良いタイミングで受けられず、就労定着支援事業を利用できない状況があることから、こうした不利益を無くすために、就労移行支援事業等を経て、一般就労した時点で就労定着支援

事業に引き継ぐ仕組み（一般就労が決まった時点で就労定着支援事業利用のための計画相談支援が受けられる等）についても要望している。

　就労定着支援事業については、なかなか事業所数が増えずに十分機能していない現状がある。問題点としては、就職後6カ月は送り出した就労移行支援事業所等が定着支援を行い、その後就労定着支援事業が引き継ぐ仕組みになっていることが考えられる。また、福祉サービスを経て就職した者に限られているため、特別支援学校などの新卒者やハローワーク経由で就職した場合は対象にならないことや、前年度の所得額により利用者負担額が決まることから、2年め以降発生する利用者負担により契約に至らないケースも多くあり、課題が多く残っている。

（5）共同生活援助事業（グループホーム）

　グループホームについては、昨今重度障害者の支援に舵が切られているが、現行の人員配置基準は重度障害者に対応するには不十分であることから、重度対応型の日中サービス支援型共同生活援助が創設された。しかし、既存のグループホームにおいても、特に夜間帯の職員の配置は課題が多く、今まで以上に配置できるような水準まで報酬の引き上げが必要である。

　日中サービス支援型共同生活援助については、定員が20名まで認められているが、家庭的な雰囲気の下で支援を提供するとの本来のグループホームの事業趣旨に反する懸念があり、事業指定において、障害福祉計画における目標値や利用者のニーズを基に、指定権者は厳密に判断するよう要望している。

（6）生活保護・社会事業授産施設

　生活保護・社会事業授産施設については、障害者総合支援法ではなく生活保護法と社会福祉法に規定される授産施設であるが、歴史的にはセルプ協のルーツでもある事業なのでこの項で現状と課題について説明する。

　生活保護受給者や生活困窮者だけでなく、障害、DV被害、ひとり親家庭、難病等、さまざまな課題を抱えた方の支援を行っており、基準該当B型事業で運営を行っている事業者も数多く存在している。しかし、法律の違いから職員配置が十分でなく、福祉・介護職員処遇改善加算の対象外だったり、障害者優先調達推進法の対象外だったりするなど多くの課題が生じている。

　このように厳しい運営を迫られている事業ではあるが、近年生活保護率が上昇し、平成27（2015）年には生活困窮者自立支援法が施行されるなど、生活保護受給者や低所得者の支援を担う施設として今なおなくてはならない事業である。

3 セルプ協の取り組み

（1）セルプ協の基本論

　セルプ協では、発足以来障害のある人たちの「働く・くらす」を支えるための政策提言を重ねてきた。昭和 60（1985）年の「人間復権の場をめざして〜福祉作業振興方策への提言」から始まり、この間でいえば、「『働く・くらす』を支える就労支援施策のめざす方向」として、平成 22・23・25 年に組織決定を重ねた。さらに直近では、「『働く・くらす』を支える就労支援施策のめざす方向（基本論）[更新版]」が平成 30（2018）年 2 月の協議員総会にて組織決定されたところである。最新の「基本論・更新版」についてはセルプ協ホームページで確認できるので参照いただきたい[6]。

　これまでの提言の基本にあるのは、働く場の提供、経済的自立に向けた工賃向上、そのための仕事の確保策や事業振興に向けた取り組み、暮らしの場の充実等である。すなわち働くことを希望する障害者が同世代の者と同じように働き、暮らすことをめざすことであった。

　現在、セルプ協の基本的な姿勢は、「一般就労を促進していくことは極めて重要とした上で、どうしても一般就労が困難な人々や希望しない人々が、働き続けることができる場を充実させる」ということである。つまり「一般就労の促進と福祉的就労の充実・改善」である。

　その前提で一般就労だけに重きを置いたために、結果として働く意欲をもった障害者が働く場を失うことが生じないよう、多様な就業の機会を認め、労働施策では十分に保障されない生活面を含め、福祉的就労の充実が図られることが必要である。また、「障害者優先調達推進法」の充実や法定雇用率の大幅引き上げによる「みなし雇用制度」[7] の導入や税制優遇等により、民間企業等から仕事が入る仕組みづくりについても求めてきたところである。

　一方、このような制度の改善要望とともに重要なことは、我われが自ら変革、向上していく意識を強くもつことである。利用者一人ひとりの人権を尊重し、利用者を主体とした福祉サービスを提供するものとして、工賃向上や一般

注

※ 6　https://www.selp.or.jp/selp/information/information02/index.html

※ 7　企業等が就労継続支援事業所等に仕事を発注した額に応じて、実雇用率に特例的に算定する考え方。セルプ協では、「みなし雇用」を制度化する際には、現行の法定雇用率を引き上げるとともに、「みなし雇用」の上限を定めることを提案している。

　また、実雇用率への特例的な算定ではなく、納付金を減額するという考え方もある。こちらを制度化する際には、納付金減額の上限を定めることをセルプ協は提案している。

就労移行といった実績を高め、障害があっても地域で自立した生活を営むことができるよう取り組んでいくことが求められている。

（2）SELP Vision 2030

1）策定への経緯

　令和2（2020）年2月、全社協が「ともに生きる豊かな地域社会」の実現に向け、新たに「全社協　福祉ビジョン2020」を策定した。全社協の構成組織であり、障害のある方々の「働く・くらす」を支えてきた全国社会就労センター協議会は、「SELPの立場で、SELPだからこそ、SELPにしか」を基本に、ビジョンの具体化に向けた2030年までの行動方針を作成することを組織決定した。

2）策定経過

　まず手始めとして福祉ビジョン行動方針策定作業委員を選定した。通常、所管する総務・財政・広報委員会において作業委員を構成し、原案づくりが行われるが、今回は組織方針として「若手の起用」と「女性の起用」が打ち出された。その理由は2030年のその時まで、行動方針を率先垂範し、長期的視野の下で見直し（手直し）ができるメンバーであり、責任がもてるメンバーとするためである。

　作業委員会は当初、「全社協　福祉ビジョン2020」実現のための八つの柱[8]を達成すべく、現在の課題を解決するにはどうしたらよいかという、「課題解決型のアプローチ」でビジョンの具体化を図ることから原案作成を試みたが、課題から積み上げてSELP独自のビジョンを描く作業は幾度となく暗礁に乗り上げた。

3）今以上をめざして

　このことを打開したのが、作業委員から出た「SELPらしくいきましょう」の一言であった。より自由にポジティブに発想を膨らませるため、アプローチ方法を転換し、まず、私たちが10年後に実現したい社会の理想の姿をSELPの「ビジョン」として創り上げ、そしてその実現のために、取り組むべき具体

注

[8]　「福祉ビジョン2020」の実践に向けた取り組み
　①重層的に連携・協働を深める　　　　　　　　　⑤福祉組織の基盤を強化する
　②多様な実践を増進する　　　　　　　　　　　　⑥国・自治体とのパートナーシップを強める
　③福祉を支える人材（福祉人材）の確保・育成・定着を図る　⑦地域共生社会への理解を広げ参加を促進する
　④福祉サービスの質と効率性の向上を図る　　　　⑧災害に備える

的な行動方針を創り上げていくこととした。

　「働く・くらす」をこれまで支えてきた私たち SELP。10 年後、私たちと関わる全ての方々の幸せ、言い換えるならば組織の存在意義は「働く・くらす」から「楽しく働き、心豊かにくらす」ことを実現することである。その思いを込め、セルプ協は「SELP Vision 2030」を策定した。

4）SELP Vision 2030 を意識した行動を

　SELP Vision 2030 では、「楽しく働き、心豊かにくらす」ことを実現するための四つの柱と具体的な 11 のチャレンジ（図表 1-2）を掲げた。さらにチャレンジを実践することは、今世界がひとつとなって実現に向けての取り組みを行っている SDGs を、組織を挙げて取り組んでいることとなる。

　SELP Vision 2030 はお題目でなく、全ての方が思いをひとつにすることができるものである。障害の有無や年齢、性別、国籍に関係なく、誰もが地域のなかで必要とされ、自分の力を生かして楽しく働いて活躍し、限りある地球の資源を大切にしながら、共に心豊かに安心して暮らせる未来をめざす羅針盤として、それぞれの立場で自然体で実践し続けていってほしい。

図表 1-2　SELP Vision 2030※9

楽しく働き、心豊かにくらす
SELP Vision 2030
みんなの夢を実現するための11チャレンジ

全国社会就労センター協議会（セルプ協）は、会員である社会就労センター（SELP）とともに、障がいの有無や年齢、性別、国籍に関係なく、誰もが地域のなかで 必要とされ、自分の力を活かして楽しく働いて活躍し、限りある地域の資源を大切にしながら、ともに心豊かに安心して暮らせる未来をめざします。

楽しく働き、夢を実現！
社会に貢献できる人材を育成し、職員、障がいのある方の夢の実現を支援します

1　SELPは、年齢や性別、国籍などにかかわらず多様な人たちが、個性を活かして楽しくやりがいをもって働けるよう、家庭生活と調和し健康と安全に配慮した働きやすい職場環境を作ります。

2　SELPは、障がいのある方が楽しく生きがいを感じながら働き、社会で生きる力を養い、夢や心豊かな暮らしを実現できるよう、企業や地域のさまざまな組織・団体と連携して、質の高い就労支援を提供します。

3　セルプ協は、SELPを支えるよりよい制度・施策の実現をめざして国と協働するとともに、ICTやAI等の先端技術も活用しながら社会に貢献できる人材の確保・教育・育成を支援します。

地域に元気と笑顔を届ける！
誰もが住みやすい地域づくりに貢献します

4　SELPは、社会のニーズに耳を傾け、企業や地域の多様な関係者と連携し、クリエイティブな発想でお客様の新たな驚きと笑顔あふれる商品、サービスを創造・提供します。

5　SELPは、少子高齢化による過疎化、農林水産業などの担い手不足、環境問題など、地域のさまざまな課題に対して、私たちのもつ多様な人材・ネットワーク、商品・サービス、支援力で、誰もが住みやすい地域づくりに貢献します。

6　セルプ協は、セルプセンターとともにSELPブランドの価値向上につとめ、商品開発や広報を支援し、障がい者の就労支援の意義、役割を社会に発信します。

SELPネットワークはセーフティネットワーク！
ともに心豊かに暮らせる社会をめざします

7　SELPは、誰もがともに心豊かに安心して暮らせる社会をめざし、SDGsの理念である「誰一人取り残さない（leave no one behind）」を実現するため、社会のセーフティネットとなります。

8　SELPは、自然災害やパンデミック、経済環境の激変等を想定し、平時から危機に備えた準備をすすめます。また、有事の際には、職員、障がいのある利用者の安全を守りつつ、地域住民の支援拠点となるよう、地域や関係団体と連携します。

9　セルプ協は、全国、ブロック、県のネットワークで支えあい、知恵と情報を共有し、社会的な困難を乗り越えていきます。

SELPチャレンジが未来を拓く！
世界に日本の実践を発信し、障がい者の就労支援のグローバルスタンダードを牽引します

10　SELPは、多様な関係者と連携しながら障がいのある方の可能性を拓げ、世界に誇れる SELP チャレンジを続けていきます。

11　セルプ協は、世界の取り組みを学ぶとともに、日本の取り組みを世界に発信し、世界の障がい者の就労支援の質の向上に貢献することで、障がい者の就労支援のグローバルスタンダードを牽引し、「SELP（Support of Employment, Living and Participation）」が世界共通語となる未来を創ります。

注
※9　https://selp.or.jp/selp_vision2030/

（3）セルプ協の国際活動

　セルプ協は設立当初より積極的に国際活動に取り組んできた。そのひとつとして、海外の障害者雇用制度を学び、わが国の障害者雇用制度に取り入れていくことを目的に保護雇用制度について研究してきた。ヨーロッパやアメリカを参考にしながら、日本の授産施設をどのように発展させるかを検討するなかで、昭和 53（1973）年にイギリスのレンプロイ社、翌年にアメリカのグッドウィル・インダストリーズを招聘し、「障害者職業問題セミナー」を開催した。全国社会就労センター協議会は、平成 6（1994）年に、IPWH（国際社会就労組織〔現 WI（ワーカビリティ・インターナショナル）〕）[10] に正式加盟し、その日本組織である WIJ（ワーカビリティ・インターナショナル・ジャパン）を組織した。平成 20（2008）年は 9 月 9〜11 日に「2008 ワーカビリティ・インターナショナル世界会議in札幌」を札幌で開催した。主催者は WIJ だが、セルプ協、日本セルプセンターが中心となり、直前の 5 月 6〜14 日に第 8 回海外障害者雇用・就労事情視察セミナーを開催し、タイ、マレーシア、フィリピンを訪問するなどアジアの障害者就労支援団体を招聘した。

　セルプ協は設立当初から、アメリカの「官公需優先発注制度（JWOD プログラム）」の日本での制度化を目的に研究や視察を実施してきた。平成 18（2006）年 12 月に行ったアメリカ北西支部 NISH 視察に基づき、具体的に日本版「官公需優先発注システム」の概念図を作成して報告を行い、平成 25（2013）年 4 月 1 日に施行された障害者優先調達推進法を創るきっかけになった。

　令和 3（2021）年 8 月に WIJ は WJ（ワーカビリティ・ジャパン）に改称され、現在は、構成団体（セルプ協、日本セルプセンター、きょうされん、ゼンコロ）のひとつとして、WI、WAsia（ワーカビリティ・アジア）に加盟している。WAsia では、長く日本から代表を出し、事務局を担ってきたが、平成 30（2018）年 12 月 18 日に開催されたカンボジア・プノンペンでのWAsia 総会で、代表と事務局をタイに引き継いだ。これによって日本の役割が終了したわけではなく、引き続き、資金面での援助など、アジア全体の障害者就労を支えるために必要なことを実施していくことが日本の役割であることを忘れてはならない。

注
※ 10　IPWH は平成 14（2002）年 1 月にサンディエゴで開催された年次総会で WI に改称

4　日本セルプセンターの役割と機能

（1）設立の経過

1）「共同受注事業」を実現させるための組織として

　昭和57（1982）年に発足した中央授産事業振興センター（現日本セルプセンター）設立の背景には、授産施設制度そのものを時代に即したものに改善[※11]していく目標のほかに、授産事業の中身、つまり経済活動の振興とそこで働く障害者の所得保障を進めていくという目標があった。これらを実現する必要性から、アメリカですでに制度化されていたシェルタード・ワークショップに対する連邦政府の優先発注の仕組みを参考にした「共同受注事業団構想」が生まれ、その構想をベースに、質の高い仕事の確保とそのための施設間・地域間の連携を図るための営業的な方策を講じ、厚生省（当時）や会員施設の協力を得ながら基盤整備を固めていった。また、組織的な拡充と発展性を期待する意味で、共同受注事業部を名称変更し、「中央授産事業振興センター」が誕生するに至ったのである。

2）授産制度の見直しのなかで

　もともと全国授産施設協議会（全授協、現全国社会就労センター協議会）が、障害の種別を問わず、職業的なハンディキャップを総括的に捉えていた分野横断的な組織であったことと、前述のように、欧米を中心とした諸外国の雇用制度や所得保障のレベルの高さといった事情を参考に、社会就労センターのあり方の検討を重ねてきたこともあって、中央授産事業振興センターはいわゆる経済的な視点で事業振興を推進する役割が課せられていた。しかし、その特性をどのように活性化させ、社会全体への宣伝と普及を試みていくか、具体的な成果を期待するには組織としての基盤強化と、対外的な意味や訴求、内部の意思統一のためのアイデンティティーの確立が必要であった。

3）「CI戦略」の導入と「中央セルプセンター」への名称変更

　一方、全授協においては、平成5（1993）年頃から企業的な「CI戦略」に合わせて中央授産事業振興センターも、新たに「中央セルプセンター」に名称を変更するとともに、SELPブランドの活用と新しいセンター事業の発

注
※11　第1章1（2）　7頁参照

展を試みていくこととなった。

（2）NPO 法人化の経過と課題

1）法人化を必要とする背景

　中央セルプセンターの発足の原点は、「授産事業の振興を図り、官公需等を中心とした共同（受注）事業を実施すること」にあった。しかし、組織が法人格を所有していないために、官公庁や大手企業の入札に参加できず、大口の受注チャンスを逃がすことが多くなり、また、全社協の一組織としての位置付けから、独自の専門職員の雇用や配置が実現できず、人材の確保は困難な状態が続いた。

　こうした問題の解決を図るため、「中央授産事業振興センター法人化検討委員会」を設置し（平成 6［1994］年 3 月）、「社団法人」の取得をめざして厚生省などと協議を重ねてきた。しかし、社団法人化の確たる見通しが得られなかったため、「特定非営利活動法人（NPO 法人）」による法人化へと方策を切り替え、平成 12（2000）年 6 月 30 日に、セルプ協の協議員を会員とした法人設立総会を開催し、満場一致で NPO 法人の設立が決定された。

2）取り組むべき事業

　NPO 法人「日本セルプセンター」（以下、セルプセンター）は、中央セルプセンターの本来事業である社会就労センターの共同事業を中心に引き継ぐとともに、次の事業を推進することとした。

　ⅰ）障害者の製作品の普及・啓発事業
　ⅱ）都道府県セルプセンター等への支援とネットワーク化
　ⅲ）事業の振興等に係る人材養成研修事業
　ⅳ）生産活動等施設の製品や治工具の開発事業
　ⅴ）生産活動等施設や製品に関する診断事業
　ⅵ）障害者および生産活動施設に関連する各種機器等の斡旋および貸し出し事業
　ⅶ）生産活動事業等に関するボランティアの育成事業
　ⅷ）国内外の生産活動等施設製品に関する情報収集や市場調査事業

　また、環境の変化にともなった新事業の開発や就労支援の形態などにも対応できる組織としての体制づくりにも取り組むこととした。

3）認定 NPO 法人へ

　「日本セルプセンター」は、平成 12 年 11 月 15 日、東京都知事の認定を得

て、正式に発足した。平成13（2001）年4月より、東京都新宿区西新宿に事務所を開設し、事務局体制を確立するとともに、正会員の加入促進を本格化させ、各事業についてもネットワークを生かしたセルプPR事業としてセルプ自動販売機設置事業の展開や作業種別部会による活動の開始、さらに前項に掲げた事業への順次着手等、当初計画にそって事業の推進を図った。

　その後、平成29年（2017）年3月17日、申請に基づき、これまでの活動が認められ、認定NPO法人格を取得した。多くの市民や企業に支えられた安定した活動を継続していくことがより一層期待される団体となった。

（3）官公需と民需における共同受注窓口としての機能

1）官公需と民需への共同受注窓口としての取り組み

　平成24（2012）年、「障害者優先調達推進法」が施行され、国や地方公共団体、独立行政法人等をはじめとする官公需に期待されるなか、実務として運用する段階においては、発注側の制度（調達における入札や随意契約による契約や会計法の運用）や体制（個々の機関、部局において異なる業務進行方法）に対し、受注側の製品やサービスの情報提供の不足、生産・供給体制の量と質の確保等の問題等があった。こうした課題の解決方法のひとつとして「共同受注事業」体制の確立が求められてきた。セルプセンターでは、初年度となる平成25（2013）年度以降、中央官公庁および独立行政法人への営業を展開し、調達機関数、調達実績額の拡大を続けている。

　また、ダイバーシティー経営への取り組みを推進する企業や自治体も増え、地域経済における担い手として障害者就労支援施設との関係、協力体制を構築する機運は拡大の傾向にある。さらに、SDGsへの取り組みが求められる時代となり、官公庁、民間企業との関わりのなかでSDGsを標榜し、パートナーシップを深化・拡大させる必要がある。

2）事業振興と今後の課題

　セルプセンターでは、こうした官公需および民需への開拓に際し「継続」「展開」「情報収集」「連携」といったキーワードをもとに事業に取り組み、例えば、自動販売機設置推進事業（令和3［2021］年現在、4社のベンダー企業にて展開）、催事商品販売事業（全国47都道府県にて展開）、ナイスハートバザール[12]（昭和56［1981］年より継続）への販売支援、といった実績を築

注
※12　第5章3（5）1）247頁参照

いてきた。これらをさらに発展させるためには、情報の積極的な収集と活用とともにさまざまな方面や団体・組織との連携が必要不可欠である。

　なかでもセルプ自動販売機設置事業は平成 12（2000）年から取り組まれたが、この事業モデルは、事業振興（工賃向上への貢献）にとどまらず、日本セルプセンター、セルプ協のブロック組織、都道府県組織、各セルプセンターの活動を支える財源としての絶大な効果をもたらした。令和 3 年 11 月現在、設置台数 1,577、令和 2（2020）年度の総売上本数は、約 608 万本である。

（4）作業種別部会の活動と工賃向上

1）作業種別部会とは

　作業種別部会（以下、部会）は、セルプセンター会員施設・事業所（以下、事業所）で行っている事業（作業）の種類別に情報交換しながらスキルアップや知識の共有、更新を図りつつ、事業振興の推進を図るものである。会員は、それぞれの事業所で行っている事業に関連のある部会に登録し、情報の発信・共有、研修会の案内、仕事の見積り依頼など、メーリングリストを通して送られてくる情報を基に、事業の拡大をめざしている。

　現在では下記の 15 の作業種別に分かれて活動している。
①ウエス、②木工、③クリーニング、④縫製、⑤印刷、⑥情報処理、⑦農産、⑧食品加工、⑨製パン、⑩製菓、⑪レストラン・総菜・弁当、⑫軽作業、⑬ビルメンテナンス・清掃、⑭リサイクル、⑮陶・工芸

2）課題

　部会を組織する共同事業のメリットとしては、一施設では難しい①大量ロットでの原材料仕入れ、②大量受注、③作業の分業化、などが挙げられるが、①に関しては、地域とのつながり、全国統一価格の設定、ロジスティクスの問題などがある。②に関しては、共同事業化できる事業案件の開拓が必要となってくる。③については、作業工程の管理のほか、輸送コストがかかるものが多く、全国規模での取り組みまでは時間を要することなどが課題となっている。

3）今後の展開

　セルプセンターとしては、事業振興を主眼におき、工賃向上につながるような活動をめざしていく。そのためにもまず部会内、部会間で情報の発信や課題意識を共有し、事業所へフィードバックできるような仕組みの構築が必要となる。

（5）被災地支援事業の推進

　セルプセンターとセルプ協は、平成23（2011）年の東日本大震災において「全国セルプ東日本大震災対策本部」を立ち上げ、被災地事業所への支援を行った。また、セルプセンターは国庫補助を受け、この推進組織としてセルプセンター内に「東日本大震災障がい者就労支援ネットワーク」事務局を設置し、販売事業の支援、仕事の受託支援、被災事業の再構築・新規事業立ち上げの支援を行った。

　これまでの活動を通してわかったことは、緊急事態後の被災地との連携した支援活動の重要性である。被災地には、個別に異なった支援ニーズがあり、それぞれの状況に応じた支援が必要である。そのためには、地域の状況を知る都道府県セルプセンターとの連携は不可欠である。

（6）都道府県セルプセンターの役割

1）都道府県セルプセンターの現状

　令和3年（2021）年4月時点で、都道府県社会就労センター協議会とひとつになっている組織、名称が事業振興センター等になっている組織も含め32都道府県でセンター機能を整えて活動している。その他、前述の共同受注窓口組織を含めると各都道府県で何らかのかたちでセンターの役割をもった組織運営が行われている。

　都道府県セルプセンターは、商品の販売を軸にナイスハートバザールの開催、イベント参加、福祉の店の運営等を行ってきたが、障害者優先調達推進法の施行とともに共同受注事業を軸に仕事の受注・商品の開発等が重要な活動になっている。

2）今後の課題

　都道府県セルプセンターの役割は、会員事業所の仕事を確保し、商品開発の支援を行い商品の販売に寄与することと障害者就労への道筋をつくることである。前述したように都道府県セルプセンターに組織されている事業所では、共同受注・共同販売、商品の共同開発等、事業所間の協働や連携が進められ、事業振興の活性化が図られているが、全ての都道府県で組織されていないことや組織形態・運営体制等についても必ずしも統一されていないのが現状である。今後、都道府県セルプセンターを全都道府県に設置するとともに、組織体制・運営体制の強化を図ることが課題である。

　一方、セルプセンターの役割の原点は、「授産事業の振興を図り、官公需等

を中心とした共同（受注）事業を実施すること」がある。セルプセンターがその役割を担っていくためには、体力づくり＝組織の強化が不可欠の課題である。

「全国社会就労センター協議会（セルプ協）」「日本セルプセンター」への加入のすすめ

以上、「全国社会就労センター協議会（セルプ協）」「日本セルプセンター」の成立経緯と意義、度重なる制度変更のなかでの障害者の「働く・くらす」を支える事業者団体としての実践をみてきました。

国の障害福祉施策に対して誰よりも障害者のニーズの受け止めに近いところで活躍する現場職員の声をまとめ上げて、しかもその多くの声を調査研究活動により、データとしてエビデンス性を高めた上で、継続的かつ適時に提案していくという「全国社会就労センター協議会（セルプ協）」「日本セルプセンター」の役割には大きなものがあります。この使命に実質的な力をもたらすものは、ほかでもない社会就労センターの高い組織率なのです。

全国の一つひとつの事業者が全国組織に加入し、共に力を合わせてこれからの障害福祉制度を提案し続け、現場で実践力を発揮することでこそ、障害者の「楽しく働き、心豊かにくらす」を支えていけるのです。

「全国社会就労センター協議会（セルプ協）」「日本セルプセンター」への加入については、下記のサイトを参照してください[13]。

「団結は力なり」なのです。

社会福祉法人全国社会福祉協議会
全国社会就労センター協議会
会長　阿由葉　寛

注
※13　全国社会就労センター協議会（セルプ協）：https://selp.or.jp/general/join/index.html
　　　日本セルプセンター：https://www.selpjapan.net/recruit/

第2章

組織の運営

1 社会福祉法人の経営原則

（1）改正社会福祉法と経営組織のガバナンス強化への期待

1）経営組織のガバナンスの強化

　平成 28（2016）年 3 月 31 日に「社会福祉法等の一部を改正する法律」が成立し、一部を除き翌日の 4 月 1 日から施行された。公益法人制度の変化、イコールフッティングの問題、内部留保、財務諸表公表問題などの課題を解消するためのもので、社会福祉基礎構造改革に伴い社会福祉事業法から社会福祉法に改正されて施行以来の大きな改正であり、社会福祉法人制度の改革として、経営組織のガバナンスの強化が盛り込まれた。

　その内容の大きな柱のひとつが、理事、理事会、評議員、評議員会など各機関の職務権限や義務および責任が明確化されたことである。なかでも評議員会は、法人運営に係るけん制機能をもつ重要機関とされ、これまで社会福祉法人にとっての任意設置の諮問機関であったものから必置機関となり、理事等の選任・解任や法人の重要事項を決定する議決機関とされた。改正社会福祉法施行前に多くの社会福祉関係者が、理事の選任・解任権が評議員会の議決事項とされるなど評議員会の権限が強大になったこと、さらに、親族などの特殊関係者は評議員になれないことから、いわゆる法人の乗っ取りの恐れが生じるのではと懸念されたが、法施行後数年たつもそのような話は聞こえてこない。これは議決機関としての評議員会そのものが適正に機能し、ガバナンスの強化にもその役割を果たしているといえるのではないだろうか。

　もうひとつの大きな柱が、一定規模以上の法人に対して、会計監査人を義務付ける会計監査人制度が導入されたことである。このことは社会福祉法人が作成している各計算書を、外部組織で第三者としての会計監査人が監査を実施し、適正であれば保証を与えるシステムである。これまでも会計監査人など、外部機関の監査を受けることが望ましいとされていたが、実態としては社会福祉法人で導入していたところは少なく、これを機に会計監査人制度を財務に関する信頼性の向上やガバナンスの強化だけではなく、業務の効率化や効率的な経営を行うためにも活用すべきではないだろうか。ただ、社会福祉法人会計が多少複雑な仕組みとなっているためか、会計監査人も制度内容を理解することに時間を要している面が見受けられる。

　また、営利法人ではない社会福祉法人としては、会計監査人への報酬が高額で、財務負担が増す。このためか監査対象となる法人規模の基準を引き下げていくという、厚生労働省の方針も停滞している。負担感はあるものの、会計監

査人の監査を受けることによって、その信頼性が向上し、ガバナンスの強化につながるのは当然のことであることから、多くの社会福祉法人が早期に会計監査人の監査を受けるようになることが望ましい。

　社会福祉法人制度見直しによって、社会福祉法人への規制が強化されたという考えもある。しかし評議員や評議員会、理事会などの設置が義務化され、これらの職務に関する権限、義務、責任が明確化されたことにより、意思決定と決定に基づく執行体制が確保された。さらに、会計監査人の監査を受けることで、会計面での監視も強化され、社会福祉法人にとって、ガバナンス面では間違いなく強化されたといえるであろう。また、評議員の資格が「社会福祉法人の適正な運営に必要な識見を有するもの」とされていることから、社会福祉法人が適格者と考える人物を見つけ出し、確保することが、ガバナンス強化につながるということを認識した上で、いかに該当する人物を迎え入れられるかどうかが課題として明らかになってきた。

2）事業運営における透明性の向上

　ガバナンスの強化に当たっては、経営内部のガバナンスを強化することはもちろんであるが、情報開示を通じて事業運営の透明性の向上を図るといった外部ガバナンスも重要である。このため改正社会福祉法では、事業運営の透明性向上のため、計算書類、現況報告、役員報酬基準についての公表規定が整備され、ホームページなどでの公表が義務付けられたところである。これら関係書類に関しては、主たる事務所に据え置きや閲覧請求に対応しなければならず、財産目録等はサービス利用者などの利害関係者に限らず、誰でも閲覧請求ができ、正当な理由なく拒否することはできないとされている。

　このように、改正社会福祉法では、情報公開対象範囲の拡大と公開に係る規定が明確化され、社会福祉法人という極めて公共性の高い団体として、ほかの公益法人以上の運営における透明性が要請されたといえよう。

3）財務規律の強化

　一部のマスメディアにおいて、社会福祉法人が黒字をため込んでいるという報道が、平成23（2011）年夏以降に行われ、これを契機に社会福祉法人バッシングともいうべき逆風が吹いたところである。同年12月の社会保障審議会介護給付費分科会で、特別養護老人ホームにおいて、一施設当たり平均3.1億円の内部留保があるとの報告があり、財務省も調査に乗り出したが、社会福祉関係団体などから「内部留保の多くは、固定資産に投入されている。現預金として積み立てられているわけではない」「老朽化した施設の建て替えが今後必要であり、建て替えへの備えが必要」といった意見が多数発せられた。そもそ

も内部留保は明確な定義がなく、その規模を表す仕組みがない。いわゆる余裕財産の適正な水準や活用方法を判断する基準も示されてはいなかった。そのため逆風がやむことはなかった。

改正社会福祉法では、適正かつ支出管理を確保するとともに、内部留保を明確化し、社会福祉事業などへの計画的な再投資を実現するため、財務規律を強化する仕組みが構築された。まず適正かつ公正な支出管理の確保に関しては、役員報酬基準の作成と公表が義務付けられ、役員等関係者への特別な利益供与が禁止された。次に内部留保に関しては、法人が保有する財産のうち、事業継続に必要な控除対象財産を控除してもなお残額が生じる場合に、その残額を社会福祉充実残額と算定した上で、社会福祉事業等に再投資する社会福祉充実計画の策定が義務付けられた。

このように、公益性が高い社会福祉事業を主たる事業とする社会福祉法人が、公共性および非営利性をもち税制優遇を受けることに見合った財務運営を担保するとともに、財務規律の強化が図られることとなった。

4）行政の役割と関与のあり方

改正前の社会福祉法においても、所轄庁による指導監査の規定は設けられていたが、具体的な確認内容や指導監査の基準が示されていなかったことから、所轄庁の指導内容が都道府県によって異なり、なかには根拠が希薄で非常に厳しい規制（ローカルルール）がみられていた。そのため、法人の自主性や自律性の尊重に重点を置きつつ、行政による指導監査と会計監査人などによる会計監査との関係を整理する必要があった。

このため、社会福祉法の改正によって、社会福祉法人のガバナンス強化による自主性や自律性を要件として、国において基準を明確なものとし、指導監査要綱の見直しと監査ガイドラインの作成などが示され、全国的に統一された指導監査の実施が可能となった。また、会計監査人において確認される会計部分についても、重複するところは省略することとした。このほかにも、これまでの指導監査結果を基に判断し、良好と認められる社会福祉法人には、指導監査実施周期を延長、反対にガバナンス等に問題があると判断される社会福祉法人には、指導監査の頻度を上げることにより、指導監査の重点化を図ることとしている。

行政と社会福祉法人との関わりについては、所轄庁が社会福祉法人の業務・財産状況に関して立ち入り検査できるよう規定され、定款違反などにより運営に著しく適性を欠くと判断した際に、必要な措置をとるよう勧告することができることも規定された。所轄庁間における関係性についても、これまでは都道府県が市に対して、社会福祉法人への指導や監督に関し、助言や情報提供の支

援を行うことが明確でなかったが、改正社会福祉法では支援を行うよう努めなければならないとされた。小規模の市では指導監督を行う専任の職員や部署がなく、指導監査が停滞し十分な指導が行われていなかったことも事実で、都道府県からの支援を受けることにより、小規模の市が所管する社会福祉法人にとっても、的確な指導が行われるということは、適正な運営を行うという面において、プラスとなることであろう。

5）今後の展望

　これまで法人運営に関し曖昧^{あいまい}な部分も多かったが、所轄庁からの指導を遵守^{じゅんしゅ}してきたところである。改正社会福祉法の施行に伴い、経営組織のガバナンス強化、事業運営における透明性向上、財務規律の強化などが制度化され、指導監査についても全国的に統一された。規制が強化されたと考える向きもあるようだが、反対にこれらを適正に行うことを前提として、社会福祉法人の経営力向上と運営に係る自由的裁量が確保されることとなった、といえるのではないだろうか。今後は、ガバナンスが強化されたことで自主性を発揮しながら、社会福祉法人経営をいかに展開していくかが重要である。厚生労働省は、営利企業が福祉関連事業に本格進出するなどにより、事業規模も零細で経営的にも苦しい小規模法人は経営継続が困難となることを予想している。現状において設立理念や経過の異なる社会福祉法人が合併することの困難さは想像以上で、諸手続きも非常に時間を要することから合併許可件数は年間10～20件程度と報告されている。

　このようなことから、令和2（2020）年6月に社会福祉法の一部改正が行われ、社会福祉連携推進法人の創設が規定された。施行日は令和4（2022）年4月1日である。これは社会福祉法人の経営基盤の強化を目的とするもので、社会福祉連携推進法人は、社会福祉法人等が参画し各法人の経営を取りまとめる、ホールディングスのような組織であり、以下の業務が可能となる。

・地域共生社会の実現に資する業務の実施に向けた種別を超えた連携支援
・災害対応に係る連携体制の整備
・社会福祉事業の経営に関する支援
・社員である社会福祉法人への資金の貸し付け
・福祉人材不足への対応（福祉人材の確保や人材育成）
・設備、物資の共同購入

　社会福祉法人は原則として、法人外への資金融資は認められないが、社会福祉連携推進法人を介して、社会福祉法人間の貸し付けが可能となる。貸付金の使途は今後詳細が定められることとなるが、これにより、資金調達が難しい小規模法人が、経営の安定化や新たな事業を行う可能性もみえてこよう。

　また、福祉業界における人材不足は深刻で、人材確保や育成面では大きなメリットが生ずることとなる。人材を確保し、定着率を高める教育システムを構築させるために、人材確保と育成を担当する部署を設置することは重要である。小規模法人でこのような体制をつくることは難しいが、社会福祉連携推進法人であれば、グループ内で一貫したシステムを構築することも可能である。

　さらに、今後の社会福祉法人経営は、高齢者、障害者、児童などの対象とする事業一体経営を展開し、スケールメリットを生かすことで、より一層安定した経営を保つことができるといわれている。このためには、社会福祉連携推進法人の設立と活用は、今後における社会福祉法人の経営戦略として、念頭に置いておかなければならないことである。

（2）地域における公益的な取組の充実

1）「地域における公益的な取組」の責務

　平成28（2016）年に成立した社会福祉法等の一部を改正する法律による改正後の社会福祉法第24条第2項の規定に基づき、平成28年4月から、「地域における公益的な取組」の実施が社会福祉法人の責務として位置付けられた[14]。

　厚生労働省においては、子ども、高齢者、障害者など全ての人々が地域、暮らし、生きがいを共に創り、高め合うことができる地域共生社会の実現をめざし、住民が主体的に地域課題を把握して解決を試みる地域づくりへの支援とともに、複合化・複雑化した課題を包括的に受け止める総合的な相談支援体制づくりを進めている。社会福祉法人においては、これまでに培ってきた福祉サービスに関する専門性やノウハウ、地域の関係者とのネットワーク等を活かしながら、「地域における公益的な取組」の実践を通じて、こうした地域づくりと連携し、積極的に貢献していくことが期待されている。

　ちなみに、社会福祉充実計画に関しては社会福祉充実残額がある場合に策定することが義務付けられているが、公益的な取り組みに関しては法人の財務状況にかかわらず責務として求められているため、混同しないよう注意をする必要がある。

　また、「地域における公益的な取組」の実施結果については毎年現況報告書への記載・公表が求められており、法人のホームページ上での公表も積極的に取り組むことが望まれている。

注

※14　「社会福祉法人による『地域における公益的な取組』の推進について」（平成30年1月23日付　社援基発0123第1号　厚生労働省社会・援護局福祉基盤課長通知）参照

2）「地域における公益的な取組」の内容

　「地域における公益的な取組」は、次の①～③の三つの要件の全てを満たすことが必要とされている。

①社会福祉事業又は公益事業を行うに当たって提供される福祉サービスであること

②対象者が日常生活又は社会生活上の支援を必要とする者であること

③無料又は低額な料金で提供されること

　上記三つの要件のうち、①については原則として公費を受けない社会福祉事業または公益事業が対象である。しかし、地域共生社会の実現に向けた地域づくりを進めていく観点からは、行事の開催や環境美化活動、防犯活動など、取り組み内容が直接的に社会福祉に関連しない場合であっても、地域住民の参加や協働の場を創出することを通じて、地域住民相互のつながりの強化を図るなど、当該取り組みの効果が法人内部にとどまらず地域にも及ぶものである限り、この要件に該当することが示されている。

　②については、原則として現行の利用者以外の者であって、地域において心身の状況や家庭環境、経済状態等により支援を必要とする者をさしているが、自立した日常生活を営んではいるものの、単身で地域との関わりがない高齢者など、現に支援を必要としていないが、このままの状態が継続すれば、将来的に支援を必要とする可能性の高い者も含まれるとされている。

3）具体的活動事例

　全国の社会福祉法人において数多くの実践が進んでおり、全国社会福祉法人経営者協議会や各都道府県社協等からも事例が多数示されている[15]。ここではいくつかの事例を紹介したい。

❶地域共生社会実現に向けた協議会発足

　社会福祉法人北海道光生舎では地域の方々への場所の提供や、市の社協との連携によるセミナーやワークショップの開催等行ってきたが、過疎地域における将来的な少子高齢化の進行、支え手側の人的不足等の課題を考慮して、行政・医療・市民団体等を巻き込んだ「地域共生社会を考える会」を発足させ、今後の福祉体制の再構築に着手した。協議会の事務局の役割を法人が担い、活動の中心的立場として動いている。

注

※15　全社協では平成30（2018）年に「地域における公益的な取組に関する委員会」を立ち上げ、報告書を作成した。
https://www.shakyo.or.jp/tsuite/jigyo/research/20190322_koueki.pdf

❷近隣法人・地域住民との福祉避難所開設訓練

　昨今頻発している大規模自然災害に備えて福祉避難所開設を計画した。社会福祉法人からの提案で社会福祉法人4施設と行政、消防、警察、中学生ボランティア、地域住民参加による避難訓練を実施している。準備期間は5~7カ月、定期的な会議を行い、行政や地域の方々との連携がスムーズになってきた。今後はBCP（事業継続計画）も含めて地域ぐるみの防災計画に発展させる予定である。

❸生活困窮者就労訓練事業の実施

　生活困窮者自立支援法に基づく認定就労訓練事業に事業所として認定を受け、生活自立相談支援センターを通して50代男性の受け入れを実施した。本人との面談により畑仕事に興味があることがわかり、業務のつながりがあった株式会社の農業事業部の仕事に事業所利用者と一緒に参加することとした。回数を重ねることで利用者とのコミュニケーションも増え、今後の生活と就職活動にプラスになる体験となった。

❹子ども食堂の運営

　全国的に問題となっている孤食や子どもの貧困対策とともに、地域のコミュニティーの拠点づくりのため、月1回の子ども食堂を実施している。運営に当たっては施設職員と地域のボランティアが中心となり、地域の方々からの寄付や食材提供を受けて行っている。コロナ禍による中断もあるが、食材を家庭に届ける活動に切り替えて継続している。

　そのほかにも地域住民に対する福祉教育の提供、買い物支援、地域に向けた相談支援、地域サロンの運営、地域のネットワークづくり等さまざまな実践がなされている。

　地域における公益的活動に関しては、1法人単独で行うだけではなく、複数の法人との連携や地域との協働で取り組むことにより、より大きな広がりと成果が期待できる。

　また、単に画一的かつ特定の取り組みを求められているわけではなく、法人が保有する資産や職員の状況、地域ニーズの内容、地域におけるほかの社会資源の有無などを踏まえつつ、その自主性、創意工夫に基づき取り組むことで、法人自らの存在価値を明らかにしていくことができると考えられる。

　社会福祉法人は福祉を生業とする立場として、将来担い手不足による地域福祉の衰退を招かないためにも、公的サービス以外の地域への積極的な関わりを継続していくことが大変重要な責務となる。

（3）中期計画と設備投資

1）中期計画の必要性

　社会福祉法人に限らず、何らかの事業活動を行う事業体や組織では、一定の目的と計画の下に、継続的意思をもって事業を進めるのが通常である。社会福祉法人が行う事業活動の根源には、法人の理念や地域福祉の担い手として果たすべき使命がある。理念を具現化するためには、目標に到達するための道筋や手段、すなわち計画をもつことが不可欠となる。特に社会福祉法人には高い公益性と継続性が求められるため、経営ビジョンや事業内容を内外に明示するという観点からも、将来を見据えた中長期的な計画を立て、透明性を確保しながら実践していく必要がある。また、生産活動を行う社会就労センターでは、生産・売上・販売・利益などに関する計数計画が伴うため、より経営的視点に立った計画の策定が求められる。

　計画とは、言うまでもなく、到達しようとする目標を定めて、これを実現するための方法や行動等をあらかじめ組み立てることである。めざす姿や将来像を掲げ、どのように進むか、いつまでに達成するかなどの道筋を具体的に描き、これを可視化して、組織全体で共有していくことが欠かせない。

　事業を行う上で必要とされる計画には、経営方針や事業活動に関する計画、設備投資を含む財務活動に関する計画などがある。計画期間の設定に法則はないが、一般的に短期計画は1～3年、中期計画は3～5年、長期計画は5～10年以上とする場合が多い。なお、長期計画では、計画策定時点で将来起こり得る経営環境の変化を確実に予測することは難しい。ビジョンや戦略を定めても、定量的な目標を完全に達成するのは容易ではない。このため、外部環境の変化が想定よりも大きくなった場合などには、躊躇せずに計画を見直し、または追加的な施策を講ずるなど、軌道修正を図る柔軟性が必要である。

　一方、比較的、課題抽出や環境分析を行いやすい中期計画は、年度計画の基になるとともに、実現可能な目標や具体的な戦略を示すことができるものとして、社会福祉法人の経営にとって得られる効果が高い。法制度の動向を見据えた事業展開のほか、短期では成し得ない事業や長期目標を実現するための段階的戦略、実効性を伴う計画値などを数年のスパンで落とし込む。将来予測の不透明さが増し、計画の有効性が短期化する近年では、中期計画の必要性・重要性は増しているといえる。

　このように、中期計画の意義は、単なる現状の積み上げや理想の羅列ではなく、3年ないし5年先のめざすべき姿・あるべき姿を描き、達成に向けた主要な手段を具体的に明示することにある。課題や目標、実施期限、行動や戦略などを明らかにし、将来展望をもつことで、法人の進むべき方向性が明確にな

る。組織のベクトルを一致させ、意思統一を図ることにより、合理的かつ一貫性のある事業展開が可能になる。中期計画の策定方法やプロセスはここでは割愛するが、策定した計画は実行しなければ絵に描いた餅に終わる。一方で経営環境の変化が大きいなかにあっては、数年先を展望した計画のとおりに事業が進捗するとは限らない。このため、PDCA サイクル（Plan・Do・Check・Action)※16 を実践するなどによって計画の実効性を高め、経営のスピードアップを図りながら事業を推進することが重要となる。

2）中期計画に基づく設備投資

　次に計画に基づく設備投資の重要性について触れよう。設備投資とは、事業の継続・拡大・発展などのために必要な設備に資金を投じることである。その主な目的は、老朽・陳腐化した設備等の更新、サービスの向上や生産能力の増強、業務の省力化や情報化、新規事業や研究開発などの新たな価値の創出などにある。具体的には、建物、機械装置、車輌、器具備品、ソフトなどの整備があり、いずれも事業の継続・成長と経営資源の蓄積に不可欠な投資といえよう。

　通常、こうした設備投資には多額の資金を必要とし、取得した固定資産は法定耐用年数にわたって費用化≒減価償却されるため、回収には長い年月を要す。このため、突発的あるいは緊急性がある場合などを除き、事業計画、とりわけ中長期的な計画に基づいて実施する必要がある。事業目的を明確にした上で、いつ・どのような設備投資を行うか、投資効果が十分に見込めるか、投資した資金を何年で回収するか、資金繰りをどうするかなどを検討し、中長期的な視点をもって実施していくことが欠かせない。特に大規模な設備投資では資金の借入を伴うことがあるため、資金の調達方法や借入金の返済を含む投資計画の設定に無理がないかなどを十分に精査した上で実施することが重要である。それと同時に、将来の設備投資に必要な原資も計画的に確保していかなければならない。

　社会福祉法人には、自主的な経営基盤の強化と良質な福祉サービスを提供し続ける責務があり、効果的かつ効率性の高い経営が求められる。このことからも、設備投資は目先の利益を追うのではなく、将来への投資として法人の事業計画と一体的に行われるものであり、中期計画や資金計画との整合性を図り、財務の健全性を維持しながら効果的に実施されるべきものである。

　経営環境の変化に的確に対応し、成長を遂げていくためには、自法人の置かれている状況を把握・分析した上で数年先の目標を設定し、設備投資も含めた

注
※16　第 2 章 8（2）1）　80 頁参照

なかでその実現に向けた戦略を組み立てていく。先を見据えた経営基盤の強化
に資する実行計画、それが中期計画となる。

2 社会福祉事業の報酬制度と経営

（1） 基本報酬と加算制度

社会就労センターとして障害福祉サービス事業を行う場合に大切なことは、事業の安定化・健全性・継続性である。

そのためには、経営基盤の安定化が前提となるが、障害福祉サービス事業は国の義務的経費として予算措置がなされており、基本的に事業所が提供する福祉サービスごとに、利用契約に基づく基本報酬と、サービス提供に伴う各種加算で組み立てられている。そして、報酬は基本的に 3 年ごとに見直しが行われており、令和 3（2021）年度から令和 5（2023）年度においては、令和 3 年 4 月 1 日に改定された報酬等が適用される。

社会就労センターは、各事業別定員により「訓練等給付費」で基本単価（報酬単位）＝定員規模別単価が設定されている。そのなかでも就労継続支援 A 型および B 型事業には、前年の平均利用者数に対する職業指導員等配置職員数により、7.5：1 または 10：1 の区分別に基本報酬が定められているので、事業展開を行う場合に検討を要する。

また、地域ごとに 1 級地から 7 級地およびその他の地域区分が設定されており、報酬単価に地域区分を乗じた数値が請求単価となるため確認されたい。

しかし、報酬は定員払いではなく、利用者ごとの個払い、日払いであるため、収支バランスをとるためには一定の利用者（利用率）の確保が必要になる。

同一拠点において多機能型または複数の日中サービスを行う場合は、おのおのの利用者定員の合計数を利用者定員とした区分の報酬単価となり、事業別の定員区分の単価と比べて報酬が低下することがあり、事業指定を受ける際に注意を要する。

報酬には基本報酬と各種加算がある。経営安定化のため、事業収入を確保するためには、「加算」の対象となるよう工夫をし、そのための体制をつくることが重要である（図表 2-1）。

また、逆に各種減算もあるため、「減算」の対象とならないよう人材の確保等十分に注意が必要である（図表 2-2）。

事業指定を受ける際には、基準職種の配置と基準従業員数の確保が条件となるが、サービスの質の向上をめざすには従業員の増員が必要となるため、全体としての収支バランスを考えて経営に当たらなければならない。

基本報酬

　就労継続支援A型事業に関しては「1日の平均労働時間」「生産活動」「多様な働き方」「支援力向上」「地域連携活動」の五つの観点からなる各評価項目の総合評価をもって実績とするスコア方式により7段階の基本報酬単価となる。

　就労継続支援B型事業に関しては「平均工賃月額」に応じた基本報酬体系と、「利用者の就労や生産活動への参加等」をもって一律に評価する基本報酬体系のどちらかを選択することができる。後者の「利用者の就労や生産活動への参加等」をもって一律に評価する基本報酬体系には「ピアサポート実施加算」および「地域協働加算」を加えることができる。しかし基本報酬の報酬体系の選択は各年度の4月に行うことを基本とし、年度途中での変更を行うことはできない。

　就労移行支援に関しては利用者定員に対する前年度または前々年度において就労後6カ月以上定着した者の割合（就労定着率）に応じた0割～5割以上の区分の7段階となる。

　平成30（2018）年に新設された就労定着支援に関しては就労移行サービス等を利用して通常の事業所に新たに雇用され、就労を継続している期間が6カ月に達した障害者を対象とした利用契約者に対して、利用者や雇用主等に支援内容を記載した報告書を月1回以上提出した場合に、20人以下から41人以上まで3段階の利用者人数区分と3割未満から9割5分以上まで7段階の就労定着率に応じた基本報酬となる。

給付費の請求

　障害福祉サービス費は原則9割を国民健康保険団体連合会（以下、国保連）へ、残りの1割を利用者へ費用を請求する。利用者には所得の状況に応じて負担上限月額が設けられており、一月当たりの利用者負担額が設定された負担上限月額を超過すると予想される場合には、サービス事業者が利用者負担上限額管理者となって、調整事務を行う。

　障害福祉サービス給付費の請求から受領までの流れは、以下のようになっている。

①利用者へのサービス提供月の利用実績を集計し「実績記録表」（利用者から確認の押印をもらう）を作成する。

②サービス提供月の翌月3日までに、上限管理者に「利用者負担額一覧表」を提出する。

　上限管理者は同月6日までに「利用者負担金上限管理結果表」を関係事業者に送付する。

③事業者は利用実績・給食提供実績・上限額管理実績に基づき、給付費・利用者負担額を算定し、翌月1日から10日までに各都道府県の国保連に対し

図表 2-1　加算の種類（令和 3 年 4 月現在）

加算名称	A型	B型	移行	定着	備考
利用者負担上限額管理加算	○	○	○	○	
初期加算	○	○	○	○	
視覚・聴覚言語障害者支援体制加算	○	○	○		
就労移行支援体制加算	○	○			
就労移行連携加算	○	○			令和 3 年より新設
訪問支援特別加算	○	○	○		
食事提供体制加算	○	○	○		
福祉専門職員配置等加算	○	○	○		（Ⅰ）（Ⅱ）（Ⅲ）
欠席時対応加算	○	○	○		
医療連携体制加算	○	○	○		（Ⅰ）～（Ⅵ）
重度者支援体制加算	○	○			（Ⅰ）（Ⅱ）
賃金向上達成指導員配置加算	○				利用定員ごとに 5 段階
送迎加算	○	○	○		（Ⅰ）（Ⅱ）
障害福祉サービスの体験利用支援加算	○	○	○		
在宅時生活支援サービス加算	○	○	○		
社会生活支援特別加算	○	○	○		
福祉・介護職員処遇改善加算	○	○	○		（Ⅰ）（Ⅱ）（Ⅲ）
福祉・介護職員等特定処遇改善加算	○	○	○		（Ⅰ）（Ⅱ）
ピアサポート実施加算		○			※　令和 3 年より新設
地域協働加算		○			※　令和 3 年より新設
目標工賃達成指導員配置加算		○			利用定員ごとに 5 段階
精神障害者退院支援施設加算			○		
就労支援関係研修修了加算			○		
移行準備支援体制加算			○		
通勤訓練加算			○		
支援計画会議実施加算			○		令和 3 年より新設
特別地域加算				○	
定着支援連携促進加算				○	令和 3 年より新設
就労定着実績体制加算				○	
職場適応援助者養成研修修了者配置体制加算				○	

※　就労継続支援 B 型事業において「利用者の就労や生産活動等への参加等」をもって一律に評価する報酬
　　体系を選択した場合。　　　　　　　　　　　　　　　　　　　　　　　　　　　　（筆者作成）

　て、各種請求ソフト等で作成した電算データをインターネットで送信する。
　④利用者負担額が発生している利用者宛てに請求書を作成する。
　　請求時に送付するデータは、給付費請求書・給付費明細書・実績記録表の 3
　点となる。

図表 2-2　減算の種類（令和 3 年 4 月現在）

減算名称	A型	B型	移行	定着	備　考
定員超過利用減算	○	○	○		
サービス提供職員欠如減算	○	○	○	○	
サービス管理責任者欠如減算	○	○	○	○	
個別支援計画未作成減算	○	○	○	○	
自己評価未公表減算	○				
身体拘束廃止未実施減算	○	○	○		※　令和 3 年より新設
標準利用期間超過減算			○		

※　身体拘束等適正化を図る措置（①身体拘束等の記録、②委員会の定期開催、③指針の整備、④研修の実施）を講じていない場合に減算（ただし、②～④に係る減算は令和 5〔2023〕年 4 月から適用）

（筆者作成）

⑤国保連で受理された請求データに基づき、サービス提供月の翌々月中旬から下旬に給付費が支払われる。

事前に、国保連より返戻通知や支払関連通知書が送付されるため、内容を確認し、返戻等がある場合には次の請求期間に再請求ができるように準備をしておく。

また、請求に関し不正があったときは、事業指定の取り消しまたは期間を定めて、その指定の全部もしくは一部の効力が停止されることになるので、法人ならびに事業管理者は法令遵守に心して当たらなければならない。

（2）補助金の活用

そのほかの財源確保の策としては、施設の新設・増改築・備品等整備・修繕等に対する国の「社会福祉施設等施設整備費国庫補助金」等の補助金があるので、余裕をもった計画を立て、事前に所在地の自治体に協議されたい。

また、同様に障害福祉事業を対象とした民間の企業・財団等の団体が、社会貢献事業として「○○○基金」のようなかたちで、特色のある助成基金を設けていて、公募方式で助成しているので、申込期限等を福祉新聞等で情報収集し活用されたい。全国社会福祉協議会のホームページ「福祉の資金（助成）」でも確認することができる[17]。

就労継続支援 A 型事業は、障害者（利用者）と雇用契約している事業所であることから、労働行政で行っている助成金も活用可能である。各種助成金に

注
※ 17　https://www.shakyo.or.jp/guide/shikin/sponsor/index.html
　　　　https://www.fukushishinbun.co.jp

ついては、「独立行政法人高齢・障害・求職者雇用支援機構」のホームページ「障害者の雇用支援（助成金）」[18]で常に最新の情報を確認されたい。ただし、いずれも支給要件があるので、その申請に当たっては支給要件を確認すること。

法人経営の安定化は法人自体の財務状況の確立・強化が基本であるが、1法人複数事業所の場合と、1法人1事業所の場合では経営の質・量の相違がある。いずれにしても、事業所の経営の安定があってこそ法人が成り立つということであり、赤字続きの事業所であれば法人からの繰り入れの財力にも自ずと限界があり、事業を継続できなくなり、法人も成り立たなくなる。

よって、法人ならびに各事業所においては、事業収入の確保に努めて、極力経費削減や無駄の排除を行い、費用対効果を考えて自助努力することはもちろんであるが、前述したように、さまざまな助成や事業ごとの加算を十分に活用して経営に当たることが大切である。

（3）適正な内部留保

平成 28（2016）年の社会福祉法改正による社会福祉法人制度改革は、「経営組織のガバナンス強化」「地域における公益的な取組を実施する責務」「事業運営の透明性の向上」「財務規律の強化」の 4 点を柱として、さまざまな制度改正が行われた。社会福祉法人の経営は、補助金、寄付金、事業報酬等の公的資金を主たる財源としているので、公益性・非営利性を確保する観点から制度を見直し、国民に対する説明責任を果たし、地域社会に貢献する法人のあり方を徹底することが示された。

特に「財務規律の強化」においては、内部留保を明確化するものとして位置付けられた。社会福祉法人は、非営利で公益性の高い法人であるのに、営利企業と同じように収支差を上げていることに対する批判的意見が強く出される一方で、営利・非営利を問わず事業を継続するために必要最低限の収支差が必要であり、社会福祉法人が有する内部留保は、事業を継続するために必要最低限のものだといわれていた。当時は、全国にある全ての社会福祉法人の決算状況がつかめていなかったため、こうした議論はごく一部のサンプルを基に行われた。また、事業の継続性のための必要最小限の内部留保の額をどう捉えるかについても、一般に公正妥当と認められる算定方法もないまま議論された。

今回の充実残額の算定については、①全ての社会福祉法人が算定すべきこととされたこと、②事業継続に必要な最低限の内部留保について全国統一的な算

注
※ 18　https://www.jeed.go.jp/disability/subsidy/index.html

定方法が定められたことにより、社会福祉法人の内部留保の算定方法について
は、一定の結論が得られた。その算定方法は、社会福祉充実残額算定シートに
よって求められるが、その際、減価償却による留保資金が充実残額に混入しな
いよう留意すべきである[19]。法人事業の中長期計画に基づいた施設の建て替
えや設備等の更新のための資金確保や、福祉人材の確保・定着のための財源確
保の必要性を理解して、経営することが肝要である。

　今、社会福祉法人の事業は、国民のセーフティーネットを支える事業とし
て、事業経営の永続性・安定性が何より求められている。その上で、国民の負
託に応えるために、社会福祉法人は経営の透明性を図り、財務諸表の公開を行
う義務がある。社会福祉法人の「経営情報」（現況報告書・決算書）の公開に
関しては、全国社会福祉法人経営者協議会でも、会員法人に向けたインター
ネット上の公開と、その取り組み方法を具体的に示して呼びかけているので参
照されたい[20]。

（4）事業運営に必要な経営資源の調達と管理

　社会就労センターの経営を左右する要因として、施設の立地条件と作業の内
容に加え、近年では一般企業との競合も多くあることから、生産効率を踏まえ
た機器整備を念頭に置くことも必要となってきている。特に地域環境（家庭、
近隣、郷土、自治体など）については、施設建設時にさまざまな制約がある場
合が多い。

　しかし、就労支援事業は、社会就労センターが主体的・積極的に取り組まな
くてはならないため、利用者のニーズや産業界の将来を見据えるなど、事業戦
略を十分検討し、慎重かつ積極的に導入しなければならない。

1）施設の立地条件と整備の考え方

　施設を建設する場所は、利用者が利用しやすい場所を第一に考慮しなければ
ならないが、スタッフの通勤等、人材確保がしやすい場所であること、また来

注
※19　厚生労働省の調査でも平成28会計年度として算定された充実残額については、調査対象の法人の12%が、「社
　　会福祉充実残額あり」と回答している一方で、88%の法人が内部留保を有していても、事業継続に必要な財産
　　に充てるとマイナスになることが報告された。
※20　https://keieikyo.com/member/index

引用文献
・千葉正展著　全国社会福祉法人経営者協議会編「社会福祉充実残高額と法人経営」全国社会福祉協議会　2018年2
　頁、62頁、69頁

客・訪問者に対して駐車場確保の考慮があることが望ましい。

次に、社会就労センターの性質上、経済活動を行いやすい場所である必要がある。飲食・小売などの事業では、顧客が立ち寄りやすい場所でなければならないほか、そのエリアでの競合店舗や需要のリサーチ等も不可欠である。

施設整備に当たっては、当然、生活の場として居住者のプライバシーが確保された普通の生活を送ることが可能な場でなければならない。入所施設において、同一敷地内で生活支援および就労支援事業を遂行する場合は、生活の場と就労の場の建物の配置に職住分離の精神が尊重されるよう十分な配慮が求められる。

施設の設計は、利用者の障害特性などを十分踏まえた「合理的配慮」を考えなければならない。例えば、肢体不自由者には段差、入り口の幅、スイッチ類の高さ、視覚障害者には音響案内、点字表示、知的障害者には誤操作防止、簡易な操作などの配慮が欠かせない。精神障害者には病気に対する理解とストレスに対する配慮が必要となる。これらは建築設計事務所に任せきりにせず、利用者の障害の状況を熟知しているスタッフが先頭に立ち、利用者の生活上の利便を設計に反映させることが肝要である。

作業場は、可能な限りバリアフリーとし、利用者にとって作業しやすい環境および作業効率を視点に入れた設計を行う必要がある。

また、改修工事を円滑に実施するためには長期改修計画を立案し、それに基づき進めていくことが必要で、劣化診断等により実態を把握した上で改修工事をしていくことが大切である。一般的には、建物関係は建設時の性能にほぼ近づけられる状態までが改修の時期といえる。それ以上の劣化は、大規模に改修する必要がある。改修工事では、工事内容や業者の選定、資金調達等、さまざまな課題があるため、事業所内において専門委員会等を立ち上げることも円滑な改修工事を行う手立てのひとつである。

非常時の配慮として、さまざまな災害原因を想定し、避難方向は 2 方向以上を確保したい。また、人間を大切にする福祉施設として環境保全への配慮や、CSR 活動[21] 等も視野に入れた設計を考えていくことも必要である。

2）機械器具什器備品の管理

設備の導入に当たっては、利用者の障害状況、利用者数、作業内容などを十分検討し、その目的に合致したものを選択しなければならない。納入業者によっては最新情報を把握していないまま、ひと世代前の型式や、汎用性の利か

ない機器を勧められる場合があるので、業者任せにせず事業戦略を十分練り、インターネットによる情報収集、最新版のカタログ・パンフレットの取り寄せ、類似設備を設置している事業所への訪問を行い、積極的に関連情報を把握するよう努める必要がある。導入の検討には、遠い将来の計画に対しての過剰投資、あるいは近い将来の可能性のみに着目した投資不足とならないようにすることも重要である。作業場の不必要な広さは過剰投資となるが、大は小を兼ねる場合がある。しかし、設備の過剰投資は無駄になる場合が多く、必ずしも大は小を兼ねることはないという認識をもつべきである。

　補償工事となるような不具合でも、専門知識に乏しい施設スタッフの対応が原因で業者の言い分が通り、費用を負担させられる悪質なケースもみられる。発注時はもちろん、通常使用時でも不明な点は理解できるまで十分説明を受ける必要がある。その説明を嫌がる業者であれば指名・発注から外すべきであろう。

　購入した備品類は、管理番号をとり、管理者や所在場所を明らかにした台帳に記載し、適切な管理をしなければならない。一定金額以上の備品は減価償却の対象になるので、簿価の管理をすることになる。

　生産設備の老朽・陳腐化は、作業の効率を低下させるばかりではなく、障害の進行や疲労に大きな影響を与えるため、できる限り最適な設備を導入することを心掛けたい。また、突然の故障による運転停止は、生産停止につながり顧客に大きな影響を及ぼす。日頃から始業点検、終業時の清掃、注油などを確実に行い、データ等に基づく経年管理によるオーバーホールや定期点検、消耗部品の定期交換を行うことが大切である。さらに、機械に備えられた安全装置の保全を行うことも忘れてはならない。

3）設備・器具等の改良

　障害のある人が利用し、作業に従事する施設では、設備の配置にもさまざまな工夫が要求される。多様な障害者が作業を行う施設では、障害にマッチした改善が必要である。例えば知的障害者が多く利用する施設においては当初スロープやエレベーターが必要でなくても、高齢化が進むにつれて必要になってくることも多い。このように施設が利用者のニーズに応えるためには、さまざまな障害に対応可能なハードの整備が課せられてきている。

　また、施設利用が契約制度に基づくものとなり、より良いサービスの提供が義務付けられたことによって、よりきめ細かな福祉サービスの提供が要求されてきている。例えば、知的障害者が利用する施設では、給湯設備にサーモ機能をつけて火傷防止に配慮したり、流し台の混合栓を金具ごと外しても熱湯が出ないようにしたりするなど、予知できる限りの事故の可能性へのさまざまな防

止の工夫が必要となる。

　作業現場では、作業の種類によっては、照明の明るさや光の性質が制限され、騒音のみならず電波障害や電源ノイズ対策が要求される場合がある。生産される製品によって使用設備や工具も異なる。生産設備に対する改善の原点は、①楽、②早く、③良く、である。この三つの「く」を基本にして、たりない部分（力、巧緻性、スピードなど）を科学の力で補うことになる。人間工学や心理学を応用し、利用者に適合した設備をめざさなくてはならない。また、利用者の自助具として簡易的に自動化が可能な機械を製作できる企業や治工具製作を得意とする企業等とのつながりをもっておくと心強い。

　安全衛生管理も大切な要点である。これは、単に法律上の規制をクリアすることだけでなく、障害のある人たちへの心身両面における十分な安心・安全へつながる配慮が求められる。通路確保、生産設備の安全装置、換気、危険物管理などについての関連法規を理解し、工場管理手法を駆使して万全な作業場管理を行うことが要求される。

　業種によっては、作業主任者の選任を義務付けられている作業がある。特に作業場管理を担当するスタッフは、人間工学や生産工学を学ぶとともに労働安全衛生の知識を習得することが大切である。機械器具や備品の購入、設備整備に当たっては、国が行う福祉施設整備補助事業や整備事業に関する各種助成金等を活用し、資金の工面策も合わせて考えていくことが賢明である。

3 事業所運営規程

　運営規程は、障害福祉サービスを提供する事業者が、障害福祉サービスの提供に当たり行う事項等、事業を実施する上で利用者に対して保証（約束）する基準を定めたものである。この基準は、厚生労働省令で定める人員・設備および運営基準（指定基準）を満たしていなければならない。事業を開始しようとする事業者は都道府県、指定都市または中核市の所管に事前に事業者申請を行い、指定障害福祉サービス事業者または、指定障害者支援施設として指定を受ける。指定番号が交付されるので、事業所に掲示するとともに、契約書・重要事項説明書に記載することで、利用者へ周知することととなる。

　事業者指定が必要となった背景は、戦後から障害福祉サービスを支えてきた措置制度が、行政裁量の広さにより障害者の意向が尊重されにくいという人権等の課題から、障害福祉サービスを自己選択・自己決定による事業所との契約で利用するという選択利用制度に変更されたことにある。障害福祉サービス利用者が、どのような障害福祉サービスを受けたいかを判断して、事業者を選択するために必要な情報のひとつが運営規程といえる。利用者が、公的なサービスの利用を考えたときは、指定を受けた事業所から選択することになるので、事業者の所在地などの情報や事業者の特徴を知るために、運営規程は不可欠なものとなる。よって、事業所を経営する法人は、事業ごとに運営規程を定めておかなければならない。例えば、多機能型を運営する事業者は、多機能の事業種別ごとに運営規程は必要になる。

　また、事業者の指定申請には、運営規程は必要書類である。さらに、指定後も運営規程を変更する場合は届け出が必要である。なお、運営規程の制定および変更については、理事会の承認が必要である。運営する事業については、法人が責任をもって運営する役割を担っていることになる。

　なお、生活保護授産施設は生活保護法第46条第1～3項（管理規程の規定）に示されている事項について、保護施設の事業を開始する前に管理規程を定めることとなっており、速やかに都道府県に届け出なければならない。また、管理規程を変更する場合も同様である。都道府県知事は、届けられた管理規程の内容がその施設を利用する者に対する保護の目的を達するために適当でないと認めるときは、その管理規程の変更を命ずることができ、事業を運営する法人へ公共性と公益性を求めている。

4 第三者評価の受審とその活用

（1）なぜ、サービスの評価は必要なのか

　平成 9（1997）年から検討された社会福祉基礎構造改革では、社会福祉諸制度に共通する基盤となる制度の見直しが議論された。このなかで、社会福祉基礎構造改革の基本的方向 4「信頼と納得が得られるサービスの質と効率性の向上」に関する「社会福祉基礎構造改革について（中間まとめ）」（平成 10[1998] 年 6 月）での提言を受けて、サービス評価の検討が始められた。

> ・サービスの提供過程、評価などサービスの内容に関する基準を設ける必要がある。これを踏まえ、施設、設備や人員配置などの外形的な基準については、質の低下を来さないよう留意しつつ、弾力化を図る必要がある。
> ・サービス内容の評価は、サービス提供者が自らの問題点を具体的に把握し、改善を図るための重要な手段となる。こうした評価は、利用者の意見も採り入れた形で客観的に行われることが重要であり、このため、専門的な第三者評価機関において行われることを推進する必要がある。
>
> 出典：厚生労働省中央社会福祉審議会社会福祉構造改革分科会「社会福祉基礎構造改革について（中間まとめ）」（平成 10 年 6 月 17 日）

　平成 13（2001）年 5 月には一連の検討結果を踏まえて、「福祉サービスの第三者評価事業の実施要領について（指針）」が、また平成 16（2004）年 5 月には「福祉サービス第三者評価事業に関する指針について」が厚生労働省からそれぞれ通知された（その後、平成 22[2010] 年 3 月に一部改正、平成 26[2014] 年 4 月に全部改正、平成 30[2018] 年 3 月に一部改正）。この平成 16 年通知は、社会福祉法第 78 条（福祉サービスの質の向上のための措置等）に基づいている。

> 社会福祉法第 78 条第 1 項
> （福祉サービスの質の向上のための措置等）
> 　社会福祉事業の経営者は、自らその提供する福祉サービスの質の評価を行うことその他の措置を講ずることにより、常に福祉サービスを受ける者の立場に立つて良質かつ適切な福祉サービスを提供するよう努めなければならない。

このように、第三者評価の目的は、法律や行政通知などと照合して指導指摘する行政指導監査とは異なり、社会福祉事業の経営者が行う福祉サービスの質の向上のための措置の一環である。具体的には、提供している福祉サービスが事業所の理念や方針に沿って計画的に実施されているか、また利用者のニーズを十分反映された内容のものかを、事業者および利用者以外の公正かつ中立的な第三者機関が、専門的かつ客観的な視点から評価し、質が高いと思われるサービス内容と改善が必要とされるサービス内容に分類することで、事業所の福祉経営に反映させていくことを目的としている。

（2）第三者評価受審の流れ

第三者評価受審は、おおよそ次のような流れになる。

> 1．評価機関の選択　2．評価受審の申込・契約　3．自己評価
> 4．訪問調査　5．評価結果のまとめ　6．評価結果の公表

（例示）
❶評価機関の選択
事業所が所在する都道府県が認証した評価機関から評価を依頼する機関を選択する（評価機関は、各都道府県のホームページに掲載されている場合が多い）。
❷評価受審の申込・契約
申込後に評価機関から評価方法と業務の流れ、事業所が実施する事項等の説明を受け、評価業務委託契約を締結する。
❸自己評価 ※22
自己評価は、管理者をはじめ特定の職員（従事者）だけで行うのではなく、基本的には事業所の職員全員に実施し、日常業務や仕事について振り返る。また、評価機関によっては、利用者アンケート調査を実施するところもある。アンケートは無記名で直接評価機関に届くため、利用者（家族）の率直な意見や要望が表れる。
❹訪問調査
評価機関は、事業所の自己評価や事業所のプロフィール、利用者アンケートなどの関係書類を点検し、訪問調査の準備をする。

注
※22　自己評価については、全国社会福祉協議会第三者評価事業「福祉サービス第三者評価基準ガイドライン」（2014年4月）参照

訪問調査は、ふたり以上の評価調査者が 1 日以上の日程で実施される。

❺評価結果のまとめ

評価調査者は、調査した結果を取りまとめる。この時、第三者評価の公正・中立性を確保する観点から、評価調査者の合議によって行う。受審事業者が評価結果に対して疑義がある場合は、評価機関と協議する場合もある。評価結果については、事業所が所在する都道府県にも報告される。

❻評価結果の公表

事業所が合意した場合に限り、都道府県や WAM NET（ワムネット）のホームページに公表される。

（3）第三者評価を事業の運営・経営にどう生かすか

第三者評価の受審で示された評価結果は、事業所の合意が必要条件ではあるが、一般的に広く公開されることになる。この情報を基に利用者は福祉サービスや事業所を選択していくこととなり、つまりは事業所の経営に反映する結果となる。第三者機関から評価を受けることで、事業所側も自分自身のことを客観的に知る機会となり、単に直接的な支援内容だけではなく、理念や精神、現実の業務体制や将来展望など事業所のあり方、ありようについて、全職員で協議し共有する機会にもなる。

また、利用者（家族）のアンケート調査は、要望や意見も寄せられるが、現在提供している福祉サービスについての感想がわかる内容となっていることから、第三者評価が、利用者（家族）への日常の業務や取り組みを重視していることに、あらためて気付かされる。

単に、評価結果に一喜一憂するのではなく、その結果から事業所の現状を把握し、短期・中期・長期の改善計画を立てて実行することで、結果的に事業の強化と推進、安定に導くことにつながる。このことが第三者評価を受審することの最大のメリットであろう。

また、令和 3（2021）年の障害福祉サービス等報酬改定により、就労継続支援 A 型事業については、利用定員や人員配置に加え、事業内容を評価する方法（スコア方式）により報酬単位を決定する仕組みとなった。このなかで第三者評価の受審（過去 3 年以内に限る）と公表の有無が評価事項に盛り込まれたことから、第三者評価は、報酬単位の決定といったかたちで事業経営に影響することとなった（「厚生労働大臣の定める事項及び評価方法の留意事項について」令和 3 年 3 月 30 日付　障発第 0330 第 5 号）。

参考文献
・全国社会福祉協議会第三者評価事業「福祉サービス第三者評価基準ガイドライン」2014 年

5 苦情解決

　福祉サービスの苦情は、一般的な「苦情」とは異なり、利用者や家族が事業所に対し、直接意見や要望を言い出しにくい状況にある。このため、こうした苦情が表面に出ないで、潜在化してしまう恐れがある。また、苦情をただ受け付けるのではなく、どのように適切に解決するかが事業所には求められている。苦情に対する事業所の対応によっては、利用者・家族、広くは地域との信頼に影響を及ぼすこともある。さらに、苦情の解決により大きな事故の予防などリスク管理につながることもあり、苦情解決への取り組みは福祉サービスの向上はもとより事業者の福祉経営に大きく反映されることにもなる。

　社会福祉法第82条では、「社会福祉事業の経営者は、常にその提供する福祉サービスについて、利用者等からの苦情の適切な解決に努めなければならない」とされている。

　平成12（2000）年6月7日に「社会福祉事業の経営者による福祉サービスに関する苦情解決の仕組みの指針」が通知され（平成29〔2017〕年3月7日一部改正）、「苦情への適切な対応は、自ら提供する福祉サービスの検証・改善や利用者の満足感の向上、虐待防止・権利擁護の取り組みの強化など、福祉サービスの質の向上に寄与するものであり、こうした対応の積み重ねが社会福祉事業を経営する者の社会的信頼性の向上につながる」こと、また「苦情を密室化せず、社会性や客観性を確保し、一定のルールに沿った方法で解決を進めることにより、円滑・円満な解決の促進や事業者の信頼や適正性の確保を図る」ことが求められるようになった。

　このため、事業所では、苦情受付から解決までの体制整備をしっかりと行うことが必要であり、この場合、次の三つの視点が欠かせない。

①利用者から苦情の申し出がしやすい環境を整える
②職員全員が共通の認識をもって取り組む
③職員個人への苦情についても事業所全体の苦情として捉える

　また、苦情解決体制では、事業所または法人内に次の職務者を配置し、業務を分担する。

①苦情解決責任者

業務
- ・利用者への周知
- ・苦情内容の報告の受理
- ・苦情解決に向けての話し合い
- ・苦情解決の結果を第三者委員に報告
- ・改善について苦情申出人と第三者委員に報告

配置
- ・法人の理事（長）
- または
- ・各事業所の長

②苦情受付担当者

業務
- ・利用者からの苦情の受付
- ・苦情内容、利用者の意向等の確認と記録
- ・苦情解決責任者および第三者委員への報告
- ・苦情受付から解決・改善までの経過と結果についての記録
- ・匿名の苦情への対応

配置
- ・事業所か事業ごとに配置
- ・法人として配置
- ・法人と事業所ごとに配置
- ・男女複数設置の工夫など

③第三者委員

業務
- ・苦情内容の報告聴取
- ・苦情申出人への受付受理の通知
- ・利用者からの苦情の直接受付
- ・苦情申出人、事業者への助言
- ・苦情申出人と苦情解決責任者の話し合いへの立会い、助言
- ・苦情解決責任者からの苦情にかかる事案の改善状況等の報告聴取
- ・日常的な状況把握と意見聴取

配置
- ・苦情解決を円滑・円満に図ることができる者
- ・世間から信頼性を有する者

（例示）評議員、監事または監査役、社会福祉士、民生委員・児童委員、大学
教授、弁護士など

　ただ、ここに列挙した職務者を配置すればよいということではなく、苦情解決に実効性のある人物の配置と体制が必要なことは言うまでもない。
　次に苦情解決までの手順であるが、苦情解決は個人ではなく組織として対応していくため、解決に必要な規程や書式を整備する必要がある。具体的な手順

はそれぞれの規程に沿って行われるが、ここでは標準的な例を紹介しよう。

〈苦情解決の手順〉（例）

①利用者への周知

・苦情解決責任者は、利用者に対し、苦情解決責任者、苦情受付担当者および第三者委員の氏名・連絡先や苦情解決の仕組みについて、掲示やパンフレット等で周知する。

②苦情の受付

・苦情受付担当者は利用者等からの苦情を随時受け付ける。

・第三者委員も直接苦情を受け付けることができる。

・苦情受付時には、ア．苦情の内容、イ．苦情申出人の希望等、ウ．第三者委員への報告の要否、エ．苦情申出人と苦情解決責任者の話し合いへの第三者委員の助言、立会いの要否　を書面で記録する。

・上記ウ、エが不要な場合は、苦情申出人と苦情解決責任者の話し合いによる解決を図る。

③苦情の受付の報告・確認

・苦情受付担当者は、受け付けた苦情は全て苦情解決責任者および第三者委員に報告する（苦情申出人が第三者委員への報告を明確に拒否する意思表示の場合を除く）。

・匿名の苦情については、第三者委員に報告し、必要な対応を行う。

・第三者委員は、苦情受付担当者から苦情内容の報告を受けた場合は、内容を確認し、苦情申出人に報告を受けたことを通知する。

④苦情解決に向けての話し合い

・苦情解決責任者は、苦情内容を調査し、解決案を作成した後に苦情申出人との話し合いによる解決に努める（必要な場合は第三者委員の助言を求める）。

・第三者委員の立会いによる苦情申出人と苦情解決責任者の話し合いは次のように行う。

ⅰ）第三者委員による苦情内容の確認

ⅱ）第三者委員による解決案の調整、助言

ⅲ）話し合いの結果や改善事項等の書面での記録と確認

　　（苦情解決責任者も第三者委員の立会いを要請することができる）

⑤苦情解決の記録、報告

・苦情受付担当者は、苦情受付から解決・改善までの経過と結果について書面に記録する。

・苦情解決責任者は、一定期間ごとに苦情解決結果について第三者委員に報告し、必要な助言を受ける。

・苦情解決責任者は、苦情申出人に改善を約束した事項について、苦情申出人および第三者委員に対し、一定期間経過後、報告する。

⑥解決結果の公表

・個人情報に関するものを除き、インターネットを活用した方法のほか、「事業報告書」

や「広報誌」等に実績を掲載し、公表する。

　　苦情は、福祉サービスを提供する事業所の貴重な情報源と考え、その意見や不満、要望に真摯に対応することが信頼性の高い事業所・法人を築くことにつながる。しかし、一方で心ない誹謗中傷が寄せられることも考えると、事業所の福祉サービスについて精通した第三者委員の助言は、より中立・公正な苦情解決につながっていく。このため第三者委員の選任については、慎重かつ広義な見識が必要であろう。

参考文献 ……
・栃木県運営適正化委員会「福祉サービス事業者のための苦情解決体制整備マニュアル」2003 年

6 リスクマネジメントと事業継続計画（BCP）

（1）事業継続計画（BCP）の策定と運用

1）社会就労センターのリスクマネジメント

　障害福祉事業に限らず事業を行う上では、さまざまなリスクが伴う。事業者はこれらのリスクを予見し、回避することで事業を安定させ、継続させていくことが求められる。リスクマネジメントでは、インシデントレポートシステムやKYT（危険予知訓練）等を活用し、潜在的なリスク事例を収集することや、苦情解決の仕組みにより利用者やその家族等からの意見を集め、収集したリスクを分析し、実現性のある計画を作成する。そして、事業所全体で改善策を実行し、リスクの低減または解消を図る。事故が発生した場合は、職員個人の責任とするのではなく、事業運営のシステム上の課題と捉えて、システムを改善することで再発を防止することが重要である。

　また、生産活動等では発注者や一般消費者などに対し製造物責任や食品表示、衛生管理などのコンプライアンスが求められ、さらに原油燃料や小麦原材料などの価格高騰やエネルギーの供給制限などのリスクが発生する。これらは利用者の工賃に直接影響するため、生産体制や調達体制、価格高騰や供給制限時の代替案などを策定し、その影響を最小化することが求められる。

2）事業継続計画（Business Continuity Plan：BCP）の策定

　平成23（2011）年に発生した東日本大震災では、未曽有の被害がもたらされ、障害福祉サービスを提供する事業所にも甚大な被害を受けたところが数多くあった。大地震や大雨などの自然災害、また新型コロナウイルス等感染症の発生など、非日常的な事象や予見・予防が困難な事案については、それぞれの状況に合った対応策をあらかじめ計画する必要がある。

　障害福祉サービスは、障害者、その家族等の生活を支える上で欠かせないものであるため、自然災害が発生した後も、事業所は適切な対応を行い、利用者の支援を早急に復旧し再開する体制を構築することや、新型コロナウイルス等感染症による緊急事態宣言などの制限下であっても感染防止対策等の徹底を前提とした継続的な支援の提供が求められるため、BCPの策定が不可欠である。

　なお、中小企業庁では「中小企業BCP策定運用指針」[23]において、BCPの具体的な策定に入る前に、事業所の事業継続能力を診断することを推奨してい

注
※23　https://www.chusho.meti.go.jp/bcp/

る。簡易に診断ができるので、参考にされたい。

3）事業継続計画（BCP）の運用

　新型コロナウイルス等感染症や大地震などの災害が発生すると、通常どおりに障害福祉サービスを提供することが困難になる。BCP では、まず業務を中断させないように準備するとともに、中断した場合でもあらかじめ定めた優先業務を継続するための方策や、担当者を定め、情報を確実に把握した上で、全体の意思決定者（理事長・施設長等）により指示が的確に出せる計画を作成する必要がある。また、災害時には事業所が地域の避難所や福祉避難所としての役割を考慮することも必要である。

　さらに、災害の発生から復旧するまでの目標時間を設定し、中断する期間を最小化することが求められる。あらかじめさまざまな被害や影響を想定し、具体的な対応策を規定するのが BCP である。

　しかしながら、BCP はあくまでも計画であるため有事の際にその効果を発揮できるかどうかについては、定期的にシミュレーションを実施しその都度課題を洗い出しながら、より具体的な対応策を継続的に検討し計画の実行性を高めていくことが重要である。

（2）感染症対策

1）新型コロナウイルス感染症と感染症法

　令和元（2019）年 11 月 22 日に中国湖北省武漢市で「原因不明のウイルス性肺炎」として最初の症例が確認されて以降、新型コロナウイルス感染症（COVID-19）は世界的なパンデミックに至った。令和 3（2021）年 9 月時点で、新型インフルエンザ等対策特別措置法に基づく、国内では 4 度めの緊急事態宣言が都市部を中心に発令されていた。

　歴史的にみると世界的な感染症は、繰り返し発生していることがわかる。特に有名なものに、大正 7（1918）年～9（1920）年にかけ、世界的なパンデミックに至ったスペイン風邪がある。世界中で 5 億人が感染したとされ、日本国内でも当時の人口約 5,500 万人に対し約 2,380 万人が感染し、約 39 万人が死亡したとされる。近年においても、平成 15（2003）年の重症急性呼吸器症候群（SARS）、平成 24（2012）年の中東呼吸器症候群（MERS）が発生している。

　感染症は、「感染症の予防および感染症の患者に対する医療に関する法律（感染症法）」に基づき、指定感染症と 1～5 類までの 6 分類と主な措置が定められている。新型コロナウイルス感染症は、「人から人に伝染すると認められ

るが一般に国民が免疫を獲得しておらず、全国的かつ急速なまん延により国民の生命および健康に重大な影響を与えるおそれがある感染症」として、指定感染症に位置付けられている。

2）社会就労センターにおける感染症対策

　感染症法における類型を問わず、感染症対策の基本は、感染成立の3要因（①病原体［感染源］、②感染経路、③宿主）への対策と、病原体を持ち込まない、持ち出さない、広げないことである。感染症対策においては、これらの要因のうちひとつでも取り除くことが重要であり、特に、「感染経路の遮断」は感染拡大防止のためにも重要な対策となる。障害福祉サービスの利用者の支援に当たっても、感染症対策の基本として、全ての血液、体液、分泌物（喀痰等）、嘔吐物、排泄物、創傷皮膚、粘膜等は感染源となり、感染する危険性があるものとして取り扱うという標準予防策（standard precautions）の考え方が重要である。

　事業所における具体的な感染症対策においては、先にも述べたように障害福祉サービスは、障害者、その家族等の生活を支える上で欠かせないものであることから、令和2（2020）年12月に障害福祉サービス施設・事業所職員の感染症への対応力の向上を目的として、感染症対策の観点から「障害福祉サービス施設・事業所職員のための感染対策マニュアル」および、安定的・継続的な提供体制を確保する観点から「障害福祉サービス事業所等における新型コロナウイルス感染症発生時の業務継続ガイドライン」が厚生労働省から発行された。これらの感染対策マニュアルと業務継続ガイドラインには、研修動画も制作されているので、ぜひとも参照されたい[24]。

　また、事業所の運営に関しては、厚労省から「基本的な事項（共通事項）」や「感染拡大防止に関する事項」「障害福祉サービス事業所等の人員、施設・設備及び運営基準等の臨時的な取扱いに関する事項」等について、随時通知が発出されている[25]。これらの通知は、激甚災害指定時にも発出されるので、見落としがないよう十分に注意が必要である。

注
※ 24　https://www.mhlw.go.jp/content/12200000/000712997.pdf
※ 25　https://www.mhlw.go.jp/stf/seisakunitsuite/bunya/0000121431_00097.html

（3）自然災害対策と防火対策等

1）自然災害対策

　災害は、災害対策基本法において「暴風、竜巻、豪雨、豪雪、洪水、崖崩れ、土石流、高潮、地震、津波、噴火、地滑りその他の異常な自然現象又は大規模な火事若しくは爆発その他その及ぼす被害の程度においてこれらに類する政令で定める原因により生ずる被害」と定義されている。

　昨今の大地震や水害等の自然災害が国内の各地で発生していることを踏まえ、令和3（2021）年3月に障害福祉サービスの業務継続のために平時から準備・検討しておくべきことや発生時の対応について、障害福祉サービス類型に応じた「障害福祉サービス事業所等における自然災害発生時の業務継続ガイドライン等について」が厚生労働省から発行されたので、ぜひ参照されたい[26]。

　また、令和3年度障害福祉サービス等報酬改定により、全ての障害福祉サービスの事業者を対象に業務継続に向けた計画等の策定や研修の実施、訓練の実施等が義務付けられた。3年間の経過措置（準備期間）が設けられ、令和6年度から義務化されるので、これらへの対応が求められる。

　災害発生は、予見・予測が困難なため、あらかじめ対策を立て、定期的に訓練を実施し、全職員が理解しておくことが大切である。自然災害の対策は、平時からの対策、災害が予想される場合の対策、災害発生時の対策に大別される。特に、平常時の対策には、建物・設備の安全対策、電気・ガス・水道が止まった場合の対策、通信が麻痺した場合の対策、システムが停止した場合の対策、衛生面（トイレ等）の対策、必要品の備蓄、資金の手当てなどがあり、これらは一朝一夕で対策が行えるものではないことからも災害発生時への備えが重要である。

2）防火対策

　火災は地震などから発生することがある。防火対策には職員一人ひとりにリスクマネジメントの意識を必要とする。防火対策には、防火管理規程等を整備し、消火訓練・避難訓練・通報訓練の実施などを定める。訓練時から近隣住民と連携した対応がとられることが重要である。少なくとも全職員が消火器の設置場所と使用方法を熟知することが求められ、年1回の消火訓練には、利用者を含む全員参加を追求する。避難訓練では、利用者が避難行動に慣れることも必要であるが、職員の避難誘導力を向上させる訓練と位置付けることが重要で

注
※26　https://www.mhlw.go.jp/stf/newpage_17517.html

ある。施設の建物の防火装置の確認も年1回以上、実施する。火元責任者の選任と周知も必要である。非常時の連絡網も整備し、職員の携帯電話の番号も年1回は確認を行うことが重要である。常に危険を想定した備えと訓練を実施することが、被害の最小化につながる（SNS〔Social Networking Service ソーシャルネットワーキングサービス〕のアプリの活用も検討の余地がある）。

　事業所には、利用者および職員が心身ともに健やかに業務に専念できる作業環境を整備する義務がある。労働契約法第5条の職員への安全配慮義務の遵守も、重要な課題である。防火対策は、年間安全衛生計画等において訓練等の実施日および内容を企画・立案する。その企画・立案に当たっては防火対策マニュアルや規程に基づいて行うことが求められる。

第2章

7 ICT の活用

（1）SNS、ウェブ会議等コミュニケーションツールの活用

令和 2（2020）年、世界を席巻した新型コロナウイルス感染症がわが国にも多大な影響を及ぼした。人流を抑制し、三密を避け、企業に対してはテレワークが推奨された。直接対面によるミーティング等における感染リスクの回避が求められ、狭い空間での会議、宴席をはじめとする大人数での会食においてもそのリスクへの対応が問われ、これまで培われた多くのビジネスシーンや日常が一変することとなった。

福祉の分野でも ICT（Information and Communication Technology：情報通信技術）を活用したさまざまな取り組みの展開が急加速で進むこととなった。

1）テレワークの有効活用

新型コロナウイルス感染症が社会的に広がってきた時期に、国を挙げて「テレワーク」の推奨がさまざまな分野に向けて発信された。「テレワークは ICT の技術を活用して柔軟に働くための『手法』の一つであり、障害のある人にとってテレワークの本質は個別の環境調整であり、雇用や請負い、福祉サービス系の就労など働く形はさまざまであっても、必要な人が必要なだけこの『手法』を使えることが大切」（『月刊ノーマライゼーション』令和 3〔2021〕年 9 月号）とある。さまざまな理由で居宅エリアから外に出ることが困難な方にとっては、この「手法」が一般化されたことにより大きな可能性が見えてくることとなる。

現在のテレワークについては、インターネット接続環境があれば、ソフト、アプリの充実により、スマートフォンやタブレット端末など、従来の PC の利用が前提のものに限らず、ハードへの制約が少なくなってきた。通信においても光回線の普及や、モバイル回線の高速化等インフラの整備などが著しく進化したことで、その自由度が大幅に広がってきた。今後もこの広がりについてはさらに進んでいくことであろう。

実際のテレワークにおいては、主に在宅で可能な業務を行うことになるが、業務の内容や進捗をはじめとして従来は対面で行っていたミーティング等を、ウェブを通して行うというイメージになる。打ち合わせや会議等はウェブを通してやり取りを行い、業務についてはクラウド※27 上にあるシステムやデータを加工したり、デザインワークやシステム保守、プログラミングやウェブの更

新等を行ったりすることが多い。

　就労機会や可能性を広げるために、社会就労センターの利用者がテレワークを活用することは有効であるが、障害福祉サービスでは在宅就労の手続きに沿って行うことが求められ、運営規程や個別支援計画においてもこうした在宅就労への支援を行うことの明記と本人の同意が必要となる。

2）ウェブ会議・ミーティングのメリット・デメリット

　ここではウェブ会議・ミーティングのメリット、デメリットについて比較してみる（**図表 2-3**）。

図表 2-3　ウェブ会議・ミーティングのメリット・デメリット

メリット	デメリット
在宅や職場等、人と接することなく会議等への参加が可能である。特に会議については、開催される場所への移動の必要がなく、時間短縮、経費の圧縮が可能となり、それらに起因する日程調整も自由度が広まる。	通信環境・インフラや PC 等の機材の準備が必要となる。また通信状況によって、もしくは PC 等機材のスペック（性能）や時間帯によっては、画面や音声が途絶えるなど不安定となることがある。
ソフトで提供される機能を活用することができる。特に録画機能の活用により、当日会議に参加できなかった者に対しても、どのような内容であったかを漏らすことなく伝えることが可能である。	ソフトの設定など一定のスキルが求められるほか、機能の活用においてもホスト側のオペレーション能力が問われることとなる。
参加人数が多くても一定の数までは変わらない利用料金体系であることが多い。さらには、必要なハードについては、基本的な通信インフラと機材のみで可能であり、その機能が準備できる環境であれば、場所を問わない。出先から会議への参加や研修会に登壇することも可能である。	全体の雰囲気がつかみづらく、参加者個々の反応を得にくいこともあるので、反応を見ながらのやり取りには不向きである。また、参加ルールを定める必要があり、PC スキルも併せて必要となる。音声や画面に関する不具合が生じた際には時として参加することができなくなる等のトラブルも生じる。

3）新しい形のセミナー　ウェビナー

　ウェビナーはウェブとセミナーを合わせた造語である。前述のネットワーク等通信技術を活用したセミナーをさすが、新型コロナウイルス感染症の感染拡大以来、大勢の人が集まることを避けた上で、必要なセミナーを開催する目的で一般化され始めた[28]。東京都における保健福祉に関するほとんどのセミナーについて、令和3年度は実技を伴わないものは、ウェビナー形式になった。

　受講する側においても、自宅や職場から、受講者の状況に応じた参加が可能となり、自由度が一気に高まった。

注
※27　第2章7（2）2）　68頁参照
※28　第3章3（1）2）　120頁参照

　コミュニケーションツールはあくまでもコミュニケーションのためのツールのひとつにすぎず、例えば面談ひとつをとっても画面を通した面談だけで十分なものもあれば、その場の空気感やわずかな反応などがとても重要なこともある。そのため、私たちはツールとしての利便性を活用しながら、必要な支援の充実に留意する必要がある。

（2）労務管理ツールの活用

　ICT を活用した労務管理ツールという点でもこの間に大きな進歩を遂げたといえるだろう。そこにはスマートフォンの普及やクラウドシステムの拡大、モバイルにおける通信技術・速度の進化も複合的に影響し合っている。

1）具体的なシステム

　労務管理というと、真っ先に浮かぶのが勤怠管理であろう。勤務場所をはじめ、事業所や分場等幅広く事業展開されているところでは、それぞれの拠点での労務管理が必要となるが、インターネットを通じてデータをクラウド化することでひとつのシステムで統合した管理ができることとなる。また労働基準法に沿った運用がシステムの原則となっているため、残業をはじめとする労務管理においても、適正な管理ができることとなる上、事務処理が一元化されることや休暇や残業などにおける決裁システムも含まれているため、職員・従業員の労務管理における人件費をはじめとする経費や時間の軽減が可能となる。

　労務管理は障害福祉サービス事業に特化する必要もないため、汎用性の高いシステムでの構築が可能となることから、基幹業務関連のソフトのなかでも導入コストについてかなり低く抑えられている傾向がある。

2）クラウドの活用

　クラウド（cloud）は直訳すると“雲”を意味するが、ここでは大規模データセンター等で、一定の条件でそのリソースを共有するシステムをクラウドと総称する。単にデータを保存する場所というだけではなく、さまざまなソフトやデータベースをクラウド上に置くことで、基幹業務のためのサーバーなどを設置する必要がなくなり、イニシャルコストやメンテナンスコスト、セキュリティコストなどの業務負担を軽減することが可能となる。このことからインターネット（ブラウザ）を使用することができる環境であれば、クラウド上にあるソフトやデータベースを利用することができる。クラウドのサービス形態は大きく以下のように分類できる。

・SaaS（Software as a Service）　ソフトを提供するクラウドサービス

・**PaaS（Platform as a Service）**　開発環境を提供するクラウドサービス
・**IaaS（Infrastructure as a Service）**　サーバー（インフラ）を提供するクラウドサービス

　クラウドのシステムを有効活用することで、低コストでの基幹業務ソフト等の導入が可能になることから、今後はますますその活用方法が広がってくるであろう。実際に給付費（介護保険や障害福祉サービスを問わず）の請求業務においては、このようなシステムの活用が可能である。電子証明の発行やデータの安全性等を検証したものが暗号化されて伝送するシステムとなっている。介護保険分野では後述する LIFE（Long-term care Information system For Evidence：科学的介護情報システム）においても導入が進められ、あらゆる面でのシステムがクラウドに移行しつつある。

3）モバイルシーンの進化

　旧来の携帯電話（ガラケー、フィーチャーフォン等）からスマートフォンへの移行が進み、その普及により、さまざまなアプリケーションソフトが開発され、ビジネスシーンで主に展開されていた労務管理ツールなどにおいても、現在ほとんどのソフトがスマートフォンからの入力に対応し始めている。

　また通信速度においても、帯域の拡大や新たな通信技術の展開などで、従来では困難であったことに多くの可能性が広がり始めている。労務管理に限らず、館内通信も、これまでは内線電話の整備のほか医療機関や介護施設では PHS などの利用が進んできたが、最近ではネットワークの高速な無線化が進み、事業拠点内の無線ネットワーク化も進んできている。わざわざ有線を引かなくて済むことから、導入も容易である。こうした館内無線のインフラ整備とともに、LINE に代表されるようなコミュニケーションソフト（アプリ）を導入することで、内線通話や情報共有システム等が極めて簡単に構築できるようになってきた。無線機能を有するビジネスフォンの導入などは規模にもよるが、数百万円かかったものがこのシステムを利用することで導入コストは 1/3 以下に収めることも可能である。今後さらなる通信インフラの整備が加速していくであろう。

　こうした労務管理ツールが拡大していくなかで、福祉の現場にも少しずつ影響が及び始めている。労務管理をベースにして、例えば会話でのコミュニケーションをとることが大きなストレスになり、そのことで社会参加への機会が遠ざかってしまうようなシーンでも活用できる。具体的には、体調がすぐれないため作業所を休みたいと電話等で連絡することが大きなストレスとなってしまう方に対して、電話連絡の促しや訓練をするのに代えて、当日の体調などを含めた連絡が取れるツール（アプリ）が開発され、実用化されてきている。

　障害の多様化とともに、障害とはいえないがひきこもり等の状態にある方たちへの支援にも活用することで、社会参加へのハードルを下げることが期待できる。

（3）個人情報保護とデータ管理セキュリティ

　平成 17（2005）年に全面施行された個人情報保護法は、その後幾度かの改正を経て現在に至っている。この間で緊急時、特に大規模災害時等における個人情報の取り扱いについては人命最優先の考えに沿って見直しがなされてきた。情報のデジタル化が進むなかでは、その取り扱いに対しても情報セキュリティという考え方が広まってきている。個人情報の保護という点では日本産業規格「JIS Q 15001 個人情報保護マネジメントシステム－要求事項」適合の上、適切な保護措置を講ずる体制評価ということでプライバシーマーク制度があり、「JIS Q 27001（ISO 27001：2014)」については情報セキュリティという点で規格を定めている ISMS がある。これらの規格に適合し、適切な体制をつくるには細かいルールづくりと厳格な運用が求められる。障害福祉に限らず、福祉分野においては大変機微な情報（特定の機微な個人情報）を多く取り扱うことから、これらの規格に対しても今後積極的に取り入れていく必要が生じるのかもしれない。

　個人情報の保護については、常に意識していかなければならないことであるが、また福祉の分野ではそうした機微な情報を支援機関同士で共有することでその方の支援に生かせるシーンが少なくない。その場合、どのような情報をどのような目的でどのような機関もしくは誰と共有するかなど、本人の承諾を事前に取っておく必要がある。その上で、福祉に携わる者の責務として、守秘義務が課せられていることを忘れてはならない。

1）介護分野での進化

　また、介護分野では別の角度からの ICT が進化し続けている。バイタルチェックをはじめとするさまざまな記録においても、タブレット端末を用い、無線やクラウドを活用した記録システムも、大きな進化と普及を遂げている。

　厚生労働省がこれまで運用してきた「通所・訪問リハビリテーションデータ収集システム（VISIT）」と「高齢者の状態やケアの内容等データ収集システム（CHASE）」について、令和 3（2021）年 4 月 1 日から LIFE として一体的に運用されはじめた。ADL（日常生活動作）をはじめとした日常の活動をPDCA [29] に反映させた科学的なエビデンスをもとに有効な計画を作成することで、高齢者の尊厳に着目した支援を行うというものである。LIFE を導入す

ることに対しては、報酬単価のなかでも評価がなされていることから、今後さまざまな分野で活用される可能性がある。

　このようなシステムにおける情報漏洩に関してもシステムの脆弱性とともに、ヒューマンエラーが後を絶たない。そのため、国としては、いかにして情報漏洩のリスクを下げるかが問われてくるが、ここでもクラウドが進化を遂げている。これまでは個々のシステムに SE（システムエンジニア）等がセキュリティの管理をするという構図が中心であったが、システムをクラウドで運用することにより、スキルの問題やハードをはじめとするさまざまなリソースの問題などを一定のレベル以上で構築することが可能となっている。

2）記録の進化

　記録の重要性やその活用方法が着目され始めている。日々の出来事を克明に記録していくことで、支援の構築にも大きな効果をもたらすこととなる。ただ、日々の業務のなかでこうした記録を行う結果として、職員の残業時間など労務管理や健康管理に大きな影響を及ぼしかねない。現在はこうした記録において音声認識（入力）が広がってきており、従来より短時間で処理ができ、専門的な知識も不要である。このようなソフトでは、セキュリティ対策が厳重であることが前提で開発提供される。ライセンスにおいても、不正な使用ができない工夫がなされるなどセキュリティが強化されるとともに、コンプライアンスの強化も図られてきている。

3）監視の進化

　個人情報をはじめとする機微な情報の取り扱いリスクの増大に対して、PC 等の対策も進化してきている。セキュリティソフトについては、よりリアルタイムに情報の更新、プログラムの更新を提供できるようになってきた。ウイルス対策は必須ではあるが、ウイルス以外にもフィッシング詐欺による被害などネットワークにおけるリスクは広がるばかりである。なかには、ネットワーク接続そのものにリスクがあるとし、事業所内で完結するネットワークシステムが推奨されているものもある。リスク対応にはさまざまな考え方があるが、システムの構築とともにその情報を取り扱う者への教育も時代の流れに合わせて進化し続ける必要がある。特に SNS をはじめとして、職員等従事者が、無造作に情報発信することができることから、法人内ルールの策定やその教育についても留意しなければならない。

注
※29　第2章8（2）1）　80頁参照

8 財務・会計管理

　　財務・会計とは、日々の経理業務によるデータから、法人の事業内容や財政状態、経営成績を金銭（数字）によって表示する財務諸表を作成し、財務諸表が提示する情報をもって、法人の経営目的である理念・ビジョンを実現するための経営判断に資することである。

　　日本社会が抱える人口減少、高齢化、非正規職員の増加、心身の不安や障害の増加、貧困などさまざまな課題は、社会福祉を求める国民の増加を示唆するものであり、社会福祉法人には、これらの緊急かつ多様なニーズに応えるべく柔軟な発想とサービス提供能力の拡大が求められている。

　　利用者や利用者の家族、職員はもとより、取引先事業者、国・地方公共団体等多くの関係者にとって、社会福祉法人の経営状況は大きな関心事であり、社会福祉法人の経営者はこれら関係者からの情報要求に積極的に応えていかなければならない。適正な財務諸表を作成することは、社会福祉法人が経営判断を適切に行うために、また外部関係者との良好な関係を維持・発展させていくために必要不可欠なことである。

（1）計算書類の役割

　　社会福祉法人会計基準第1条および第7条の2により、社会福祉法人は会計帳簿、計算書類（貸借対照表および資金収支計算書ならびに事業活動計算書をいう。以下同じ）、付属明細書、財産目録を作成しなければならないと規定されている。

　　社会福祉法人以外の普通法人にも共通する経理の基礎を理解した上で、社会福祉法人会計簿記の独特の処理を学習し、正確な計算書類を作成する。

❶貸借対照表

　　社会福祉法人のもっている全ての資産と負債を対照させ、「資産－負債」の差額としての法人の純資産を示したもの

❷事業活動計算書

　　社会福祉法人の「純資産」の増加および減少の内容を明らかにしたもの

❸資金収支計算書

　　社会福祉法人の「支払資金」の増加および減少の状況を明らかにしたもの

1）貸借対照表の役割

　　貸借対照表は社会福祉法人のもっている全ての資産と負債を対照させ、「資

図表 2-4　貸借対象表（B／S）

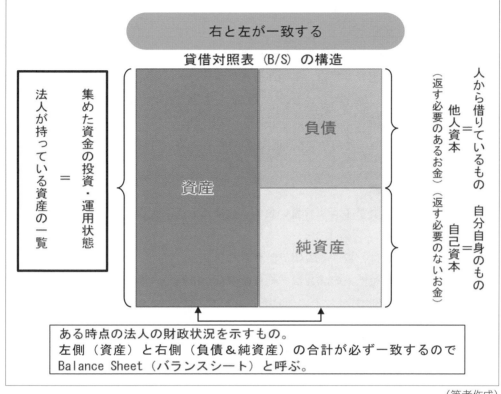

右と左が一致する

貸借対照表（B/S）の構造

法人が持っている資産の一覧　＝　集めた資金の投資・運用状態

資産

負債

純資産

人から借りているもの　＝　他人資本（返す必要のあるお金）

自分自身のもの　＝　自己資本（返す必要のないお金）

ある時点の法人の財政状況を示すもの。
左側（資産）と右側（負債＆純資産）の合計が必ず一致するので
Balance Sheet（バランスシート）と呼ぶ。

（筆者作成）

産−負債」の差額としての法人の純資産を示した表である。

　その経営体の安全性がわかるという点で重要視されている。英語でBalance
Sheet と表記され、頭文字をとって B／S と呼ばれる。

　貸借対照表では図表 2-4 のように、左側に法人がもっている資産の一覧が
表示される。その資産が、人から借りたものなのか、自分自身のものなのかが
貸借対照表の右側で表示され、人から借りたものを「負債」、自分自身のもの
を「純資産」と表示する。

　「貸借対照表」は全ての資産、負債、純資産を対照した表として、全ての資
産・負債を網羅することが重要なので、法人内に貸借対照表に計上されていな
い現金や預金等の資産がないことに注意する。

　貸借対照表は、さらに①流動資産、②固定資産、③流動負債、④固定負債、
⑤純資産の五つに大きく分類される。

❶流動資産

　1 年以内に現金化できる資産。預貯金のほか、有価証券などがある。また、
モノやサービスをすでに提供しているが、利用者からの入金がまだという状態

のときに、今後現金を受け取る権利として未収金があり、これらも流動資産となる。ほかに、製品の在庫や原材料のことを示す棚卸資産も含まれる。

❷固定資産

１年以内に現金化できない資産。

土地や施設の建物、車輌運搬具や器具および備品など、現金化はできるけれどもすぐには売れないもの。積立資産も含まれる。

❸流動負債

１年以内に返済や支払期限が到来する負債。短期借入金や未払金などが含まれる。

❹固定負債

支払期限が１年より長い負債。設備資金借入金など。

❺純資産

純資産は、資産－負債で計算される。

社会福祉法人の場合は、純資産のなかに四つの項目がある。基本金、国庫補助金等特別積立金、その他の積立金、次期繰越活動増減差額である（**図表2-5**）。

日々の取引により、貸借対照表は絶え間なく変動し、自分自身の財産を示す純資産の額は、日々増加減少を繰り返す。増加減少するのは、純資産のうちの次期繰越活動増減差額（利益）である。次期繰越活動増減差額が増加した原因が法人の設立等に充てるために受け取った寄付金である場合には、基本金に振替仕訳を起こすことにより純資産のなかで次期繰越活動増減差額から表示項目を基本金に移動させる。同様に、固定資産の購入のために交付された補助金が原因で次期繰越活動増減差額が増加した場合には、振替仕訳を起こすことにより次期繰越活動増減差額から表示項目を国庫補助金等特別積立金に移動させる。

貸借対照表では、負債と純資産のバランスを見る必要がある。このバランスを見る指標として、純資産比率（自己資本比率ともいう）があり、「純資産比率＝純資産／総資産」で計算される。民間企業では 40％以上あると安定しているといわれるが、社会福祉法人の場合は、80％以上ある法人が多くみられる。

これは、固定資産取得の際に国庫補助金の交付があること、社会福祉法人が稼ぎ出す利益の多くが法人税の課税対象利益ではないこと、寄付金の所得控除等寄付者に対する優遇措置があり寄付を集めやすいこと等の社会福祉法人の特殊性がある。すなわち、ほかの法人格をもつ事業体と社会福祉法人が同じ社会福祉事業を行った場合では、社会福祉法人のほうが純資産（＝利益）を増やしやすい制度となっており、これは社会福祉法人の公益性の高さの反映といえる。

純資産の増減の内容を明瞭に表示するものとして、事業活動計算書を作成する。

図表 2-5　純資産の項目

純資産	受贈資本	**基本金** 法人の設立、施設の創設に当たって財源として受け取った寄付金
		国庫補助金等特別積立金 施設および設備の整備のために国または地方公共団体等から受領した補助金等の額
	稼得資本	**その他の積立金** 理事会の議決に基づき、将来の特定の目的に備えるため、繰越活動増減差額から積み立てた金額
		次期繰越活動増減差額 法人の活動によって蓄えられた増減差額（＝利益）のうち、その他の積立金として目的が付されていないもの

（筆者作成）

2）支払資金

　貸借対照表の資産と負債は、それぞれ流動資産と固定資産および流動負債と固定負債に区分される。流動資産は相対的に短期間のうちに現金に代わる資産であり、流動負債は相対的に短期間のうちに返済期間が到来する負債である。

　社会福祉法人会計基準では流動資産および流動負債を支払資金とし、その残高は流動資産と流動負債の差額とする（ただし、1 年基準により固定資産または固定負債から振替えられた流動資産・流動負債、引当金ならびに棚卸資産《貯蔵品を除く》を除くとしている）。

　支払資金残高は法人の支払能力を表すと考え、支払資金の増加および減少の状況を明瞭に表示するものとして、資金収支計算書を作成する。

　しかし、流動資産のなかには未収金が含まれることから、支払資金残高が十分にあっても預金が不足する事態が起こる。このため、資金ショートを起こさないよう貸借対照表の現金預金残高には常に注意する必要がある。

3）事業活動計算書の役割

　社会福祉法人会計基準に定められた貸借対照表の第 1 様式（法人全体の貸借対照表）では、当年度末の数値と前年度末の数値を 2 列に並列させて記載する。当年度と前年度の貸借対照表を比較すれば、その期間にどれだけの純資産や支払資金が増減したのかがわかるが、その原因別の増減内訳はわからない。この増減の原因を説明する表が、事業活動計算書と資金収支計算書である。

　事業活動計算書は、法人の 1 会計期間の経営活動の成果、すなわち純資産（＝利益）がどれだけ増減したかを、その増減原因別に測定する表である。企業会計で損益計算書といわれる表で、英語では Profit and Loss Statement と表記されるので頭文字をとって P／L と呼ばれる。損益計算書には、売上高お

よび費用、売上高から費用を差し引いた儲けである利益を表示する。事業活動
計算書では、売上高から費用を差し引いた儲けである利益を「増減差額」とい
い、「増減差額」がどのようにして生じたかを明らかにするため、売上高から
費用を引いていく段階に応じて六つの「増減差額」が存在する。

　事業活動計算書をサービス活動増減の部、サービス活動外増減の部、特別増
減の部、繰越活動増減差額の部という四つに区分し、それぞれの部で収益、費
用を表示し、「収益－費用」で計算される増減差額（利益）を算出する。サー
ビス活動増減の部とサービス活動外増減の部は、ともに経常的に発生するもの
として、ふたつの部で計算される増減差額を合算した「経常増減差額」を算出
する。また、サービス活動増減差額、サービス活動外増減差額、特別増減差額
を合算して、当期に発生した利益である当期活動増減差額を算出する。

　法人の活動は、主たる活動（サービス活動増減の部に表示）とそれに付随す
る金融活動等（サービス活動外増減の部に表示）に大別されるが、このほかに
臨時に発生する固定資産の売買、固定資産取得のための補助金や寄付金の獲
得、自然災害による損失などの事象があり、これらが特別増減の部に表示され
る。最後に、社会福祉法人会計の特徴として、利益処分に該当する内容である
積立金の取崩や積立を、繰越活動増減差額の部に表示する。当期活動増減差額
に、前期までに獲得した利益である前期繰越活動増減差額を加え積立金の取崩
や積立を加減算して次期繰越活動増減差額を算出する。

　各「増減差額」がプラスであれば法人経営は健全といえるのか。例えば、
「当期活動増減差額」がプラスであっても「サービス活動増減差額」はマイナス
で、そのマイナスを多額の固定資産受贈額が発生している「特別増減差額」で
補塡しているという状態は健全といえるのか。これでは、法人の本来活動で利
益を上げていることにならず、持続的な法人経営に黄色信号がともるといえる。

　また、「サービス活動増減差額」がプラスであっても、経常経費寄付金収益
がその年だけ多額にあったからだとしたら、どうだろうか。

　このように、それぞれの増減差額のプラス・マイナスの要因を適切に分析
し、法人の状況を的確に把握しなければならない。

　なお、増減差額（利益）は、サービス活動収益計（給付費収入など施設が主
たる活動で獲得する収入の合計）の何％であればいいのか、という問いに対し
て絶対的な答えは存在しない。それぞれの法人が目標を実現するためにはどれ
だけの資金が必要なのか、その資金を何年で生み出す計画なのかが明確になる
と、毎年生み出すべき利益が算出される。したがって、サービス活動収益計に
対して 10％の利益が必要な法人もあれば、3％の利益で十分な法人もある。し
かし、利益がなければいずれ倒産するので、利益が必ず必要であることは言う
までもない。また給与の自然増、突発的な修繕等に対応するためにも、最低

2%程度の利益は必要であるといえる。利益は収益からその収益を生み出すためにかかった人件費・事業費・事務費などの費用を差し引いて計算されるが、サービス活動収益計に対する人件費比率・事業費比率・事務費比率の理想値は、その法人の事業計画や社会環境により変動する。例えば、翌期より新規事業の開設を予定している場合には、人件費比率は上がることとなる。

　他法人との比較という意味では、WAM（独立行政法人福祉医療機構）が公表している「2019年度経営分析参考指標」では、社会福祉法人のサービス活動収益対サービス活動増減差額比率は2.9%、B型事業所は7.1%、社会福祉法人の人件費比率67.3%・事業費比率13.4%・事務費比率10.5%となっており、一定の参考とすることができる。

4）資金収支計算書の役割

　資金収支計算書は、社会福祉法人の1会計期間の支払資金の増減を、その増減原因別に測定する表である。企業会計では、キャッシュ・フロー計算書といわれる表で、英語でCash Flow Statementと表記されるのでC／Fと呼ばれる。社会福祉法人会計基準では、資金収支計算書を、「事業活動による収支」「施設整備等による収支」「その他の活動による収支」の三つに区分するものとしている。「事業活動による収支」は社会福祉法人の本業から生み出される支払資金を示すためこれがプラスであることが望ましく、数期にわたりマイナスであれば、事業そのものがうまくいっていないということになる。「施設整備等による収支」は固定資産の取得に係る支出および売却に係る収入、施設整備に係る補助金や寄付金、借入金の収入および借入金の返済などの支払資金の流れを示す。一般的には、積極的に施設整備を行い、マイナスになっているほうが望ましいと考えられている。

　「その他の活動による収支」は長期運営資金の借入および返済、積立資産の積立および取崩が表示される。法人全体として支払資金残高が減少（「当期資金収支差額合計」がマイナス）していても、「事業活動による収支」はプラスで、新施設の建設により「施設整備等による収支」がマイナスになっているという場合は、資金繰りを懸念するには及ばない。

　一方、「当期資金収支差額合計」がプラスであっても「事業活動資金収支差額」がマイナスで、その他の活動による収支の長期運営資金借入金収入によりプラスになっていては、本来活動で資金がつくれず運転資金が不足したということなので、早期改善の必要がある。

　また、多額の固定資産購入があり、「施設整備等による収支」がマイナスであれば、通常は「その他の活動による収支」にその購入に対応する積立資産の取崩収入があるべきである。単年度の収支では賄えない支出のために計画的に

積立資産を積む必要がある。

　企業会計でのキャッシュ・フロー計算書は現預金を計算対象とし、当該企業の支払能力を判定することができるのに対して、資金収支計算書の支払資金の残高は流動資産および流動負債の差額であり、支払能力を判定する資料としては不十分と言わざるを得ない。支払資金残高には未収金、仮受金、立替金、短期貸付金等を含むため、残高が計上されていても支払い手段の現預金が不足することは十分にあり得る。そのため、資金繰りについては、貸借対照表の現金預金残高から管理する必要がある。

　社会福祉法人はその公益性の高さから会計管理は予算統制によるとされ、予算への準拠性により会計執行の評価が判定される。そのため、資金収支計算書は当該会計年度の決算の額を予算の額と対比する構造となっており、資金収支計算書上に表示する予算と決算の差額については、支出において決算額が予算額を超えた場合を重視する立場から「予算−決算」とされている。

　資金収支計算書は支払資金の増減を説明する表であることから、B／S の上半分の「流動資産−流動負債＝支払資金残高」（ただし、1 年基準により固定資産または固定負債から振替えられた流動資産・流動負債、引当金ならびに棚卸資産《貯蔵品を除く》を除く）が、資金収支計算書の当期末支払資金残高と必ず一致する。

5）固定資産と減価償却

　固定資産（10 万円以上の物品）を購入したときは、購入額分の現金預金が減少し、器具および備品等の固定資産が増加する。固定資産の購入時には、資産の形が変わっただけで貸借対照表の資産の総額は変わらず、負債にも変動がないので、資産−負債で計算される純資産は増減しない。したがって純資産（利益）の増減の内容を示す事業活動計算書には表示されない。

　このとき、支払資金に着目すると流動資産である現金預金は減少しており、流動負債に増加減少はないので、流動資産−流動負債で計算される支払資金残高は減少している。したがって、資金収支計算書には表示されることとなる。

　しかし、土地はともかく建物や器具および備品など、およそ形のあるものは時の経過とともに劣化し、やがて使用に耐えなくなる。固定資産は使用によって資産の価値が減少し（これを「減価」という）、純資産が減少することを意味する。純資産が減少するということは、純資産がどうして増えたのか減ったのかを説明する計算書である事業活動計算書に表示することとなる。固定資産の使用に伴う価値の減少をどのように計算するのか、計算書類への反映の方法はどうするのか、この手続きを「減価償却」という。

　毎年、減価した分だけ固定資産を減らし、同額を P／L の費用に計上する必

要がある。この費用科目を「減価償却費」という。減価償却費は固定資産の価値が減少した額であり、流動資産・流動負債に増加減少はないので支払資金は変動せず、資金収支計算書には計上されない。

　減価償却制度は、固定資産を取得するために要した金額（取得価額）を、その固定資産の耐用年数期間の各事業年度に配分して各事業年度の費用とする手続きである。減価償却費はお金の支出を伴わない費用であるが、費用として認識することにより、収入額を増額し利益を確保しようという効果を及ぼす。減価償却費を計上してなお、利益があるということは、減価償却費が現金支出を伴わない費用であるため、現金預金は減価償却費相当額増加している。このことにより、将来の固定資産の買い替え資金を法人内にストックすることができる。

6）経営に役立つ就労3表の活用

　事業活動計算書の就労支援事業収益と就労支援事業費用が、就労支援事業に関する勘定科目である。その詳細は付属明細書別紙3⑮〜⑲で表示され、このうち下記3表がいわゆる就労3表といわれるものである。就労支援事業活動を発展させるためにこれらの3表を読み解き経営に生かす必要がある。

・付属明細書　　別紙3⑮就労支援事業別事業活動明細書
　　　　　　　　別紙3⑯就労支援事業製造原価明細書
　　　　　　　　別紙3⑰就労支援事業販管費明細書

　当期就労支援事業活動増減差額の算出、適正な利用者工賃の金額の計算、就労支援事業の管理、事業内容の分析、事業成果の確認、さらには事業の継続および縮小等の法人の意思決定は、主としてこの就労3表により判断することとなる。

　事業活動計算書と別紙3⑮就労支援事業別事業活動明細書は**図表2-6**の関係にある。

　就労3表の関係は、別紙3⑮の費用項目「当期就労支援事業製造原価」の科目ごとの内訳を表示したのが別紙3⑯就労支援事業製造原価明細書、別紙3⑮に費用項目「就労支援事業販管費」の科目ごとの内訳を表示したのが別紙3⑰就労支援事業販管費明細書となっている。

　工賃を増加させるためには、就労支援事業収益を上げることとともに、費用を減らすことが求められる。製造原価明細書・販管費明細書を読み解き、売上単価と原価は適切な割合になっているかを確認し、値上げも含めた検討をする。また販売の方法や対象者を再検討し、合理化を進めることが大切である。

図表 2-6　事業活動計算書と別紙 3⑮就労支援事業別事業活動明細書の関係

【拠点区分　事業活動計算書】

勘定科目	当年度決算(A)	前年度決算(B)	増減(A)-(B)
就労支援事業収益	15,668,399	13,046,830	2,621,569
配食作業収益	2,180,437	1,730,340	450,097
パン作業収益	13,487,962	11,316,490	2,171,472
就労支援事業費用	15,408,739	13,046,830	2,361,909
就労支援事業販売原価	12,130,413	11,348,818	781,595
期首製品（商品）棚卸高	*22,368*	*10,316*	*12,052*
当期就労支援事業製造原価	*12,168,907*	*11,316,134*	*852,773*
当期就労支援事業仕入高	*0*		*0*
期末製品（商品）棚卸高	*60,862*	*22,368*	*38,494*
就労支援事業販管費	3,278,326	1,698,012	1,580,314

【別紙 3 ⑮就労支援事業別事業活動明細書】

	勘定科目	合計	配食作業	パン作業
収益	就労支援事業収益	15,668,399	2,180,437	13,487,962
	就労支援事業活動収益計	15,668,399	2,180,437	13,487,962
費用	就労支援事業販売原価			
	期首製品（商品）棚卸高	22,368		22,368
	当期就労支援事業製造原価	12,168,907	2,748,774	9,420,133
	当期就労支援事業仕入高	0		
	合計	12,191,275	2,748,774	9,442,501
	期末製品（商品）棚卸高	60,862		60,862
	差引	12,130,413	2,748,774	9,381,639
	就労支援事業販管費	3,278,326	27,629	3,250,697
	就労支援事業活動費用計	15,408,739	2,776,403	12,632,336
	就労支援事業活動増減差額	259,660	△595,966	855,626

（筆者作成）

（2）予算

1）マネジメントサイクルと経理

　法人の経営活動は多岐にわたるが、人事や現場という個別の業務が統合されて機能してこそ法人の経営目的が円滑に達成できると捉え、そのための手法を考えることが経営管理（マネジメント）である。

　今日の経営学の創始者といわれるアンリ・ファヨール（仏）は、その著書『産業ならびに一般の管理』（1916 年）において、経営活動を技術、商業（販売）、財務、保全（リスクマネジメント）、会計、管理の六つに分類し、これら六つの活動を経営目的達成のために統合していくのが経営活動であるとした。そして、六つめに挙げた管理（マネジメント）は他の五つの活動を計画的に統合・調和させていくものとして、その重要性を強調した。さらに、この管理活

図表 2-7　PDCA サイクルの概念図

（筆者作成）

動を計画、組織、指揮、調整、統制の五つの職能に分類してマネジメントサイクルを定義し、経営者の機能を経営管理という呼び方で理論化した。

　マネジメントは学問として日々発展し続けているが、マネジメントの目的は、大きく分けてふたつある。ひとつは「法人に『その法人特有の社会的使命』を達成させること」であり、もうひとつは「法人で働く人に『仕事を通して自己実現』を達成させること」である。事業が成果を上げるために有効な方法を考え、社会福祉を事業として限りなく発展させるためにマネジメントを使いこなす必要がある。

　近年は、マネジメントサイクルとして PDCA サイクルが活用されている。目標の設定と具体的な計画（Plan）→組織構造と役割を決めての人員配置と具体的行動の指揮・命令（Do）→途中での成果の測定・評価（Check）→必要に応じての修正（Action）というサイクルを、一周するごとに再計画を立てらせんを描くように向上させて、継続的な業務改善をする（図表 2-7）。

Plan（計画）：従来の実績や将来の予測などを基にして業務計画を作成する。
Do（行動・実行）：計画に沿って業務を実施する。
Check（点検・評価）：業務の実施が計画に沿っているかを確認・評価する。
Action（処置・改善）：計画が達成されていない部分を調査し処置・改善する。

　この PDCA サイクルを社会福祉法人に当てはめて考えると、「予算」は、計画に位置し、経営戦略に基づき短期（1 年）の計画を明確化し予算編成を行う。次に、計画を実行する事業部門を決定し、担当者を配置し教育する。組織

化では報告、連絡、相談が的確になされることが必要となる。組織を動かすために構成員の「やる気」を引き出すという、この動機付けの可否が事業成果を左右すると言っても過言ではない。

　管理者は経営戦略を理解し、目標を達成するため職員の力を引き出すよう的確に評価することが重要となる。また試算表を読みこなし、数字から現在の問題点を捉え問題解決に取り組む。決算によって事業年度の成果と反省点が明らかになるが、目標が遂行されたかどうか、数値目標が達成されたかどうかを明らかにし、社会情勢の変化を加味して来期の計画に引き継いでいく。

2）中長期戦略計画と予算

　社会福祉法人は常に社会福祉事業の主たる担い手であったが、大きく変化する社会経済情況のなかで、今後も人々の福祉欲求に応え続けることのできる法人として存続し続けていくためには、経営機能・基盤の一層の強化が求められている。

　そのために、法人には「理念」、法人の進むべき方向をさし示す「ビジョン」、ビジョンに沿った「中長期目標」の設定、目標を達成するための方策である「中長期戦略計画」の策定が必要であり、人や資金など経営資源配分を含む「法人経営」が不可欠である。

　「予算」は、この中長期戦略計画を実現するために、今年度達成すべき年度計画を数値によって表示したものをいい、当該事業年度におけるサービス活動増減差額（利益）や当期資金収支差額などの法人目標を提示し、各施設の諸活動を法人内部および法人外部ともに調整し、法人全般にわたる総合的管理の指標となるものである。

　法人が目標を実現するためには、目標を法人の構成員が理解し、職員一人ひとりの目標とリンクし、行動計画と戦略の整合性が保たれていることが大切である。予算を単なる数値計画としてではなく、総合的事業計画として位置付けることが重要となる。

　人、物、金、情報、時間という経営資源を、何のために、どのように投入するかという戦略計画を作成する手法はさまざまに開発されているが、基本的に大きく変わることはない。戦略の出発点は理念であり、法人の理念から導き出される法人の目標を実現するための方法が、戦略である（図表2-8）。

　中長期経営戦略策定のツールにはさまざまなものが開発されているが、そのなかのひとつとしてバランス・スコアカード（以下、BSC）があり、公益法人にも有効な手法として世界的に使われている（図表2-9）。

　BSCとは、①財務の視点　②顧客（利用者）の視点　③内部業務プロセスの視点　④学習・成長の視点からなる、バランスの取れた四つの視点で戦略を

図表 2-8 戦略策定～実施のプロセス～

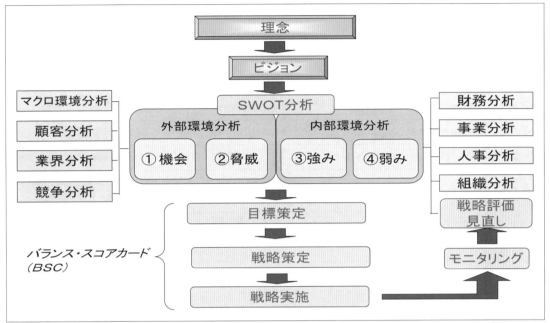

（筆者作成）

検討する手法である（**図表 2-10**）。BSC を作成しないとしても、事業を行う際にこの四つの視点を網羅していくことは大切である。

　BSC は戦略マップとスコアカードからなり、戦略マップで法人の戦略を図として一連の流れで視覚的に理解し、スコアカードで戦略を実現するための具体的なアクション、指標、責任者などを一覧表示することにより、事業計画の確実な遂行を実現する（**図表 2-11**）。

3）公的施設の予算

　社会福祉法人の事業目的は公益性が高く、事業活動や収支にも種々の制約がある。そのため業務執行は、次に示す予算統制の考え方に基づいて行われなければならない。

ⅰ）　予定どおりの収入が確保され、支出が予定内に収まっている。
ⅱ）　事業活動が計画に基づいて実施されている。

　社会福祉法人は「法人」であり、法人の構成員である個人の行為ではなく、法人の行為として行うためには法人の意思確認が必要となる。しかし、その都度、理事会での決定を待っていたのでは煩雑なので、理事会での決定に基づく予算の執行というかたちをとる。

図表 2-9　バランス・スコアカード（BSC）

視点	戦略	重要成功要因	業績評価指標	責任者	目標（ターゲット）
財務	法人発展への資金確保		○○年3月までに3億円		
	収入の拡大				
	費用の削減				
顧客	充実した食事サービス	給食のセンター化	一食あたりの総コストを20パーセント削減		一本化できた食材の数 調理員一人当たりの製造食数
	工賃UP	3施設共同での就労事業への取り組み	平均月額工賃30,000円		パン事業・クッキー事業の売り上げ金額
	小規模特養等の創設	適切な入所施設建設計画の策定と資金の確保	タイムスケジュールの作成		○○市への申請期日 必要資金の明確化
	在宅サービスの拡充	登録ヘルパーの確保	サービス提供時間 月○○時間に		稼働登録ヘルパーの人数
業務プロセス	給食のセンター化	法人職員としての意識	□□年4月より300食 小規模特養等建設までには400食体制に		・△△年3月までに意思統一 ・△△年半ばまでに工事完了 ・△△年中に300食のメニュー・働き方等仕組み完成
	人事体制の一元化	管理部による人事の管理	「法人の中で誰が適任か」を考えた適材適所の実現率		退職者の再雇用、各分野への幅広い活用（100%面談等の実施）
	ヘルパーの養成講座と確保	職員が講師となって講座を構成	ヘルパー資格授与者の人数		△△年度中に講座の構成を完了する
人材と変革	法人職員としての意識の強化	縦割り（施設ごと）から横割り（機能ごと）の仕事へ	ヘルパー部門への助っ人会員の登録数		・公益事業である○○喫茶へ全職員が年一回は食べに行く ・各施設が○○喫茶に飾る、自分の施設を表現する一連の作品群を拠出する。
	法人総合管理	管理部の「一枚岩」	各プロジェクトのターゲット・業績評価指標の管理統制、適宜修正率		招集通知＆資料の管理部構成メンバーへの一週間前事前送付の徹底

（筆者作成）

図表 2-10　BSC の四つの視点

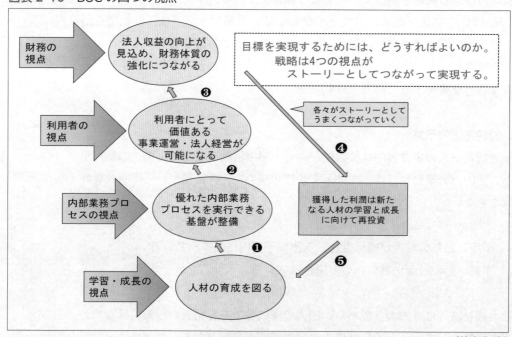

（筆者作成）

図表 2-11　BSC 戦略マップ

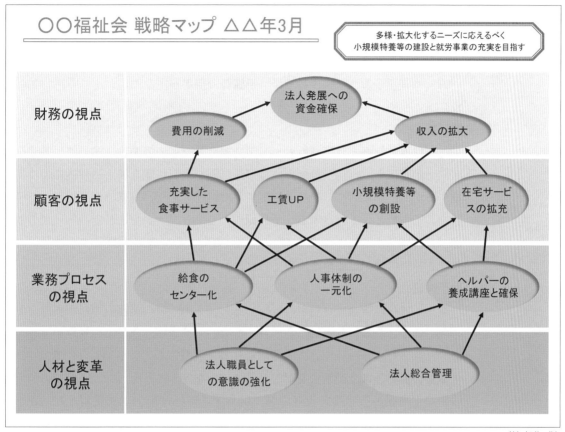

（筆者作成）

　執行者の権限は予算の範囲内で与えられており、予算を超過した執行は権限を超えた個人の行為であるという見方が生じる。

4）予算編成

❶予算編成の時期、補正の時期

　社会福祉法人は、その公益性から予算を超える執行は許されず、達成すべき年度計画を数値によって表示したものである当初予算は、事業年度開始前に作成しなければならない。そのため、その後に補正予算の作成が必要となった場合、法人や施設の事情に合わせて必要な都度、作成することとなる。作成する時期、回数について規定はない。

　参考までに、一般的な予算の流れを記載する。

当初予算　　　　……前年度 3 月末日以前
第 1 次補正予算　……5 月頃決算理事会と同一日に（決算が確定したことに

　　　　　　　　　　　　　　よる当年度予算の見積もりの変更、新単価の判明)
　　　　　　　　　　　　　　(ただし、決算確定は定時評議員会による)
　　第 2 次補正予算　……10〜12 月頃(上半期の実績を考慮して)
　　第 3 次補正予算　……2〜3 月(最終的な年度の見通し)
　　第 4 次補正予算　……3 月後半(予備費の流用が主な内容)

❷当初予算

　法人は事業計画と、事業計画を金額で表示したものである当初予算に基づき事業活動を行う。当初予算の作成は事業計画を金額に置き換える作業により作成するが、これ以外に、当初は勘定科目が特定できないが支出が予想される項目を、予備費として設定する。予算編成に当たって大切なことは内部統制の問題で、作業スケジュールの作成、全員参加による編成等を徹底することにより、各拠点区分の足並をそろえることが重要となる。

❸予備費

　収支予算が理事会で承認され確定すると、その予算の範囲内でしか支出ができないこととなる。しかし、あまりに拘束的では予算の修正に煩雑な手続きが必要となるため、一定の弾力的運用として、予備費の流用が認められている。予備費の流用とは、予備費を財源として支出を行うことをいい、予備費の流用権限を理事長・予算管理責任者等に付与する旨を理事会で決議すると、理事長・予算管理責任者等の決裁により流用を行うことができる。この場合にも事後に理事会に報告し承認を得る必要がある。

　予備費をどの程度の額まで計上することができるかが問題となるが、予備費の枠をあまりに拡大すると予算の流用可能金額が拡大することを意味し、予算制度の意味がなくなる。また、少額過ぎると予算執行上弾力性が失われ硬直化を招くこととなる。法人の規模により一律にどの程度という決め方はできないが、収入額の 3〜5％が限度と考えられる。

❹予算の流用

　予算の弾力的運用として、中区分の勘定科目相互間での予算の流用を挙げることができる。理事長・予算管理責任者等の決裁により、中区分の勘定科目相互間で予算の流用を行うことができるが、この場合も事後に理事会に報告し承認を得る必要がある。

❺補正予算の作成

　業務執行者は、予算の範囲内での権限を委譲されているので、中区分の勘定科目相互間での予算の流用・予備費の予算の流用をもってしても予算不足(支出額＞予算額)が見込まれる場合には、補正予算を組まなければならない。

5）当初予算の組み方

❶予算作成の心構え

　措置制度の下では、予算は前年度実績をベースに組んでいる例が一般的だったが、現行の利用実績に応じて報酬額が決まる実績出来高払い方式では、来年度の経営計画を立てる要領で予算を組むことになる。

　予算は、法人のあるべき姿の数値目標であり、まずは戦略を策定し、戦略を実現するための支出、戦略実施に伴って予測される収入を数値化する。法人の数値目標を明らかにするため今後3年分の大まかな予算を作成し、直近1年分については財務目標を明確にするため月次予算を作成し、12カ月を合計して年間予算を作成する。これが当初予算であり、作成には下記の事項に注意する。なお、作成には1～2カ月の時間が必要となる。

・現状を改善することで達成できる程度の予算をたてる。そして何としても守る。
・必要がないとわかっているヒトやモノに予算を割り当てない。
・予算額をわざと多めに積んではならない。
・楽観的にならず、現実を踏まえた予算づくりを心がける。

❷当初予算作成シートの作成

　社会福祉法人は、社会福祉法人会計基準で定められた「第1号の第4様式○○拠点区分　資金収支計算書」の形式で予算を作成し、理事会で承認をもらわなければならないが、この形式で一から予算を作成するのは困難なので、正確な予算を作成するため別の様式で作成し、そこで算出された数字を「第1号の4様式　○○拠点区分　資金収支計算書」に転記する方法をとる。

　予算を作成する最終的な単位は拠点区分となるが、作成の手順としては経営管理の単位または戦略実施の単位で当初予算を作成し、出来上がった予算を拠点区分単位で合算し直して「第1号の第4様式　○○拠点区分　資金収支計算書」を作成する。

「当初予算作成シート」（**図表 2-12**）

ⅰ）1年を12カ月に区切る。
ⅱ）12カ月の合計額として新年度の当初予算が表示されるようにする。
ⅲ）予算を作成している直近月の数値の表示欄を作成する。
ⅳ）現在進行年度の決算予測数値の表示欄を作成する。予測数値が算出されていない場合には、上記ⅲ）の数値を経過月数で除し12を乗じて算出した数値を予測数値とする。
ⅴ）増減率が表示されるようにする。増減率は（ⅱ－ⅳ）／ⅳとする。
ⅵ）事務費・事業費等の各科目については実績に基づき支払先ごとに細分化する。

図表 2-12　当初予算作成シート

資 金 収 支 予 算 書	○○年度当初予算															
社会福祉法人　○○福祉会	デイサービスセンター		(自)○○年4月1日　　(至)○○＋1年3月31日												(単位　円)	
勘定科目	○○-1年度当初予算	4	5	6	7	8	9	10	11	12	1	2	3	○○年度当初予算合計①	○○-1 12月まで実績②	②／9＊12③	増減率(①-③)／③
介護保険事業収入																	
施設介護料収入																	
介護報酬収入																	
利用者負担金収入(公費)																	

(筆者作成)

❸予算作成と再調整

　収入予算を月ごとに単価と予想利用者数から計算する。人件費については予想職員一人ひとりの給与支給額から計算し、事業費および事務費は実際の支出や事業計画から計算する。計算した収入から支出を控除して、当期資金収支差額が算出される。事業運営のあり方を再検討しながら、計画どおりの当期資金収支差額が算出できるまで、収入を増やす、または支出を減らす方法を模索し再調整する。

❹会計間の資金移動、収益事業の検討

　以上の手順により予算を作成した後、事業区分間・拠点区分間・サービス区分間繰入金収入・支出を活用する。

　赤字の拠点、サービス区分については、各拠点、サービス区分からどれだけの資金援助が可能なのか検討した上、赤字限度額を明確にし、それ以上の損失が出ることを防がなければならない。赤字事業については、当該事業の法人戦略のなかでの位置付けを明確にした上で、事業の継続または廃止の検討を行う。

　拠点・サービス区分間の資金移動については介護保険施設、障害福祉サービス等施設、保育所、措置施設それぞれの「資金運用通知」に違反しない範囲での資金移動になるよう注意する。

（3）社会福祉法人が寄付を受けた場合の税務

　自分の財産を社会に役立てたいという人の受け皿として、社会福祉法人ほど適切な法人はないといえる。高額役員報酬の禁止や、出資持分という概念がないために、配当として資金が流出することがない社会福祉法人は、全ての財産が社会福祉事業に活用されることが約束されており、寄付により受け取った財産は必ず社会福祉事業で生かされることとなる。また社会福祉法人はその高い公益性から税法上も寄付者に対し優遇措置が設けられている。一方で土地・建物・株式等の寄付を受けた場合には、一定の手続きをしないと寄付者に所得税が課税されるという事態に陥ることもある。これらの措置を適切に使い、寄付の獲得を法人として積極的に取り組む必要がある。

1）社会福祉法人が個人から寄付を受けた場合の基本

　個人が社会福祉法人に寄付をした場合、その個人は、所得控除（寄付金控除）を受けることができる。また、その社会福祉法人が税額控除対象法人として所轄庁に申請し税額控除証明を取得している場合には、その個人は税額控除の適用を受けることができる。

2）社会福祉法人が個人から土地・建物・株式等の財産の寄付を受けた場合のみなし譲渡課税

　個人が土地・建物・株式等の財産を社会福祉法人に寄付した場合、または時価の1/2以下の低額で譲渡した場合、時価により譲渡したものとして、譲渡益に対して寄付をした個人に所得税が課税される。これを回避するために、寄付をした個人は租税特別措置法第40条の規定による承認申請を行い、国税庁長官から承認を受ける必要がある。原則として寄付の日から4カ月以内（寄付が11月16日～12月31日までの間に行われた場合は、寄付をした年度分の所得税の確定申告書の提出期限まで）に申請を行う必要がある。

3）社会福祉法人が相続財産の寄付を受けた場合の相続税の非課税

　相続財産を相続税の申告期限内に社会福祉法人に対して寄付し、相続開始から10カ月以内に領収書を添えて相続税の確定申告を行い、かつ、その財産の寄付を受け入れた日から2年以内にその社会福祉法人が公益事業の用に供する場合には、その寄付した財産分は相続税の非課税となる。

　ただし、社会福祉法人に寄付した相続財産が、土地や建物等の不動産等や有価証券等の現金以外の財産だった場合には、寄付をした相続人に対して上記2）のみなし譲渡課税が行われるので、租税特別措置法第40条の規定による手続きにより、承認を受ける必要がある。

4）社会福祉法人が土地を個人から購入した場合の税務

　社会福祉法人が一定の社会福祉事業の用に供する土地を個人から購入する場合、「収用」とみなされて、個人の土地売却益（5,000万円を上限とする）に対する譲渡所得税課税が減額される特例がある。この適用を個人が受けることができるようにするためには、土地を購入する社会福祉法人が租税特別措置法の規定に基づき税務署と事前協議をし、特例適用の承認を受ける必要がある。

第2章

第3章

人財育成

1 職員募集と採用

（1）働き方改革とパート労働法から見る就業規則

1）働き方改革を考える

　少子高齢社会となり今後の人口減少が進む現状において、働き方を変える必要が生じている。令和の時代は、これまで以上に家庭と仕事を両立する働き方が必要になった。人生 100 年時代に向けて、雇用義務の年齢も 70 歳になる予定である（令和 3［2021］年現在は努力義務）。これからの少子高齢時代の働き方改革の実現に向けて労働法の改正が細やかに行われている。

2）雇用は契約である（雇用は労働契約から始まる）

　働き方改革がめざす「多様な働き方」には、個人ごとの労働条件が異なることが考えられる。働き方は、法人と労働者との労働契約により決定される。労働問題のトラブルが生じたときは、労使双方が取り交わし保存している労働契約をトラブル解決の判断基準とする。その労働条件の決定には、労働関係法に基づき作成された就業規則が基準となる。労働契約の内容は、**労働関係法令＜就業規則＜労働契約**の順である。労働契約の絶対的記載事項には、①労働契約の期間、②業務の種類、③就業の場所がある。しかし、その 3 事項は就業規則の絶対的記載事項ではない。労働契約書の記載も少し知恵を出したほうがトラブルは防止できる。

　生活支援員との契約の際に、業務の種類を単に「生活支援員」と記載した場合、その人は生活支援員の業務をどのように考えるだろうか。事務処理や経理業務、職場環境の整備、清掃業務は生活支援員の業務だと考えるだろうか。労働契約書には、「生活支援員の業務およびその業務に付随する法人内の業務」などと書いておけば、生活支援員の本来の業務以外にも仕事があることがわかるだろう。

　「多様な働き方」には、労働契約の内容を具体的に明記することを考えたほうがよいだろう。この労働契約は、法人と職員の双方が自主的に話し合い、合意の上に決定するものである。労働契約法第 1 条で、「この法律は、労働者及び使用者の自主的な交渉の下で、労働契約が合意により成立し、又は変更されるという合意の原則その他労働契約に関する基本的事項を定めることにより、合理的な労働条件の決定又は変更が円滑に行われるようにすることを通じて、労働者の保護を図りつつ、個別の労働関係の安定に資することを目的とする」と規定されている。付け加えるなら、就業規則の変更も理事会で独断的な決定

はできない。就業規則の原則は、職員への周知を行うことが法律で求められている。過半数労働者の選出方法にも法的な決まりがある。法人は、「働き方改革」の実践に当たり、コンプライアンスの徹底を自覚し、時代の変化に合わせ改正が進む労働関係法の理解を深めることである。また採用時に、家族構成や思想、宗教、愛読書等についての質問は禁止である。詳細は厚生労働省のホームページに掲載されている[30]。

3）働き方改革と法改正

　「働き方の多様化」では副業・兼業も認められた。副業・兼業において、通勤途上の事故については労災保険法の通勤災害が適用となる。兼業で8時間以上働かせた職場には、割増賃金の支払い義務が発生することにも留意したい。

【就業規則事例】

第○○条　兼業・副業の許可　職員は、勤務時間外において、他の会社や法人に勤務を希望する場合には法人に申出て許可を受けること。法人は、職員からの兼業・副業の申出について検討し、その結果を知らせることとする。

2　兼業・副業の許可について法人は以下の事項を検討する

　①労務管理上の支障について

　②法人の機密漏洩の懸念について

　③法人の名誉や信用を損なう行為や、信頼関係を破壊する言動について

　④副業により、法人の人材確保が困難になる場合　その他

4）改正労働法関係（長時間労働の是正、多様で柔軟な働き方の実現等）

　労働基準法では残業時間の上限を定め、この上限時間を超える残業を禁止した。残業時間の上限は、原則として月45時間、年360時間である。特別な事由が生じない限りこの残業時間の上限を超えることはできない（ただし、1年単位の変形労働時間制を採用している事業場では1カ月42時間、1年320時間が限度となる）。

　特別な事由により上限の目安時間を超える必要が生じ労働者と使用者が合意した場合でも、年720時間以内、複数月において平均80時間以内（休日労働含む）で、月100時間（休日労働含む）を超えることはできない。月80時間の残業とは、1日4時間程度の残業ということになる。ひとりの職員が、原則の月45時間の残業を超えて働くことができるのは年6カ月以内である。この

注

※30　https://www.mhlw.go.jp/stf/seisakunitsuite/bunya/0000148322.html
　　　https://kouseisaiyou.mhlw.go.jp/index.html

残業時間は 36 協定（時間外・休日労働協定書）に残業時間等を記載し所轄労働基準監督署への届出が必要である。この届出は必ず年 1 回行い、届出の行われない時間外・休日労働は労働基準法違反となり、6 カ月以下の懲役または 30 万円以下の罰金が科せられる。法の違反者となるのは法人だけでなく労務担当者も含まれる。

【就業規則事例】

（時間外および休日労働等）

第○○条　業務の都合により、第○○条の所定労働時間を超え、または第▲▲条の所定休日に労働させることがある。

2　前項の場合、法定労働時間を超える労働または法定休日における労働については、あらかじめ法人は職員の過半数代表者と書面による労使協定を締結するとともに、これを所轄の労働基準監督署長に届け出るものとする。

3　妊娠中の女性、産後 1 年を経過しない女性職員であって請求した者および 18 歳未満の者については、第 2 項による時間外労働または休日もしくは深夜（午後 10 時から午前 5 時まで）は労働に従事させない。

4　災害その他避けることのできない事由によって臨時の必要がある場合には、第 1 項から前項までの制限を超えて、所定労働時間外または休日に労働させることがある。

---

36 協定の締結当事者となる過半数代表者となることができる労働者の条件は法的に決められている。過半数代表者になれるのは、労働基準法第 41 条第 2 号に規定する管理監督者でないことである。過半数代表者の選出は、36 協定を締結するための過半数代表者を選出することを明らかにした上で、投票、挙手などにより選出することである。過半数代表者となる者を法人の都合で選出することは許されない。

5）勤務間インターバル制度

勤務間インターバル制度とは、終業時刻から次の始業時刻の間に、一定の間隔（11 時間程度）を空けて休息時間を確保する制度である。始業時刻が 8 時で終業時刻が 22 時（残業のため）となり 13 時間勤務となった場合、次の始業時刻の 8 時まで 10 時間しかない。11 時間のインターバルがない場合には、次の始業時刻を 9 時と後ろにずらす方法を考える。翌日の始業時刻を 9 時とすれば休息時間が 11 時間となり、勤務間インターバル制度を実施できる。

勤務間インターバル制度については、①休息時間と翌日の所定労働時間が重複する部分を労働とみなす場合、②始業時刻を繰り下げる場合、③災害その他

避けることができない場合に対応するため例外を設ける場合など、必要に応じて、申請手続や就業規則等の規定の整備と確認が必要である。

　インターバル制度の目的は、職員一人ひとりの健康に配慮することである。

【就業規則事例】

（勤務間インターバル）＜例1＞

第○○条　法人はいかなる場合も、労働者ごとに1日の勤務終了後、次の勤務の開始までに少なくとも、○時間の継続した休息時間を与える。

2　前項の休息時間の満了時刻が、次の勤務の所定始業時刻以降に及ぶ場合、当該始業時刻から満了時刻までの時間は労働したものとみなす。

（勤務間インターバル）＜例2＞

第○○条　法人はいかなる場合も、労働者ごとに1日の勤務終了後、次の勤務の開始までに少なくとも、○時間の継続した休息時間を与える。

2　前項の休息時間の満了時刻が、次の勤務の所定始業時刻以降に及ぶ場合、翌日の始業時間は、前項の休息時間の満了時刻まで繰り下げる。

【就業規則事例】

（労働時間および休憩時間）

第○○条　労働時間は1週間については40時間以内、1日においては8時間とする。始業・終業の時刻および休憩時間は次のとおりとする。ただし、業務の都合その他やむを得ない都合により、これらを繰り上げたり、繰り下げたりすることがある。この場合は前日までに職員に通知する。

6）年次有給休暇の付与日数10日以上の人への付与義務制度

　年次有給休暇は一定の要件を満たせば原則10日以上が付与される。この年次有給休暇の取得率が低いことから平成31（2019）年4月より、職員に1年度間に5日以上の年次有給休暇を消化させることが使用者の義務となった。年次有給休暇の目的は、疲労回復と明日への活力の確保にある。雇い入れ時から6カ月経過後の7カ月めから年次有給休暇が付与される。年次有給休暇は労働者に法律で保障された休暇である。その年次有給休暇の付与単位は1日、半日（就業規則に定めた場合）、1時間である。年次有給休暇の5日間の消化義務は、施設長を含む管理職にも適用される。

【就業規則事例】

（年次有給休暇の付与義務制度）

第○○条　年次有給休暇が 10 日以上与えられる労働者に対しては、付与日から 1 年以内に、当該労働者の有する年次有給休暇日数のうち 5 日について、法人が労働者の意見を聴取し、その意見を尊重した上で、あらかじめ時季を指定して取得させる。ただし、労働者からの請求により 5 日以上の年次有給休暇を取得した場合においては、当該取得した日数分を 5 日から控除するものとする。

　つまり、この 5 日間の付与義務制度には、「使用者による時季指定」「労働者自らの請求」「計画年休」のいずれかの方法で労働者に年 5 日以上の年次有給休暇を取得させればたりることになる。これらいずれかの方法で取得させた年次有給休暇の合計が 5 日に達した時点で、使用者からの時季指定をする必要はなく、また、することもできない。必要なことは、年次有給休暇の申し出がしやすい職場環境を整備することである。さらに、感染症隔離などで欠勤する職員に、法人から「年次有給休暇で自宅待機してほしい」というのは法違反となる。年次有給休暇は、労働者からの請求が原則である。

　この 5 日間の付与義務制度は、1 日単位・半日単位は認められるが、時間単位年次有給休暇は認められていない。時間単位年次有給休暇制度は、法人全体ではなく、各施設で過半数の職員の同意があれば導入できる。これにより、子どもが体調不良のため 1 時間の時間単位年休を利用し、診察を受けてから出勤することが可能となる。時間単位年休を利用しているから、遅刻の取り扱いではない。労働時間は使用者の指揮命令下で業務に従事している時間である。留意したいのは、年次有給休暇を取得した時間は労働時間として算入しないことである。年次有給休暇の管理には「年次有給休暇管理台帳」の整備も義務付けられた。

7）無期転換ルール（労働契約法）

　無期転換ルールとは、期間の定めのある労働契約（有期労働契約）を同一の事業主と締結し、その有期労働契約が 5 年を超えて更新された有期契約労働者（パート、アルバイトなどの名称は問わない）からの申し込みにより、期間の定めのない労働契約（無期雇用契約）に転換されることである。この場合、法人は有期雇用者から申し出のあった無期雇用転換の申し込みを拒むことはできない。

<事例>
　同一の事業主と1年の有期雇用契約×5年を更新＝6年めの契約から無期雇用契約に転換される。

　無期転換の時期は有期労働契約が通算して5年に達した日の翌日からである。

　雇用契約5年に達する直前に有期契約者に対し、「次回の更新は行わない。この契約をもって終了とする」と通知したとき、その事業主の主張は通るのだろうか。雇い止めは理由によっては違法ではないが、認められるためには合理的かつ社会的・客観的な理由が必要である。無期雇用を拒否するための雇い止めは無理があるため認められず、労働トラブルとなる可能性を含んでいる。

8）無期雇用転換制度と就業規則

　有期雇用契約として採用した職員が、同一の事業主に通算して5年の契約を更新した後に無期雇用職員（定年まで継続して働くことができる職員）となることから、就業規則、有期雇用者就業規則を整備する。特に、有期雇用契約から無期雇用契約へ雇用形態を転換した場合、「定年年齢」「再雇用への要件」「再雇用の上限年齢」等を就業規則に明記する必要がある。

　有期契約から無期契約に雇用形態の変更が行われた場合、賃金等について変更する必要はない。しかし、法改正により同一労働同一賃金の実施が使用者の義務となった。これからは、パートタイム職員と正職員とを比較して仕事の内容や責任などが均等の場合は、同一労働同一賃金についての検討が必要である。パートタイム職員とは、「法人で働く正職員の労働時間や日数より短い時間や日数を働く人」と定義している。例えば、正職員の労働時間が1日8時間ならパートタイム職員は7時間と短い場合である。なお、パートタイム職員にも無期転換制度は適用される。

【就業規則事例】
（無期労働契約への転換）
第○○条　期間の定めのある労働契約（有期労働契約）で雇用する職員のうち、通算契約期間が5年を超える職員は、別に定める様式で申し込むことにより、現在締結している有期労働契約の契約期間の末日の翌日から、期間の定めのない労働契約（無期労働契約）での雇用に転換することができる。
2　この規則に定める労働条件は、前項の規定により無期労働契約での雇用に転換した後も引き続き適用する。ただし、無期労働契約へ転換したときの年齢が、第○○条に規定する定年年齢を超えていた場合は、当該職員に

係る定年は、満 60 歳とし、定年に達した日の属する月の末日をもって定
年退職とする。
3　定年退職後は、当該職員の希望により嘱託職員として再雇用の申し込み
を行うことができる。嘱託職員の労働条件は、話し合いによって決定する。

9）パートタイム・有期雇用労働法の施行（令和 2〔2020〕年 4 月）

働き方の多様化が進むなか、パートタイム労働法が「パートタイム・有期雇
用労働法」としてスタートした。改正のポイントは正規職員と非正規職員間の
不合理な待遇の差を解消し、どのような働き方を選択しても待遇に納得して働
き続けることができるように整備することとなった。

非正規職員（パートタイム職員、有期雇用職員、派遣職員）について以下の
❶～❸を統一的に整備する。

❶不合理な待遇差の禁止

同一法人内において、正職員と非正規職員との間で、基本給や賞与などのあ
らゆる待遇について、不合理な待遇差を設けることを禁止する（同一労働同一
賃金）。

❷労働者に対する待遇に関する説明義務の強化

非正規職員は、「正職員との待遇差の内容や理由」等について事業主に説明
を求めることができるようになり、事業主はパートタイム職員からの説明の求
めを拒否することも不利益な取り扱いをすることも禁止である。

❸行政による事業主への助言・指導等や裁判外紛争解決手続き（行政 ADR 〔裁判外紛争解決手続〕）の整備

有期雇用職員は 1 年の契約期間を更新しているケースが多い。契約の更新の
都度、業務への取り組み、業務への情熱、勤怠などについて、長所や改善点を
話し合う必要がある。有期労働契約を 5 年間も継続すれば、人柄や働き方、同
僚等への配慮などはわかるだろう。日々の業務のなかで労働者に関心をもち、
長所を発見しその長所を伸ばし育てることが使用者の責務である。日々の業務
は同じことの繰り返しではない。同じ業務であっても知恵を絞り、工夫を重
ね、働き方を改善することができるはずである。法改正により、法律違反の事
業所には求人紹介が行われないことがある。

【就業規則事例】
（福利厚生・教育）
第○○条　法人はパートタイム職員に対し正職員と同様の教育・指導を実施
する。教育に関する時刻はパートタイム職員の希望を優先することとす
る。

　　法人は、パートタイム職員の食堂・休憩室・更衣室などの利用を許可する。

　嘱託再雇用契約などの契約態様を問わないことに対し、以下の四つのいずれかの措置を講じることが事業主に義務付けられている。
　ⅰ）正職員募集時における募集内容の周知
　ⅱ）正職員のポストの社内公募時における応募機会の付与
　ⅲ）正職員へ転換するための試験制度の構築
　ⅳ）その他の正職員への転換の推進措置
　また、ここでいう正職員には、いわゆるフルタイム正職員のみならず、短時間正職員も含まれる。

【就業規則事例】
（雇用形態の変更）（正職員への転換）
第○○条　パートタイム職員で、連続する8週間において、週に平均40時間勤務することができ、本人が希望した場合、正職員に転換できる。ただし、土・日・祝日勤務を含む変形シフトによる勤務が可能であることを条件とする。募集に際しては、掲示された業務内容に最も適したスキルおよび能力を満たす人を優先する。上記の応募に当たっての必要事項は、本社の人事担当者を通じて入手することができる。

＜パートタイム職員就業規則＞
第○○条　準職員への転換を希望するパートタイム職員は、次の要件を満たす場合、準職員に転換する。
①パートタイム職員として1年以上勤務していること。
②所属長の推薦を受けること
③心身ともに健康であること
④就業規則を遵守していること

　パートタイム職員・有期雇用職員については、採用時の労働契約書に「昇給・賞与・退職金の有無」と「苦情相談窓口担当者の氏名・連絡先・職名」の記載が義務付けられた。苦情相談窓口担当者の役割は、苦情だけではなくパートタイム職員からの疑問などに温かく対応できる人が適任である。有期雇用職員は労働契約の更新を繰り返しながら働き続けるのだから、「昇給がある」と記載するより、「賃金は労働契約更新の都度、見直す」と記載したほうが適している。賞与については、「寸志」の名称でもいいから支給するとやる気に大きく影響するであろう。退職金に関しては、「退職するときは、感謝手当と功

労金を支給する。金額等については勤続年数などを勘案し理事長が決定する」と就業規則に定めることも可能である。働き方の多様化の時代では、働く人のやる気に寄り添った働き方や賃金への対応を考えたい。

　同一労働同一賃金については、正規職員と非正規職員の責任や役割が同じなのか、異なっているかを書き出してみると解決しやすい。同一労働同一賃金は、働き方の実態を見ることである。同一労働同一賃金の比較対象となるのは、同一の事業所における正規職員と非正規職員の働き方である。同じ仕事なら同じ賃金を支払うのが同一労働同一賃金の原則である。同一労働同一賃金は、仕事への責任の有無、役職の有無、期待の有無なども比較検討する必要はある。業務内容が同じであっても、仕事の責任が異なるならばその責任への手当を支払う、という制度である。責任や役割に応じた明確な賃金を定め、職員の納得性を高めることがやる気のある人材育成を成功させることになる。

　家庭と仕事の両立の働き方については、育児と介護の問題の解消も大きな課題だ。令和 4（2022）年 4 月からは男性の育児休業が義務化となる。男性の育児休業が義務化されると特別休暇である出産休暇を出産後に付与する必要はなくなる。それなら、出産休暇を出産前に付与する制度に見直せばよい。妻の体調管理や不安解消のための買い物などの付き添い、ふたりめの場合は年長の子どもの体調不良時の病院への付き添いなど、重宝に使うことができる休暇となる。職員の定着率を向上させるには、職員の生活に寄り添った制度の創設を考えたいものである。

【就業規則事例】

（特別休暇　出産休暇）

　配偶者の出産については、産前 42 日から出産前日までの間に通算して 3 日間の出産休暇を申し出ることができる。

出典：「育児・介護休業等に関する規則の規定例」厚生労働省

10）看護・介護休暇の時間単位の付与制度

　令和 3（2021）年 1 月 1 日から、子の看護・家族介護休暇が時間単位で取得可能となった。介護には対象家族の世話をすることも含まれる。介護認定日への活用も時間単位で休暇が取得できる制度となった。子の看護には、予防接種への対応や健康診断なども含まれる。勤務時間中に中抜けをして看護休暇を利用し子どもの予防接種に行くことができるなど、働く人に便利な制度を考案しておくと人材定着に大きく役立つだろう。

【就業規則事例】

（子の看護休暇）

第○○条　小学校就学の始期に達するまでの子を養育する職員は、負傷し、または疾病にかかった当該子の世話をするために、または当該子に予防接種や健康診断を受けさせるために、第○条に規定する年次有給休暇とは別に、当該子が1人の場合は1年間につき5日、2人以上の場合は1年間につき10日を限度として、子の看護休暇を取得することができる。この場合の1年間とは、4月1日から翌年3月31日までの期間とする。

2　子の看護休暇は、時間単位で始業時刻から連続または終業時刻まで連続して取得することができる。

3　取得しようとする者は、原則として、子の看護休暇申出書を希望日の7日前に申し出るものとする。ただし、緊急止むを得ない場合は電話等で連絡し後日の出勤日に申出書を施設長まで提出すること。

4　本制度の適用を受ける間の給与については、別途定める給与規定に基づく労務提供のなかった時間分に相当する額を控除した額を支給する（有給にすることも可能）。

5　賞与については、その算定対象期間に本制度の適用を受ける期間がある場合においては、労務提供のなかった時間に対応する賞与は支給しない。

6　定期昇給および退職金の算定・年次有給休暇の出勤率に当たっては、本制度の適用を受ける期間を通常の勤務をしているものとみなす。

　子の看護休暇・介護休暇について有給・無給のいずれでも法律的には問題はない。年次有給休暇付与の原則が採用6カ月以降ということを考えれば、子の看護休暇・介護休暇は採用直後から取得可能としたい。子どもや家族の傷病はいつ発生するのか想定することはできないからである。

【就業規則事例】

（介護休暇）

第○○条　要介護状態にある家族の介護その他の世話をする職員は、第○条に規定する年次有給休暇とは別に、当該家族が1人の場合は1年間につき5日、2人以上の場合は1年間につき10日を限度として、介護休暇を取得することができる。この場合の1年間とは、4月1日から翌年3月31日までの期間とする。

2　介護休暇は、時間単位で始業時刻から連続または終業時刻まで連続して取得することができる。

11）ハラスメントの禁止

令和 3 年からパワーハラスメント、セクシュアルハラスメントに加え、育児・介護休業についてもハラスメントの禁止が追加された。

この育児・介護に関してのハラスメント禁止規定は就業規則に記載する。

【就業規則事例】

（妊娠・出産・育児休業・介護休業等に関するハラスメントの禁止）

第○○条　職場においてセクシュアルハラスメントおよびパワーハラスメント（以下、ハラスメント）を受けた職員は、そのハラスメントについて相談・苦情を法人に申し出ることができる。

2　事実関係の調査の結果、ハラスメントの事実が確認されたときは、中止の命令その他必要な措置を講じる。

3　職員は、他の職員がハラスメントをしていることを知った時は、直ちに法人に通報すること。

4　法人は、他の職員の意に反してハラスメントを行った職員に対し、就業規則の定めるところにより、懲戒処分を行うこととする。

5　法人は、ハラスメントが発生した部門の役職者について、監督不行届きの責任を問うことがある。

※「ハラスメント相談に関する守秘義務等」も規定しておくこと。

ハラスメントは、人の尊厳を傷つけるいじめ行為である。ハラスメントの多くは、ハラスメントと認識されないことも多い。ハラスメントの反対の言葉は「配慮・思いやり」である。

12）労働安全衛生法の改正

労働安全衛生法も改正が行われている。メンタルヘルスへの対応については、ストレスチェック制度等の実施が求められる。過重労働による体調管理についても重視している。労働者を雇い入れた際には、雇い入れ時の健康診断の実施の義務がある。この診断に要する時間は労働時間とし、健康診断に要する費用は法人の負担である。雇い入れ時の安全衛生教育の実施は法人の義務であるが、実施している法人は少ない。

ハラスメントに関しての民事賠償や労働問題の紛争解決事案も増加している。言葉に関する教育も必要な時代である。職員が心身ともに健康で働くことのできる安全・安心の職場を創るために安全・衛生を意識した労務管理への取り組みが必要である。

労働契約法第 5 条には、「使用者は労働者の生命・身体等の安全に配慮しな

けなければならない」と定め、使用者に労働者の心身の健康の確保を義務付けていることを心にとどめて労務管理に精進していただきたい。あわせて、法改正や就業規則の詳細等については厚生労働省のホームページに情報が掲載、更新されており、常に確認を怠らないでいただきたい。

（2）職種別の採用チャネル

1）採用の方法

採用の方法は大きく分けて、新規（新卒）採用と中途採用がある。

＜新規（新卒）採用＞

法人・事業所の中長期計画に基づき、職員年齢層の平準化を求め実施する。また、ときには停滞、マンネリ化を懸念する法人・事業所が「新たな風」を求めて採用することもある。近年は、サービス提供における貴重な戦力、また将来の幹部候補生となる資格取得者を丁寧に育成する教育プログラムが準備されている。

＜中途採用＞

想定外の退職者の補充や業務拡大時に即戦力の確保として積極的に行われる採用である。特に、就労支援事業における専門性担保には有効であるが、人件費がかさむ覚悟が必要になる。企業からの転職者も多いので、企業の職場と福祉の職場とに理念のギャップがあることを前提に、丁寧な説明と OJT[※31]、ときには歩み寄るべきは福祉の職場側であるという謙虚さは必要不可欠である。

また職員の採用・育成の際、「労務管理」「人事管理」という言葉が使われるが、「労務管理」は集団的管理をいい、「人事管理」は個別的管理をいう。これらの目的は、職員を規則で管理することではない。「人材」を「人財」に変えていくための手段・方法（ツール）であると理解すべきである。すなわち、その職員がもつ最高のパフォーマンスを引き出すための面談、教育等、環境の提供を行い、その成果・結果について正当な評価に基づく昇給や昇格を行うための重要なツールである。採用は、その職員の成長支援の第一段階と理解すべきである。

社会就労センターの職員採用においては、ほかの産業との大きな差や違いはなく、近年ではウェブ採用媒体による職員採用が主流となっている。ウェブ採用媒体は多岐にわたり、かつ日々新しいものが開発されリリースされているので、施設長や人事担当者は情報収集に努める必要がある。**図表 3-1** は、社会

注
※31　第3章3（1）1）　118頁参照

図表 3-1　ウェブ採用媒体（一部）

ウェブ採用媒体	概　要	費　用
Indeed	圧倒的な利用者数をもつ求人特化型の検索エンジン。多くの求職者や法人が使用している。法人は業態、店舗、役職を網羅的に掲載できる。	掲載・登録料・採用成功報酬は無料。有料のスポンサー求人広告は、クリック課金制。エージェントを通した場合のチャージ金額は 12 万円から。クリック単価は数十円～数百円。
ジョブメドレー	医療・介護業界に特化した採用媒体。医科、歯科、介護、保育、美容など 53 職種に対応。法人から求職者へアプローチできる機能がある。掲載期間は無制限。	採用課金制で、求職者が保有している資格と雇用形態に応じた一律料金が設定されている。オプションに、訪問取材プラン、検索上位プラン、バナー掲載などがある。
リクナビNEXT	日本最大級の求人データベース。応募数が多く、法人からアプローチできる機能がある。	基本料金と有料オプションで構成されている。五つの掲載プラン（18 万円～）があり、掲載情報量が多いほど高価になる。
マイナビ転職	日本最大級の求人データベース。業界や職種に偏りがなく、幅広く、かつ地域特化型サイトがある。また、法人からアプローチできる機能がある。	掲載料金には、五つのプランがあり、上位プランほど、検索画面で表示されやすくなる。
ビズリーチ	「即戦力採用ならビズリーチ」がキャッチコピー。専門人材（経営層、管理職、営業職）の求職者が多く、法人からアプローチできる機能が充実している。	基本利用料（プラン・契約期間によって変動）に加え、成果報酬費用（年収により変動）が発生する。
タウンワーク	パート・アルバイト採用に特化した採用媒体。ブランド想起力が高く、紙面（フリーペーパー）、ウェブのダブル訴求で多くの露出が可能である。	紙面に加え、ウェブとアプリへの無料転載が可能。掲載料金はサイズ、エリアにより異なり、1 万 9 千円～42 万円と幅が広い。

※データは令和 3（2021）年 12 月現在（筆者作成）

　就労センターの職員採用で活用が期待されるウェブ採用媒体の一部である。

　これら以外にも多数のウェブ採用媒体がある。なお、新卒採用ではインターンシップをはじめ、就職活動に向けた準備に役立つ情報の検索などができるマイナビやリクナビを有料で活用できる。また、無料で活用できるキャリタス就活もある。

　その他、これまでにも職員採用で活用してきた媒体に、（ウェブ新システムへ移行した）ハローワーク、各種就職フェア、自法人ホームページや SNS から募集する事業所説明・見学会、職員紹介制度（リファラルリクルーティング）などがあり、これらも採用のターゲット（採用した人材像）を明確にし、訴求することにより、一定の効果が期待できるであろう。

　ただし、職員紹介制度は仕組みを整備するだけでは効果が期待できない。常に法人が採用したい人材を職員に周知し、紹介された求職者については条件が合わないという以外は原則採用することが必要である。職員が知人を紹介した

としても不採用であれば、紹介した職員の立つ瀬がなくなってしまうので、十分な配慮が必要である。

　採用市場は日々進化し、求職者の働き方のニーズが多様化されているので、常に新しい媒体については情報を収集することや法人の理念や求める人材像を明確にし、法人が積極的に求職者にアプローチするダイレクトリクルーティングが求められる。

2）「人財」採用への近道

　人手不足が叫ばれて久しいが（令和3〔2021〕年、秋の有効求人倍率は全産業平均の2.5倍）、最近は人事担当者からは「人材の枯渇」という言葉まで聞く。社会就労センターは残念ながら、高齢者施設や児童福祉施設よりも認知度は低い。このようななかで社会就労センターは、「福祉的知識＋就労・働く支援を行う力量」をもった職員を採用し続けなければならない。認知度は低いが、求める人材の力量は高いという厳しい募集と採用を行うのである。「組織が存在し続ける」ために、将来を見据えた採用を行わなければならない。

　社会就労センターの認知度を上げるのは、私たちの情報発信の仕方、その内容次第である。法人が採用したい人物像を具体的に発信すること、受け取る側の心を揺さぶる情報を発信することで、興味をもたせることができる。そして状況にあった採用チャネルを活用することが、法人の望む「人財」採用への近道である。

（3）外国人労働者の活用

1）高齢・障害（介護）分野の人材不足と外国人労働者の傾向

　厚生労働省によると、人材育成に時間を要する高齢・障害（介護）分野において、介護職員の必要追加分は2025年度までに32万人、2040年度までに69万人となっている。こうした人材不足を補うひとつの方策として、外国人労働者が期待されている。出入国在留管理庁の統計では、令和2（2020）年末時点で在留外国人は約288万人、そのうち外国人労働者は約172万人となっている。外国人労働者が約60万人いた平成5（1993）年と比べると、この30年ほどで3倍近く増加したことになる。

　その外国人労働者の「日本離れ」が懸念されている。同じく人材不足への対応を求められている中国や韓国等との人材争奪戦はすでに始まっており、それは高齢・障害（介護）分野でも同様である。人材を輩出しているのは主にアジア各国であるが、経済成長とともに現地の所得水準が向上すれば、日本へ渡航してまで働く魅力は薄れかねない。

2）外国人介護人材の確保に向けた制度

　高齢・障害（介護）分野の人材不足は、都市・地方を問わず喫緊の課題となっている。日本介護福祉士養成施設協会によると、令和 3（2021）年度の介護を学ぶ外国人留学生数は 2,189 人である。3 年連続 2,000 人を上回っており、入学者数全体の約 31％となっている。新型コロナウイルス感染症の影響はあるものの、新たな介護の担い手として想定されているのが外国人労働者である。**図表 3-2** は「介護に関連した各在留資格の制度概要」である。

　確かに厚生労働省の方針には「外国人材の受入環境整備」が具体的な介護人材を確保する手立てのひとつと明記されている。外国人労働者を雇用した事業所（社会保険・社会福祉・介護事業）について、この 10 年で 5 倍近く増えた事実も特記しておきたい（厚生労働省「外国人の雇用状況」、2010 年：1,954 カ所、2020 年：9,451 カ所）。

　ここで、介護の技能実習制度について掘り下げてみる。これは、途上国の経済発展のための人材育成という国際協力を目的に掲げており、就労目的の在留資格ではない。日本語能力試験 JLPT の「基本的な日本語を理解することができる」である N4 相当の日本語力が求められるなど、介護分野の技能実習には制度本体の要件に加えて固有要件が課されている。介護の技能実習生を受け入れ可能な対象施設は、「介護福祉士国家試験の受験資格要件において『介護』の実務経験として認める施設のうち、現行制度において存在するものについて、訪問介護等の訪問系サービスを対象外とした形で整理をしたもの」とされている。障害者総合支援法関係で「介護職種の技能実習生を受け入れることのできる施設・事業」は**図表 3-3** である。

　さらに、**図表 3-4**「介護に関する各在留資格の人数の年次推移」、**図表 3-5**「主な産業別にみる外国人労働者数の割合」にも着目したい。各在留資格の増加傾向に明らかな違いがみられる。また、社会保険・社会福祉・介護事業に従事する外国人は、この 10 年で 3,749 人（2010 年）から 29,838 人（2020 年）と約 8 倍も増加している。人材不足が叫ばれる産業と比べて高い数字を示しており、ポストコロナを見据えた外国人労働者を巡る動きは「制度」および「他分野」との間でさらに加速していくと予想される。

3）現場の関わりと今後の見通し

　あくまで一例ではあるが、**図表 3-6** は外国人労働者を雇用する複数のセルプ協会員へのインタビュー結果の一部を整理したものである。共通しているのは、「手探りながら得られたオリジナルの知見や経験を組織知として蓄えていくことが不可欠」という視点である。外国人労働者の活用については先方の文化事情や考え方を反映した動きとなっていることも多く、マニュアルどおりと

図表 3-2　介護に関連した各在留資格の制度概要

在留資格	特定活動	介護	技能実習	特定技能
該当例	EPA 介護福祉士候補者	介護福祉士	技能実習生（介護）	特定技能外国人（介護）
開始年月	インドネシア（2008年4月）フィリピン（2009年4月）ベトナム（2014年4月）	2017年9月	2017年11月	2019年4月
目　的	2国間の経済連携（EPA）	介護または介護の指導	国際協力	不足する人材の確保
技能水準	専門的・技術的分野	専門的・技術的分野	非専門的・非技術的分野	専門的・技術的分野
在留期間	5年／3年／1年／6カ月／3カ月＊更新無制限	5年／3年／1年／3カ月＊更新無制限	1号1年以内／2号2年以内	1年／6カ月／4カ月＊通算5年
人　数	3,820人＊2020年12月時点	1,714人＊2020年12月時点	8,967人＊2020年12月時点	3,947人＊2021年9月時点
主な出身国（人数）	インドネシア（1,607人）フィリピン（1,234人）ベトナム（978人）	ベトナム（857人）中国（183人）インドネシア（166人）	ベトナム（3,523人）ミャンマー（1,486人）インドネシア（1,423人）	ベトナム（2,062人）インドネシア（470人）フィリピン（437人）
日本語能力の目安	N3	N2	N4	N4
家族帯同	可	可	不可	不可
特記事項	①介護福祉士国家試験に合格した場合、「特定活動（EPA介護福祉士）」または「介護」へ移行可能②4年間にわたり就労・研修に適切に従事した場合、「特定技能」に移行可能（技能試験および日本語試験は免除）	①介護福祉士の国家資格取得が必須②介護福祉士養成施設卒業者には5年間の経過措置あり（2027年3月末まで）	①介護福祉士国家試験に合格した場合、「介護」へ移行可能②技能実習2号（1号と併せて計3年）を良好に修了した場合、「特定技能」へ移行可能（技能試験および日本語試験は免除）	①介護福祉士国家試験に合格した場合、「介護」へ移行可能②2021年9月時点の受入数は目標（2024年3月までに6万人）の約6.6%であり、程遠い状況

出典：出入国在留管理庁「在留外国人統計」「在留資格一覧表」「特定技能在留外国人数の公表」「新たな外国人材の受入れ及び共生社会実現に向けた取組」、厚生労働省「介護分野における特定技能外国人の受入れについて」「技能実習『介護』における固有要件について」、外国人技能実習機構「業務統計」から筆者作成

図表 3-3　介護職種の技能実習生を受け入れることのできる施設・事業

短期入所	生活介護	就労移行支援	日中一時支援
障害者支援施設	共同生活援助（グループホーム）	就労継続支援	地域活動支援センター
療養介護	自立訓練	福祉ホーム	

出典：厚生労働省「技能実習『介護』における固有要件について」から筆者作成

図表 3-4　介護に関する各在留資格の年次推移

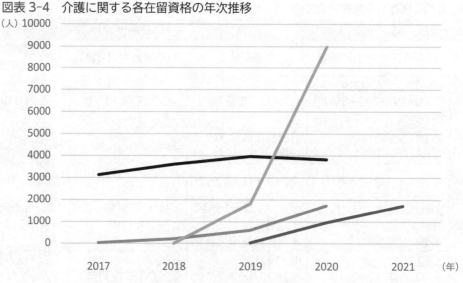

出典：出入国在留管理庁「在留外国人統計」「在留資格一覧表」「特定技能在留外国人数の公表」、厚生労働省「介護分野における特定技能外国人の受入れについて」、外国人技能実習機構「業務統計」等から筆者作成、各年 12 月末（2021 年のみ 9 月末）

図表 3-5　主な産業別にみる外国人労働者数の割合（構成比）

産業別	2010 年		2020 年	人数増加率
建設業	13,490 （2.1%）	→	110,898 （6.4%）	約 8.2 倍
社会保険・社会福祉・介護事業	3,749 （0.6%）	→	29,838 （1.7%）	約 8.0 倍
漁業	563 （0.1%）	→	3,630 （0.2%）	約 6.4 倍
卸売業・小売業	62,812 （9.7%）	→	232,014 （13.5%）	約 3.7 倍
農業・林業	11,925 （1.8%）	→	38,208 （2.2%）	約 3.2 倍
宿泊業・飲食サービス業	72,289 （11.1%）	→	202,913 （11.8%）	約 2.8 倍
製造業	259,362 （39.9%）	→	482,002 （28.0%）	約 1.9 倍
	⋮		⋮	
合　計	649,982 （100%）		1,724,328 （100%）	約 2.7 倍

出典：厚生労働省「外国人雇用状況の届出状況まとめ」から筆者作成

　はならない海外事情への耐性をつけることも欠かせない。
　また、銘肝しておきたいのは、日本政府が令和 2 年 10 月に策定した「ビジネスと人権に関する行動計画」である。人権侵害への対応や予防策を講じる「人権デュー・ディリジェンス」が盛り込まれており、外国人労働者と共働する福祉の現場でも導入していくことが期待されている。すでに外国人労働者は、日本で働くことが「技能を学び帰国する」という建前どおりでは必ずしもないことを知っている。福祉の現場は関係団体と連携しつつ、高額手数料問題

図表 3-6　外国人労働者を雇用するセルプ協会員へのインタビュー結果

質問事項	A 施設	B 施設
受け入れた外国人労働者	EPA 介護福祉士候補者（ベトナム人、日本語 N3）	技能実習生（介護）（フィリピン人、日本語 N4）
工夫した点	法人幹部だけでなく有望な若手職員にも現地に精通する機会を提供するなど、見通しをもって受け入れ体制を構築	監理団体や送出機関任せにせず、入国前からコミュニケーションを取り、不安を取り除くと同時に人としての信頼関係の醸成に尽力
現場の評価	概して習得が早く、仕事の量・質ともに好評	利用者・職員を問わず周りに新しい刺激を与えるなど相乗効果あり
驚いたこと	給与のことなど情報がオープンである一方、立場による違いに敏感	思っている以上に旅行や買物、趣味などを満喫
本人の声	日本語の上達や介護福祉士国家試験の合格に向けたサポートに感謝	日本での生活に慣れる環境づくりに気遣いいただき、業務にもスムーズに対応

出典：セルプ協会員へのインタビュー結果から筆者作成

第3章

を解消するなど具体的な方策を併せもって対応し、透明性を高めていく必要がある。令和 4（2022）年 4 月からスタートする「社会福祉連携推進法人」について、技能実習制度の監理団体として認められた点にも留意しておきたい。

　外国人労働者を単に「労働力」として捉えるのでは、もはや不十分である。働く環境の整備や生活支援、現地との人的つながりの強化や帰国後への配慮など、包括的な取り組みが今後さらに求められるであろう。

2　成長支援

（1）賃金制度・等級制度・評価制度

　評価制度、等級制度そして賃金制度の三つの制度を合わせて、人事評価制度と呼ばれている（**図表 3-7**）。人事評価制度とは、法人がもつ独自手法によって、職員をランク付けするものでなく、育成を図り、それによって支援力（就労支援担当職員は生産力）、モチベーションが向上し、その結果として活気あふれる施設づくりが進み、利用者、ご家族等に信頼され、地域に必要とされる法人の成長が期待される。

図表 3-7　人事評価制度

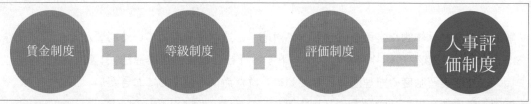

（筆者作成）

1）賃金制度

　長く公務員の賃金制度に倣ってきた私たち福祉業界は、そのほとんどが年功序列を基本とする給与体系をとってきた。しかしこの体系に対する疑問や不満の声、さらに福祉業界給与は低水準という評判が相まって、限られた財源のなかから、法人の「独自性」と職員への「公平性」「向上心」を意識した賃金制度の変革が行われた。日本経済の低成長時代で、福祉制度も措置から契約の時代に変わり、「使い切り」から「経営意識と手法の導入」が積極的に叫ばれ、実践された時でもあった。すなわち、私たちの人事評価制度は、多くの経験を経て成熟したものでなく、まだまだ時代の流れに揉まれなくてはならない。賃金とは、与えられた仕事で果たした役割や成果に対しての対価として支払われるものである。賃金制度で重要なことは、法人の理念に合致し、仕事の評価、経験、資格等がストレートに反映されるものでなくてはならない。そして、このことをより具体的かつ有効的に機能させる制度が評価制度であり、等級制度である。

2）等級制度

　等級制度とは、職員のもつ能力や職務、さらには法人内における立場等を基

に分類、順序付けを行う制度をいう。わかりやすくいえば、ひとつは「等級」であり、もうひとつは「役職」をさす。そして等級制度は人事労務に関わる指標でもある。

　等級制度は当然、法人独自のものであり、これが正解というものはない。スタンダードな形が、等級で役職を表すパターンと、同じ役職であっても、等級に幅をもたせるパターンが存在する。社会就労センター独自の課題として、管理職の適性には欠けるが、高い専門技術者を雇用しているケースもある。こうした人材を等級制度にいかに正当な落とし込みができるか、その上でも等級制度の精度を上げ、信頼性を増すために重要なのが、等級基準表である。

　等級基準表は法人規模、職員数によって作成方法、内容が異なるが、本来は職種ごとに基準表が作成されていることが理想である。1名しか在籍していない職種のために作成するのは面倒だとしても、できる限り抽象的な表現でなく、具体的な表現が求められる。また、等級の段階は6~8ぐらいが理想ではないかと思われる。なぜならば、階段の数が多ければ多いほど、前後の階段との差がわかりづらくなるからである。等級制度において注意すべき点は、優秀な職員集団であれば皆が役職者、管理職に配置される可能性がある点である。これは極端な例だが、一定のルールがないと人件費の高騰を招きかねない。

3）評価制度

　人事評価の説明をする前に「人事評価」と「人事考課」の違いを明確にしておきたい。人事評価の目的は職員の評価決定であり、人事考課の目的は職員の待遇決定をさす。人事考課が最終結果であるのに対して、人事評価は育成を目的としている。すなわち、人事評価は給与と結び付けずにうまく運用することで職員の育成につなげることができる。

　評価とは、職員個々の勤務態度、遂行プロセス、その成果について数値化したものである。この評価はただ単に、評価したことで終わらせるのでなく、役職や、給与、さらには人材育成に反映されるべきものである。私たちの業界は評価に関しても前述したとおり、積極的に行われてきたとは言い難い。その理由のひとつが、主たる業務が生活支援員であるならば「人」相手のために、評価する指標や数字など、客観的に比較できるものに表しにくいという点にある。その半面、就労支援事業に欠かせない営業職では、例えば「売上額」とか「受注件数」といった比較できるもので評価は行いやすく、客観的根拠が成り立つ。

　したがって、同じ事業所の職員でありながら、評価の難度や手法が異なり、困難さや煩わしさがあることで、公平性が担保されにくいという要因がある。また、評価とは、評価する側がその手法を習得していないと目的を誤ったり、

個人的な感情移入が行われたりと組織全体の士気に関わる可能性がある。よって、評価は全員がその手法と併せて、意義、目的を熟知しておくことが賢明である。

　評価は、ときには横並びに慣れ親しんでいる方たちにとっては、軋轢（あつれき）を生み、順序付けられることとなる。同様に順序付けへの抵抗感といった評価の目的を誤解している評価者もいまだにみられる。このようなことを回避するために、ここでスタンダードな面談手法を紹介したい。

　評価する側、される側が、まずは共通の評価項目で、互いの評価を突き合わせてみる。当然、両者の評価に隔たりがあるはずである。隔たりの数が多いほど、当然面談時間は長くなるが、お互い面倒がらずに意思疎通、信頼関係の構築のための時間と認識してほしい。ここでのポイントは、隔たりのある項目の説明は先に「される側」が行うことだ。「する側」が、「される側」の話も聞かずに「いや、それはね……」と上から覆いかぶせることは、せっかく貴重な時間をかけて行う面談を台無しにしてしまう。「する側」は全て丁寧に傾聴したのち、具体例を挙げて、隔たりをひとつずつ埋めていく。そうすることでお互いのコミュニケーションをより図れることにつながり、課題が共通認識され、今後の目標設定、項目が明確になる。評価面談はお互いが、面倒がっては意味をなさない。「される側」は自分の業績、成果、貢献等を事業所、法人にアピールする絶好のチャンスであり、「する側」はあなたの仕事ぶりをいつも私は見守っている、と知ってもらう機会と捉える。意思の疎通により信頼関係が生まれ、次の課題や目標が明確になり、ひいてはキャリアパスの作成にもつながっていく。

　評価者がより良い（意味ある）評価面談をするためには、まず評価は人が行うものであり、誤りが起こり得るという認識が必要である。これは誤りを肯定するのでなく、起こることを想定し、起こさないための対策（評価姿勢）を怠らないことである。誤りは評価者の主観によって発生する場合が多く、評価の信頼性を失墜させると認識する必要がある。

・**事実のみを評価する**：評価される側のイメージや評価者の固定観念が評価に反映されることがないよう事実のみを記録するくせをつける

・**ひとつの結果を複数の項目に反映させない**：1 結果 1 項目反映を基準とすることで、ひとつ秀でるとほかの項目も秀でることを防ぐ

・**公私混同**：「何となく気が合って、いつも私を助けてくれる」という職員に対する評価は、今の関係を壊したくないという私情が入り、寛容な評価となりかねない

・**評価者同士の基準のすり合わせ**：ひとりの評価者の主観や価値観がほかの評価者の評価に反映しないように、評価者間で認識の確認を行い、評価を 2 段

階制にする

　評価面談での結果は双方のコミュニケーションとともに次回評価時までの目標設定となる。具体的には、今回の面談で明確となった課題やその克服方法、新たな分野へのチャレンジ項目が、設定されるべき次の目標となる。この目標設定時に、ひとつのルールをもって策定することにより効果的になるので、具体例を挙げ説明したい。

　目標を「さらなる営業活動による売上1,000万円の達成」とする。高い志で素晴らしい目標（値）だが、これでは不十分である。正しくは「さらなる営業活動として、月10件の新規飛び込み営業を行うことによる売上1,000万円の達成」である。「月10件の新規飛び込み営業」という言葉が入ったことにより、評価者は月10件という新規飛び込み営業の進捗管理を行うことができる。1,000万円という結果に関しても同様で、その際重要なことは、その目標の難易度も最終評価には反映する必要があるということである。低い目標を難なくクリアすることを評価するのでなく、結果はどうであれ、高い目標に積極果敢にチャレンジした行動を高く評価するべきなのである。

　私たちが法人独自の評価制度や賃金制度といった人事評価制度を成熟させていくことで、職場の緊張感、業務への真摯な取り組み姿勢、やりがい、自信、挑戦心を生み出すことができる。すなわち、人材の育成が進むわけである。そこには「人材の育成が進む＝利用者支援の向上」の図式がある。

（2）資格取得支援とキャリアパス設計

　新規採用であろうが中途採用であろうが、夢と希望、理想と信念をもって福祉の世界に飛び込んできてくれた職員を「人材」から「人財」に替えていくために、法人、事業所には成長支援を行う責務がある。これを実行するためには、前述した人事評価制度と同様にキャリアパス制度が必要不可欠となる。

　キャリアパス（Career Path）という言葉は私たちにとって耳慣れた言葉であるが、処遇改善加算等の取得において、以下の3要件を示している。
①職位、職責、職務内容に応じた任用要件と賃金体系の整備をすること
②資質向上のための計画を策定して、研修の実施または研修の機会を設けること
③経験もしくは資格等に応じて昇給する仕組み、または一定の基準に基づき定期に昇給を判定する仕組みを設けること

　キャリアパスとは日本語訳すると、経歴や役職を積み重ねていく道筋である。このような経験と実績、資格をもって○○年勤めれば□□に昇進（昇格）できるといった、昇進、昇格、昇給するための基準や条件を明確に定めたもの

がキャリアパス制度である。キャリアパスは法人が職員に対して示すものだが、人事に関わり「キャリア」を用いる用語は多く、ここでは混同しないために以下のように整理しておきたい。

・**キャリアアップ**：仕事上での知識や特定の技術を磨くことによって、仕事の幅、役割、ポジションが広がると同時に、自分だけのためでなく、法人や地域に貢献すること。

・**キャリアデザイン**：職員自身が主体的に自らのスキルや、能力を踏まえた上で、将来の希望、目標を具体的にイメージ、設計し、実現させていくこと。

・**キャリアプラン**：職員自身が将来どんな仕事に就きたいか、チャレンジしてみたいか、どのようなポジションにキャリアアップしたいかを中長期の視点で、具体的な行動計画を作成すること。

キャリアパスはまずどの役職で、いつまでを目標に、職員（個人）を引き上げていくか計画作成することから始まる。例えば22歳入職のAさん。40歳で所長というキャリアパスならば、将来を嘱望された、大変優秀な職員である。勤務期間は18年。3年で副主任（25歳）、さらに3年で主任（28歳）、5年で係長（33歳）、5年で課長（38歳）、2年で所長（40歳）となる。これはあくまでもAさんのキャリアパスであって、全ての職員に当てはまるものでない。到達点が課長や係長の職員、50歳で所長到達というパターンもあり得る。よって、キャリアパス作成時に重要なことは、その人物が将来、法人、事業所でどのような役職（ポジション）に就き、役割を担っていくのか、担っていってほしいのかを見極めることである。そのためには経営層、管理職層での意識合わせ、情報共有が必要不可欠であり、法人が、事業所として「ここまで上をめざす」という統一した、強い意志が共有されることが大切となる。その上で役職には役職の、経験年数には経験年数にあった業務レベルと知識があり、こうした考えから「等級基準表」が作成されている。キャリアパスは永久不変のものでなく、本人了解の下、ともに定期的または必要に応じ、見直しが行われるべきである。

　例として挙げた、40歳で所長に到達する職員と50歳で到達する職員では、その1年1年で身に付けるスキルが質、量ともに異なることは理解していただけるであろう。言い換えると、同じ習得レベル、スピードであれば、10年の差がつくこと自体がおかしなこととなる。

　役職、管理職として必要とされるスキルを、より効率的に身に付けていく方法は法人規模により異なる。複数の事業所があれば、全体を見渡すために別部門への異動は重要である。統率力・指揮命令を身に付けるならイベントリーダー、トラブル対応も大切なスキルとなる。また、業界内外の団体への参加や活動は、交友関係を劇的に広げ、横のつながり、人脈づくり、より広い視野を

もった判断力を身に付けることにつながる。それでも、どうしても補いきれないのは経験値（現場年数）である。現場を知りすぎると、ときとして、役職、管理職としての判断を鈍らせることがあるが、それでも私たちが最も大切にしなくてはならないことは、利用者の方と接し共にする時間をつくり、それを大切にし、続けていくということであることを決して忘れてはならない。

　キャリアパス作成者の大切な役割は、①その内容をまず理解してもらうこと、②納得して自分のものとして業務に当たってもらうこと、③異動の際は、職員個々のキャリアパスの進捗状況を後任に申し送ることである。

　キャリアパスが脚光を浴びることとなった背景には、終身雇用制度や年功序列制度が立ちいかなくなったことがある。キャリアパス導入のメリットは働く目標が明確となり、昇進に関してもレールがはっきりとすることであり、成果、結果を得られた職員はモチベーションアップが図られる。そのことは、さらなるスキルや知識の習得につながっていく。そして、その職員の人生設計もより具体的なものとなるだろう。しかし、全ての職員がその列車に乗車することは困難であるため、乗れなかった、乗り切れなかった職員に対する対処は大変重要になる。不平不満やモチベーションの低下は、組織にとってマイナスとなる。信頼関係に基づいた面談は、負の部分を最小限に食い止め、キャリアパス設計の小まめなメンテナンスとなる。

　さて資格には、「あることを行うために必要とされる条件や、あることを行うのに必要な、またはふさわしい地位や立場」という意味がある。例えば、社会就労センター長（以下、管理者）に必要とされる条件は、

①社会福祉主事任用資格要件に該当する者
②社会福祉事業に2年以上従事した経験がある者
③企業を経営した経験を有する者
④社会福祉施設長認定講習会を修了した者

のいずれかに該当することとなっている。管理者の資格要件のハードルは、決して高いものではない。しかし、実際に社会就労センターを安心・安全に管理・監督を行うため必要な経験、知識、人間性となると話は別になる。社会就労センターの職員（以下、職員）は「福祉的知識＋就労支援事業における専門性」と前述したが、このような職員を指揮命令するとなると、福祉と就労における知識、情報収集力、経営判断力と全てにおいて高い力量を求められる。ただし、ここで取り違えていけないことは、管理・監督を行う対象である。管理・監督というと、つい「人」（職員）が対象と思いがちだが、それは誤りである。管理者が最も気を配らなくてはならないことは、利用者に質の高いサービスを提供し、満足いただいているかであり、「人」をどれだけ管理・監督して

第3章

も利用者の高い満足は必ずしも得ることはできない。管理者の管理・監督すべき対象は「仕事の質」である。進捗は大丈夫か、その手法に無駄はないか、出来栄えは良好かといった具合である。「仕事の質」を管理・監督することで、それに関わる職員への人材育成が行われることとなる。

　さらに付け加えるのであれば、労務管理の徹底が求められる。昨今「ワークライフバランス」「働き方改革」と職員の就業に対する安全配慮義務への責任は増している。自らが補いきれないところは専門家や専門機関の指示、指導、アドバイスを受け、働きやすく、居心地の良い職場環境づくりに努めなくてはならず、このことが人材不足の昨今、職場定着への第一歩につながる。管理者の資格はあいさつができ、自身が夢をもち、夢が語れ、バランス感覚、人材育成、気配りができる、福祉の心をもち合わせた人物なのである。

　一方、職員に必要とされる資格は、法的に義務付けられた専門職以外については比較的資格の有無を問わない場合が多い。その半面、ほかの福祉事業では到底必要と思われないような資格や、実務経験が採用条件となる場合がある。それは就労支援事業を行っているためである。そのようななかで、やはり福祉を志した者として、福祉の専門職として「社会福祉士」「精神保健福祉士」「介護福祉士」の 3 国家資格は積極的に取得をめざしてほしい。

　ここで資格取得の制度、その支援、必要性と方法について説明したい。資格取得支援といっても法人独自の手法、目的をもって実施しており、考え方、取り組みもさまざまである。例えば、これからはライセンスの時代という考えの下、「1 職員 1 資格」制度を実施している法人、社会福祉士のみにターゲットを絞る法人、さらには職員を福祉系、就労系に二分し、取得資格を指示する法人等がみられる。法人独自の支援で共通するのは、本人同意の下、計画的に支援が行われていることである。支援の内容は、受講料等の資金援助や、受講や移動時間の勤務扱い、その両方を実施する法人もある。

　資格取得支援はときとして大きな支出を伴う。先行投資として支出計上できる規模の法人であれば問題ないが、そうでなければ以下の支援制度を積極的に活用することをお勧めする（利用条件、対象者等は要確認）。

・人材開発支援助成金：労働者の職業生活設計の全期間を通じて段階的かつ体系的な職業能力開発を促進するため、雇用する労働者に対して職務に関連した専門的な知識および技能の習得をさせるための職業訓練などを計画に沿って実施した場合や人材開発制度を導入し、労働者に対して適用した際に、訓練経費や訓練期間中の賃金の一部等を助成する制度である。本助成金の対象となる職業訓練・人材育成制度は四つの種類があり、助成は法人に対して行われる[32]。

・教育訓練給付制度：働く方々の主体的な能力開発やキャリア形成を支援し、

雇用の安定と就職の促進を図ることを目的として、厚生労働大臣が指定する教育訓練を修了した際に、受講費用の一部が支給される。受講者自身が申請し、給付を受ける制度である[※33]。

　資格取得支援、キャリアパス設計は新規、中途どちらの採用にとっても、大切なポイントとなる。キャリアパスをつくり上げていく上で、資格の取得をひとつの通過点（目標）とする手法は、大変有効である。それは双方が同じレベル、方向を向きキャリアアップをめざしていけるからである。資格取得支援もキャリアパスもより良い支援につながり、職員のモチベーションアップ、職場定着にも結び付くことは、地域に必要とされる法人である証でもある。

注
※ 32　https://www.mhlw.go.jp/stf/seisakunitsuite/bunya/koyou_roudou/shokugyounouryoku/training_employer/index.html
※ 33　https://www.mhlw.go.jp/stf/seisakunitsuite/bunya/koyou_roudou/jinzaikaihatsu/kyouiku.html

3　研修

（1）内部研修の効果的設計法

1）「OJT」「Off-JT」「SDS」

　社会就労センターは、ほかの社会福祉施設や福祉サービスと異なり、一般就労に向けた支援と福祉的就労における訓練と支援という特殊な役割をもっている。また、重い障害がありながらも働くことを望む利用者への支援として、生活介護事業に生産活動が含まれている。したがって、利用者の一般就労に向けた就職活動や生産活動の支援を行いながら自立生活に向けた支援を行うことで、重い障害のある人たちの働きたいという思いを実現することも重要な役割のひとつである。

　職員には、社会福祉の専門家としての高い人権意識やコミュニケーションといった能力と、生産管理やマーケティングなど生産活動に必要な能力、治具工具の開発といった生産性の向上を工夫していこうとする熱意が求められる。利用者に対するサービスの低下を招かないためにも、「職員の資質」の向上を図るための研修を、社会就労センターの経営にとって重要な事業のひとつとして取り組む必要がある。

　具体的な研修としては、福祉施設職員を対象とした社会福祉協議会等による生涯研修や専門職養成研修、フォローアップ研修等があるが、社会就労センターの「就労支援」という特殊な役割のためには、企業的なセンスを身に付ける必要があり、企業を対象とした研修や業界の主催する研修会の活用も望まれる。関連する研修としては、事業振興や共同窓口といった視点から、日本セルプセンターや都道府県セルプセンターおよび事業振興センター等による商品開発やICT（情報通信技術）の活用、ラッピング技術、商品の表示等法律に関する講座がある。また各事業所へ直接出向いて行われる専門家派遣の事業などがある。

　さらに、セルプ協では就労支援とともに就労する上で欠くことのできない、グループホームなどにおける地域生活支援のあり方に関する研修等も行われている。

　以下に「現任者訓練」として一般的に使われている「OJT」「Off-JT」「SDS」の主な 3 種類の研修方法について紹介する。

❶OJT（On the Job Training）

　OJT は、職務を通じて行う従業員の教育訓練である。OJT は必ずしも管理

者と部下という立場でなくとも、「チームリーダー」が「メンバー」に、先輩が後輩にと、実際の職場内で広く行われている研修方法であり、職場内での勉強会、個人学習のアドバイス、目標や評価の面談、キャリア開発の指導など、職場内で行われる多様な教育や指導がOJTの範疇と捉えられ、OJTの概念も職場内教育全体をさすようになっている。コーチングなどの手法もOJTの一手法として位置付けられる。

なお、OJTの目的はその職場の運営方針を達成することにあるとともに、職員本人が課題としてとらえるテーマをOJTの内容に含めることで個々人の潜在能力を計画的・意図的に開発、向上させることにある。

<OJT技法>

OJT技法は、現場で実際に活用する頻度が高い業務から順番にその内容を組み立てることがポイントといわれている。

ⅰ）教える

教育はより効果的方法で行うのが基本であるが、仕事の教え方には二通りある。

第1に、仕事に関する知識を教えることである。新卒者でも転職者でも、その職場の運営方針に従って知識を教えることがポイントになる。仕事について基礎的で易しい内容から、途中での展開や目標を達成すべく応用の段階まで、理解しにくいものはわかりやすく繰り返し説明し教えることである。

第2に、仕事の技能を高める心構えを教えることである。管理者自ら事務の現場や作業現場に出向き、模範を示してみせる。自分も納得し部下にも理解させる。さらに部下にも技術向上のために実際に行わせ、良かった部分をより高く評価するようにする。

ⅱ）見せる

部下と一緒に現場に入り、同じ工程での作業を行い、終了後、結果について助言を行う。また、顧客との商談に同行させ、自分で交渉しつつ、その一部に参加させる（例：顧客との商談の際、メモを取らせる等）。さらに、終わった後のフォローが大切になる（例：相手の反応をどう見たか、問題点は何だと思うか、次に会う場合に何を提案するか、期日をいつにするか、スケジュールを決めるタイミングの取り方などを確認し合う）。

ⅲ）経験させる

実際に体験して、どんな場合に成長したかを振り返ってみる。例えば、新任地で新業務を担当させ、計画から実行・完成まで一貫して仕事を任せ、遂行させる。さらに、後輩または部下に対しての教育・指導も任せる。それらの成果が評価されたときこそ本人も自らの成長を感じ、次への意欲をもつのである。

❷Off-JT（Off the Job Training）

Off-JT とは、職務を離れて能力開発のために行われる教育訓練であり、職場外の研修会が該当する。

セルプ協が開催するリーダー養成ゼミナールや事業種別部会研修会、日本セルプセンターが開催する作業種別部会や工賃向上を目的としたスキルアップ講座等のほか、各ブロックセルプ協や都道府県セルプ協、社会福祉協議会などにおいても各種スキルアップ研修会が開催されているが、それらも本手法の一環となる。

❸SDS（Self Development System）

SD とは、職員本人が自主的・主体的に自己の能力開発と向上を図り、理想的な自己像完成のために行われる自己啓発、自己学習である。自己啓発は、あくまで個人（グループ）が自主的に実施するものであるが、業務に関連している場合などは受講費の一部あるいは全額を職場が負担するケースも増えている。

2）オンライン研修

オンライン研修は受講者がスマートフォンや PC を使用して自宅や事業所のデスク、ときには外出先といった、講師とは別の離れた場所で受講する研修である。以前からテレワークを導入する企業による取り組みが進められていたが、新型コロナウイルス感染症拡大防止の観点から、広く活用されるようになってきた[34]。

オンライン研修の開催方法としては、ライブ配信と録画配信（オンデマンド）とがあり、いずれの場合も通信環境の整備が必要となる。ライブ配信は、Zoom、Skype、Microsoft Teams などのウェブ会議システムを使ってリアルタイムで受講する研修であり、録画配信の場合はあらかじめ録画された研修のプログラムをオンラインで受講することになる。ライブでは講師への質疑が可能であるが、講師や参加者のスケジュール調整が必要である。録画では、講師への質疑やグループワークなどによるディスカッションの場を設けることはできないが、配信される期間を長く設定し、受講者も参加しやすいといったメリットがある。

参加形態は、自宅や事業所のデスクなどでひとりで受講する方法や会議室などに複数人で集まって同じモニターを見ながら受講する方法がある。ひとりで

受講する場合でも、ライブであれば複数の受講者とコミュニケーションを取りながら受講することができる。開催方法や参加方法は、研修の目的や参加対象者によって組み合わせることができる。また、対面研修と異なり、講師から受講者への一方向での研修になってしまう可能性や、参加者同士のディスカッションの場が設けにくいのではないかといったことが心配されるが、ウェブ会議システムを活用することによって、講師への質疑や課題の発表、グループワークの実施など、充実した研修とすることも可能となる。

オンライン研修が増加した要因として、急速に進展するICT技術により、全国のどこからでも受講を希望する人が同じ内容の研修を受講することができ、録画配信であればいつでも受講者の都合に合わせて自宅での受講が可能なことである。また、対面での研修参加で必要となる職員の移動に係る経費や会場費といったコストの削減効果も大きい。しかし、対面による研修からオンライン研修に変更することによって、研修会の後に開催される交流会もないため、受講者同士のコミュニケーションやネットワーク形成の機会も減少する。これを大きなデメリットと感じる方は多い。

オンライン研修にはメリット、デメリットがあるが、新型コロナウイルス感染症の収束がある程度見通せた後も、オンライン研修が広く活用される状況は続くと思われ、研修を受講する側、開催する側双方が知識や技術の向上によって、デメリットを克服する取り組みが必要である。

（2）セルプ協の研修とリーダー養成ゼミナール

セルプ協では、障害福祉制度の変革のなかで、平成6（1994）年度より次世代を担う若手の施設長および中堅幹部職員を対象として「セルプ協リーダー養成ゼミナール」[35] を開講してきた。このゼミナールでは、「社会就労センターの経営と管理に必要な基礎知識の習得と障害福祉制度改革に対応できる人材育成の養成」を目的としたプログラムが組まれている。

ゼミナールは前期・後期の面接授業（各3日間）と修了式（1日間）の計7日間開催される（令和3 [2021] 年度からはオンライン方式も導入）。

面接授業では、就労支援、制度、事業振興、利用者支援、職業リハビリテーション、就労移行・定着支援、個別支援計画、相談支援等について講義や演習を通して学ぶとともに、先駆的な実践事業所の視察等も行っている。また、年間を通して研究テーマを設定し、修了論文（レポート）の提出が義務付けられ

注
※35 https://www.selp.or.jp/selp/training/seminar/index.html

ている。

　「セルプ協リーダー養成ゼミナール」の魅力は、全国各地の施設・事業所、地域、セルプ協組織等で精力的にリーダーとして活躍しているメンバーが集まり、それぞれの状況や課題等を語り合うことができるという点である。講義とコミュニケーションにより多くの学びと貴重な出会いが生まれ、人としても成長できる内容となっている。

　令和2年度までに受講者約400名が修了しており、全国各地でその経験を生かし活躍している。

　1年間の「セルプ協リーダー養成ゼミナール」修了後は、「セルプ士」の資格が与えられて「日本セルプ士会」に加入し、継続的な学習機会の場として活動する。この「日本セルプ士会」では、毎年最新の情報提供や実践報告等を充実したフォローアップ研修会や全国各地の施設・事業所の取り組みを現地で学ぶ自主視察研修会等を実施している。また、近年ではFacebookやオンライン会議等といったITの活用により、ますますその活動は活性化されつつある[36]。そのほかには、機関紙『セルプの風』を発行し、会員に対して情報提供を行うとともに、会員間でいつでもやりとり可能な仕組み（メーリングリスト）を活用した環境整備もなされている。

　このように「セルプ協リーダー養成ゼミナール」では、確実な情報を得て広い視点で学習し、障害者福祉・就労支援のあり方を学び、「障害のある人たちの尊厳、権利、平等」を基本に据えた、「真のノーマライゼーション社会の実現」に向けて「人材育成」に取り組んでいる。

注
※36　https://m.facebook.com/SELP.leader.society/

4 組織の成果や学びにつながる心理的安全性のあり方

組織の成果や学びにつながる要因として、心理的安全性という概念が注目されている。心理的安全性とは、組織のなかでメンバーそれぞれが、自分の考えや感情を安心して気兼ねなく発信できる状態をさす。

米グーグル社が平成24（2012）年から約4年かけ、効果的なチーム構成の条件を模索する「プロジェクトアリストテレス」という大規模の労働改革プロジェクトを実施した。その成果報告として、「心理的安全性がチームの生産性を高める重要な要素である」と結論付けたことで、世界中の企業に心理的安全性が知れ渡ることになった。

心理的安全性の高い事業所をつくるメリット、そしてチームにもたらすメリットを紹介する。

1）心理的安全性の高い事業所をつくる四つのメリット

事業所という大きな視点に立った際、心理的安全性の高さが事業所全体に効果をもたらす次の四つのメリットがある。

❶情報やアイデアの共有が盛んになる

自分の考えを伝える際、発言が否定されるという不安がないため、個人の意見やアイデアが多く集まるという。事業所全体のコミュニケーションが活性化することで、職員間の共有もされやすくなる。

❷ポテンシャルの向上

お互いを認め合い、尊重し合うという価値観の共有が事業所内に根付くため、職員同士が切磋琢磨する。自発的な学習も増え、個人のポテンシャル向上につながっていく。

❸めざす理念、方針、ビジョンが明確になる

心理的安全性が高い事業所は、組織の目標や課題に対して、職員が自由に議論できる環境が整っている。建設的な議論が行えることで、めざすビジョンが明確になりやすい。皆が認めたビジョンを事業所全体で共有でき、全員が結束して同じ目標に向かえるため、目標達成のスピードも速いという。

❹エンゲージメントの向上

居心地がいい、仕事がしやすいなど、心理的に安全な事業所で働く従業員は離職率が低いとされる。仕事へのやりがいが生まれ、自分の能力や特技を生かしながら業務にも取り組めるため、今の会社で長く働きたいと思うようになる。その結果、優秀な人材の流出や退職の抑制にもつながる。

2）心理的安全性がチームにもたらす三つのメリット

　チームで仕事を進めていく際、具体的に心理的安全性はどのようなメリットをもたらすのか。心理的安全性が高いチームは、各自が主体的な行動をとり、チーム内のアイデアを効果的に活用することができるという。ここでは三つに分けてメリットを紹介したい。

❶チームメンバーのパフォーマンス向上

　心理的安全性が高くなると、チームのメンバーにフロー状態が生じる。フロー状態とは、心理学で「夢中になる」「のめり込んでいる」といった精神状態を意味する。メンバー全員が安心しながら集中して仕事に取り組めるため、業務の生産性も高くなるという。また、何かにのめり込むとドーパミンの分泌量が増え、仕事へのストレスも緩和される。

❷イノベーションや改善の推進

　チームに心理的安全性があることで、マネジメント層でなくても各自が、現状をより良くしていこうという前向きなマインドに変化していく。新しい物事や困難なことに立ち向かいやすくなるため、イノベーションや改善が生まれやすい組織が出来上がる。一方、心理的安全性が低い組織は、「面倒がられるだけ」「理解してもらえないから言ってもムダ」といった状態に個々が陥りやすい。

❸質の高い「エンプロイー・エクスペリエンス」の提供

　「エンプロイー・エクスペリエンス」は、メンバーが仕事を通して得られる体験をさす。例えば、入職してから体験する法人内制度やルール、退職までに経験するさまざまな出来事などである。心理的安全性が高ければ、どのような体験によってメンバーのモチベーションが上がるか、マネジメント層や周囲のメンバーが考える傾向にある。その結果、一人ひとりにとって仕事の原動力になるような最適な経験を提供しやすくなる。

3）心理的安全性が低いと起こる四つの行動特徴とは？

　一方で、心理的安全性が低いと、どのようなことが職員に起こるのだろうか。心理的安全性が低い職場では、多くの従業員が自己印象操作を行い、本当の自分を偽って働かざるを得ない。ここでは四つの行動特徴を紹介する。

❶無知だと思われる不安

　業務で知らないことや不明点を聞く際、「こんなことも知らないのか」と思われないか不安になり、上司や同僚に必要な質問ができなくなってしまう。相談することが不安になり職員同士のコミュニケーションもおのずと減少していく。

❷無能だと思われる不安

　業務で失敗した際、「こんなこともできないのか」と思われないか不安にな

り、ミスを報告しなかったり、自分の失敗を認めなかったりするようになる。

❸邪魔をしていると思われる不安

ミーティング時に、自分の発言で議論が長引いたり本題から外れたりした際、上司や同僚から「いつも議論の邪魔をしてくる」と思われないか不安に駆られてしまう。自分から提案や発言をしなくなっていくため、新たなアイデアやイノベーションも生まれにくくなる。

❹ネガティブだと思われる不安

現状の改善について提案しようと思った際、「いつも他人の意見を否定する」と思われないか不安になってしまう。上司や同僚に否定的に捉えられる可能性があると、発言をためらったり、本当に重要な指摘をしなくなったりする。やがて常に自分を隠して仕事をするようになる。

4）心理的安全性を高めるリーダーの心理的柔軟性

日本の組織で感じられる心理的安全性の四つの因子は、①話しやすさ、②助け合い、③挑戦、④新奇歓迎、である。各自が安心して自分の考えを自由に発言したり、行動に移したりする。

このような因子を創り出すためには、リーダーの心理的柔軟性が必要とされる。これまで以上に世の中の変化が激しく正解がない時代になってきたからこそ、職員個々の意見や提案を受け入れ、アジリティ（機敏性）高く、フレキシブル（臨機応変）にフィードバックする姿勢を求められる。だからこそリーダーは、ⅰ）変えられないものを受け入れるオープン思考、ⅱ）大切なことへ向かい、変えられるものに取り組む姿勢、ⅲ）マインドフルに見分ける（気付きに満ちあふれている）、という心理的柔軟性を高めていく必要がある。そして、組織内外に「学び合うコミュニティ（実践共同体）」を創り出すことが大切である。

このように、成果、人材育成、イノベーション、問題解決、コミットメント向上を目的としたときに、心理的安全性は強力な手段となる。

参考文献 ......
• 石井遼介著　「心理的安全性のつくりかた」日本能率協会マネジメントセンター、2020 年

第4章

利用者支援

1 利用者の権利擁護と支援

（1）権利擁護とは

　権利擁護という用語は、さまざまな法令で用いられているが、その定義を定める法律の規定はない。したがって、権利擁護の内容をどのように考えるかについては、さまざまな解釈が成り立ち得る。しかし、権利擁護という概念が脚光を浴びるようになったのは、社会福祉基礎構造改革で福祉サービスの提供方式が「措置」から「契約」へと転換したことを背景としている。

　判断能力が不十分な人は必要な福祉サービスを受けようと思っても、契約締結能力が認められなければ福祉サービス契約を締結できない。そのため、そのような人に対して、福祉サービス契約の締結を支援することが権利擁護だとされたのである。もっとも、社会福祉基礎構造改革の前から、権利擁護という概念は使用されており、例えば、各地で設置されていた「権利擁護センター」が活動していた。その場合は、障害があって判断能力が不十分であることに乗じた権利侵害から、本人の権利を守ることが権利擁護とされていたのである。

　したがって、権利擁護という概念には判断能力が不十分であることから生ずるさまざまな権利保障の必要性、契約の締結を支援することや本人の権利を守ることなどが含まれている。つまり、権利擁護とは、ある人のかけがえのない人格を最大限に尊重することを目的として、その人の自己決定権を尊重し、その人の意思や意向に即して過不足なく支援することであると考えられる。ある人の人格を損なうことが虐待であり、ある人の人格を尊重することが権利擁護なのであって、虐待と権利擁護とは、反対概念として捉えるべきである。

　ただし、虐待がなければ権利擁護が達成されているかというと、そうではない。虐待がなければ人格の侵害はないが、それだけでは人格が尊重されているわけではない。虐待がないことは、人格の侵害がないという必要最低限の要請に応えられているというだけであり、権利擁護を達成するには、もう一歩進んで、ある人の人格を最大限に尊重する取り組みがなされなければならないのである。

　判断能力が不十分な人のための権利擁護制度としては、成年後見制度と日常生活自立支援事業がある。判断能力が不十分な人は、その人の意思決定（自己決定）から支援されなければならない。したがって、これらを狭義の権利擁護制度と呼んでいいだろう。もっとも、本人の判断能力が十分であるにもかかわらず、本人の立場が弱いためにその人の権利が実現されていない場合には、権利実現について支援されなければならない。苦情解決制度や障害者虐待防止

法、障害者差別解消法などは、広く判断能力が十分な人に対する制度でもある。したがって、これらを広義の権利擁護制度と呼んでいいだろう。権利擁護制度は、狭義のものにしても広義のものにしても、障害者のかけがえのない人格の尊厳を最大限に保障することをめざしているのである。

（2）成年後見制度・日常生活自立支援事業

　成年後見制度とは、成年者に対する法的支援制度の総称である。成年後見制度には、法定後見制度と任意後見制度とがある。法定後見制度では、本人の判断能力（事理弁識能力）の低下の程度を基準として、支援類型を成年後見、保佐、補助の３段階と定めており、それぞれの類型に即した強弱のある支援システムを定めている。任意後見制度では、公正証書による任意後見契約によって自分が選んだ人に判断能力低下後の事務を委任できる。

　例えば精神障害者が在宅で悪質な訪問販売被害にあった場合、成年後見人等を選任してもらい、成年後見人等が契約の無効を主張したり、消費者保護制度によって契約を取り消したりして被害を回復することができる場合もある。また、軽度の知的障害がある人がいわゆる「親亡き後」のために建築された賃貸不動産を保有している場合、補助人を選任してもらい、補助人に賃貸不動産の管理を手伝ってもらうこともできる。成年後見制度の枠組みは、家庭裁判所の監督下において成年後見人等が法的事務を遂行するというものであり、大きな財産管理の支援には非常に適している。しかし、成年後見制度は、障害者の日常生活を支援するには重装備すぎるのであって、もっと身近で機動力のある制度が必要になる。

　日常生活自立支援事業（旧名称は「地域福祉権利擁護事業」）とは、認知症高齢者、知的障害者、精神障害者などの判断能力が不十分な人々に対して、福祉サービスの利用援助、日常的な財産管理、書類の預かり、日常生活に必要な事務に関する手続きなどの支援を内容とする制度であって、判断能力が不十分な人々の地域における自立生活を社会福祉協議会が支援する制度である。

　この事業も判断能力の不十分な人を支援する制度であるから、成年後見制度と共通の目的を有している。しかし、この事業は、成年後見人の介入が認められていない日常生活に関する事務につき、日常生活に関する支援に守備範囲を限定して、本人の自己決定を最大限に尊重する制度構成となっている。また、本人の日常生活に関する支援であるため、法律家による支援ではなく、福祉に関する専門家による支援を予定している。したがって、この事業は、本人に必要な事務によって成年後見制度と守備範囲を分け合っているのである。

　この事業では、本人の自己決定を最大限に尊重して支援することを徹底して

おり、例えば預金の払戻を受ける場合でも、本人と同行して本人が払戻を受けることを原則とし、同行が困難な場合には本人が払戻請求書に署名して銀行窓口での手続きを代行することとし、署名や払戻手続きができない場合の最後の手段として代理することとしている。また、本人の特別なこだわりを直ちに否定してしまうのではなく、時間をかけて信頼関係を構築することにより、本人にとって最適な日常生活を形成できるように支援することとしている。

（3）障害者虐待防止制度とその仕組み

1）障害者虐待防止法の概要

　障害者虐待防止制度は、平成23（2011）年6月に成立した「障害者虐待の防止、障害者の養護者に対する支援等に関する法律」（以下、障害者虐待防止法）に基づいている。障害者虐待防止法は、虐待の概念を定め（第2条第6項ないし第8項）、虐待の早期発見の努力のもとに（第6条）、虐待の通報などに基づいて（第7条）、行政を責任主体として、虐待の事実を確認し（第9条第1項）、生命・身体に重大な危険が生じている恐れがあるときには立入調査などを行い（第11条）、一時保護などの措置を講じるものである（第9条第2項）。また、以上のような被虐待者に対する支援だけでなく、家庭内虐待の場合には虐待者である養護者の負担軽減のための支援も講ずることとしている（第14条）。

　以上のように、障害者虐待防止法は、高齢者虐待防止法と基本的に同様に、虐待通報を端緒として行政が被虐待者を保護するとともに、加害者である家族も支援するという枠組みとなっているが、障害者虐待に特徴的な3点も新しく盛り込んでいる。

　第1に、働く障害者に対する使用者による虐待防止も対象としている（第2条第8項、第21条ないし第28条）。第2に、正当な理由のない身体拘束が身体的虐待の定義に含められている（第2条第6項第1号イ、第7項第1号、第8項第1号。なお、その他の虐待の定義も広げられている）。第3に、虐待の予防・対応システムとして、市町村に障害者虐待防止センターを設置し（第32条）、都道府県に障害者権利擁護センターを設置するものとされている（第36条）。

　障害者虐待防止法では、養護者による虐待、施設での虐待に加え、使用者による虐待にも対象を広げているのであって、使用者による虐待については、施設での虐待に準じた対応システムが考えられている。また、障害者虐待防止法は、新たな対応システムとして、市町村の障害者虐待防止センターと都道府県の障害者権利擁護センターを設置することとしている。そのため、家庭内虐待

については、主として、市町村の障害者虐待防止センターが対応し、施設での虐待については、都道府県と市町村の障害者虐待防止センターが対応し、使用者による虐待については、主として、都道府県労働局が対応する、というように、役割分担が明確にされている。

　障害者虐待防止法が定めている虐待の定義は、例えば身体的虐待については、次のように定義されている。「身体に外傷が生じ、若しくは生じるおそれのある暴行を加えること」（第2条第6項第1号イ）。しかし、社会福祉の現場で"虐待"と呼ばれている不祥事のなかでも、利用者の顔に落書きしてSNSに投稿したなどの行為については、障害者虐待防止法における虐待の定義にはそのまま当てはまるものがない。したがって、障害者虐待防止法の定義と一般社会における虐待の意味との間には、相当ズレがある。そのため、障害福祉の現場で業務を遂行するに当たっては、障害者虐待防止法の定義だけに捉われることなく、虐待と指摘されないように広く取り組むことが必要となる。

　現在の障害者虐待防止法は、本来の意味での虐待「防止」法ではなく、虐待事件が起きた場合に、早期発見・早期対応が最も重要であることを前提として、虐待行為が繰り返されないよう配慮している虐待「再発防止」法なのである。虐待防止制度は、虐待行為の原因を探り出し、その原因に対する支援を制度化して、構造的な虐待行為を事前に予防していくことを目的としなければならない。したがって、障害者虐待防止制度は、障害者虐待防止法だけを単体で考えるのではなく、ほかのさまざまな相談援助事業や生活支援事業などの広義の権利擁護制度とともに、一体的に考えていくべきだろう。

2）身体拘束の禁止とその例外

　障害者虐待防止法では、前述したとおり、正当な理由のない身体拘束は虐待と位置付けられている。身体拘束は、ひもで縛りつけるという物理的な方法だけでなく、薬物によって身体の自由を奪う医学的な方法によってもなされることがある。もっとも、全ての身体拘束が直ちに違法となるわけではなく、正当な理由のない場合の身体拘束が違法となるのである。

　平成30（2018）年6月に公表された厚生労働省社会・援護局障害保健福祉部障害福祉課地域生活支援推進室「障害者福祉施設等における障害者虐待の防止と対応の手引き」（以下、手引き）では、身体拘束の概念につき、ベッドに縛り付ける、医療的必要性に基づかない投薬によって動きを抑制する、ミトンやつなぎ服を着せる、部屋に閉じ込める、施設側の管理の都合で睡眠薬を服用させるなどの行為が広く身体拘束に該当するものとされている。

　身体拘束が認められる「正当の理由」につき、手引きでは、切迫性、非代替性、一時性という三つの要件を全て備えている「緊急やむを得ない場合」であ

第4章

るとされている（運営基準）。つまり、身体拘束が例外的に許されるのは、自傷他害の危険が著しく高く、身体拘束以外の方法が考えられず、必要最低限の時間のみに限られるということである。このような例外的な要件を勝手に緩やかに解釈してはならない。

　そして、手引きが指摘しているように、手続き面においても、①事前に「やむを得ない場合」についてのルールや手続きを定めておくこと、②利用者本人や家族に当該ルールや手続きを説明しておくことなどが重要であり、③身体拘束を行った場合には、その態様および時間、その際の利用者の心身の状況、やむを得ない理由などを記録しなければならない（運営基準）。

　正当な理由のない身体拘束は、身体的虐待と一緒に規定されているが、褥瘡などの身体的被害を生じるから禁止すべきだとされているのではなく、人格の侵害であるから虐待なのである。したがって、やむを得ない事情がなくても褥瘡が生じないのであれば身体拘束が許される、などという勝手な解釈をしないよう厳しい運用が必要となる。

2 障害者支援の基本的な考え方

　ここでは、障害のある方々の支援に際し、支援者に求められる基本的な考え方や必要となることがらについて説明する。具体的には、第1項：支援の捉え方、第2項：職業指導における「態度」とその指導、第3項：作業環境つくりと5Sについてである。

（1）支援の捉え方
―支援とは？　訓練、指導、援助、介護とどのように違うのか

　支援とは何か、その意味や考え方を明らかにするために、支援という用語が障害者福祉の現場でいつ頃から、どのような使われ方をするようになったのかをさかのぼりながら、支援のプロセスやそこで求められる内容、さらに課題について考える。

1）障害者福祉において「支援」は、いつ頃からどのような使われ方をするようになったのか

❶**障害者福祉サービスにおける支援**：障害者福祉の現場において支援という用語が使われるようになったのは、平成12（2000）年6月に「社会福祉の増進のための社会福祉事業法等の一部を改正する等の法律」が成立し、「支援費制度」が誕生したことに始まる。

　「支援費制度」は、障害者福祉において、それまでの「措置制度」に代わる新たな利用の仕組みとして、平成15（2003）年4月から実施された「利用契約制度」である。支援費制度はその後、平成18（2006）年度からの「障害者自立支援法」を経て、現在の「障害者の日常生活及び社会生活を総合的に支援するための法律（障害者総合支援法）」につながる。この法律に基づき、障害福祉サービス等の体系として18の具体的な内容が示されている。そのうち6サービス（重度障害者等包括支援、施設入所支援、就労移行支援、就労継続支援A型事業、就労継続支援B型事業、就労定着支援）に支援と記されたサービスがある。しかし、ほかのサービスにある援助や訓練、援護、介護等と支援との違いは説明されていない。また、支援に関する具体的な定義は示されていない。

❷**障害者福祉サービスの契約における障害者の支援**：「支援とは？」に関して、初めてその具体的な説明をしたものとして、平成15年3月に全国社会福祉協議会の「障害者福祉サービスの契約に関する検討委員会」が行った「障害

者福祉サービスの契約に関する研究事業」報告書（以下、報告書）がある。そこでは、障害者支援に対し、まず高齢者支援を説明することで、その違いを明確に示している。

　高齢者支援について、報告書では「支援を必要とする高齢者は、自立してきた存在が加齢によって脳血管型痴呆症やアルツハイマー型痴呆症などに罹患し、徐々に能力喪失過程に陥った状態にあると捉えることができる。そうすると、支援において必要とされるのは、再度自立能力を復活させるために本人を駆り立てることではなく、残存能力を尊重したサポートが重要であろう」と説明した。一方、障害者支援に関して、障害者は、「何らかの障害によって社会生活への参加・適応や学習等に関する困難に陥っている状態にあるものと考えることができる。この場合、支援において必要とされるものは、まさしく今後の社会生活への参加・適応や学習等を目的とした自立能力の獲得こそにあるのであって、自立能力形成を目標としたサポートが必要とされよう」と説明した。

　高齢者支援と障害者支援の説明から、支援とはひとつの定まった形ではなく、階層的で、連続的な構造をもち、目的に応じて使い分けられるものであると考えられる。

2）支援とは？─支援の捉え方
❶支援とは？：その構造と内容

　報告書の定義を基に「支援とは？」について、その構造と内容を図表 4-1 に示す。すなわち、支援（Support）とは、基礎力をつける訓練・指導（Train-

図表 4-1　支援とは

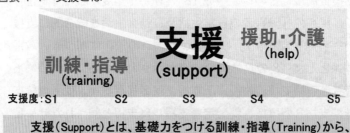

（筆者作成）

ing）から、要請に応える援助・介護（Help）までを含む過程である。報告書における高齢者支援は「再度自立能力を復活させるために本人を駆り立てることではなく、残存能力を尊重したサポート」とあるので、要請に応える援助・介護（Help）寄りの支援である。**図表 4-1** における支援度としては S5 に当たる。一方、障害者支援は「自立能力の獲得であって、自立能力形成を目標としたサポート」とあるので、基礎力をつける訓練・指導（Training）寄りの支援、S1 に当たる。

　障害者の支援においても、個々のニーズによって訓練・指導（Training）寄りの支援なのか、援助・介護（Help）寄りの支援なのかは、さまざまである。また、ライフステージのどの時期かによっても異なる。一般的に幼児期や学齢期そして、青年期から若年の成人期は、本人へのより積極的な取り組みである訓練・指導が展開され、高齢に至るとヘルプとしての援助・介護が主体になる。また、地域社会での生活は本人の力をもって生活することから、支援は、本人の力の及ばない点を援助・介護する支援が中心となる。一方で、学校や施設での生活は地域社会への移行をめざす場であることからすると、訓練や指導が支援の主体となる。

❷障害者支援における課題

　報告書が出されて、すでに 17 年を経過し、高齢者支援も大きく変わり、近年は予防やリハビリテーションの観点から、本人へのより積極的な取り組みも実施されるようになっている。例えば、生活リハビリテーションは、高齢者が寝たきりにならずに自立した生活を送れることを目的として、日常生活全般の動作を問題なく行えるようにするリハビリテーションとして広く実施されている。その基本は、普段の生活を通じて腕や足などの機能を維持・回復させ、日常生活全般をひとりでできるように支援するものである。さらに、パワーリハビリテーションという考え方も広く普及してきた。すなわち、老化によって使われずに衰えた筋肉による運動能力の低下を防止するために、トレーニングマシン等を使って、立つ、歩く、座るなどの基本的な動作を行うことで、運動機能を維持・向上させる積極的な取り組みである。

　このような高齢者支援の変化から、知的障害者の支援も大きく変わることが期待されている。特に、近年の医療の進歩や教育方法の開発、福祉サービス等地域資源の向上に伴って、知的障害者も長命化が進み、成人期以降のライフステージが人生で最も長いライフステージとなっている。その成人期の支援を考えると、健康を維持しながら社会で活躍したり、就労を維持するための指導や訓練、さらに生涯学習をはじめとした学習支援や QOL（生活の質）を高めるための余暇を含む支援など、壮年期、老年期までも続くさまざまな支援の提供が期待されている。同時にそれらの支援では専門性も問われるようになり、支

援内容によって提供する場所や実施する専門家も多岐にわたって求められるようになってきた。これらの課題に応えていくことこそが、障害者福祉において支援の捉え方をさらに発展させ、利用者のニーズに応えることに通じる。

3）支援の具体的な展開

❶支援のプロセス

　障害者支援の現場で行われる支援のプロセスに関して PDCA サイクルを基に考えてみると、利用者の実態からはじまる 10 の過程からなる取り組みといえる（図表 4-2）。具体的には、

1. アセスメント→ 2. 支援目標の決定→ 3. 支援内容の選定→ 4. 支援計画の作成→ 5. 支援形態の構成→ 6. 支援方法の決定→ 7. 支援の実施（インターベンション）→ 8. 記録→ 9. 支援の評価（エバリュエーション）→ 10. 再検討（モニタリング）

である。この 10. のモニタリングはさらに、2. の支援目標の（再）決定の過程につながることで、支援プロセスは循環する過程となる。また、この 10 の過程から成る取り組みにかかる時間は、年を単位とする長期の場合もあれば、初回面接の数分間で 2 回めの循環に至る短期の場合も考えられる。

❷支援内容─何を支援するのか？

　成人期以降も、知的障害者がさらに発達をし続け、活躍の幅を広げていく上での制限や制約はどこからくるのであろうか。制限や制約の原因を考えると、ひとつは知的障害があること、そして加齢による高齢化が考えられる。知的障害者の制限や制約を減少させ、解消することを目的とした支援の領域は知的障害に対するプログラムと、高齢になっても健康に QOL の高い生活をめざす高

図表 4-2　支援のプロセス

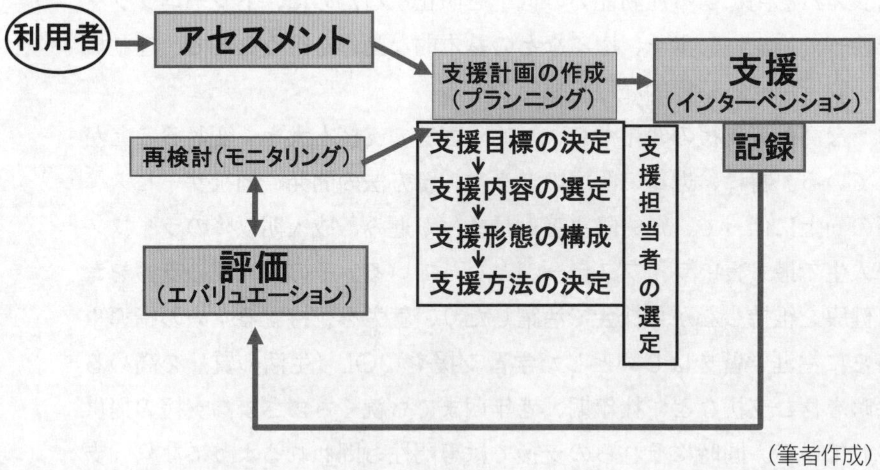

（筆者作成）

齢・健康プログラムの合体による生涯発達と地域生活を見据えたプログラムである。

ア．知的障害プログラム

　知的障害者の支援目標において最も重要なものが適応行動の獲得と改善である。それは、知的障害の定義として代表的なものであり、国際的にも使用されているアメリカ知的・発達障害学会（AAIDD：American Association on Intellectual and Developmental Disabilities）の定義「知的障害とは知的機能（intellectual functioning）と適応行動（adaptive behavior）の両方に明らかな限界（significant limitations）があり、それは日常の社会生活の多くの場面や実用的スキルの範囲に及ぶ。この障害は18歳以前から始まる」に基づいている（**図表4-3**）。

　すなわち、**図表4-3**において知的障害者はDのみとなる。ここで知的機能とは、学習、推論、問題解決などの一般的な精神機能のことである。支援によって知的機能そのものの改善は、現在の医学や療育、教育においても困難といえる。一方、適応行動は概念的、社会的、実際的なスキルの集合体であって、人々が日常生活で身に付け実行するものとされている。概念的スキル（Conceptual skills）とは、言語や読み書きの能力であり、お金、時間、数の概念と自発的に行動できることをさす。社会的スキル（Social skills）とは、対人スキル、対人反応、社会的責任、自尊心、騙されやすさ、素朴さ（例：心配しやすい）、対人問題の解決、ルールに従う能力／法を守り、被害に遭うことを避けるなどの能力をさす。実際的スキルは、日常生活能力（身辺自立能力）、職業能力、健康管理、旅行／移動、スケジュールや習慣に従う、お金の使用、電話の使用などのスキルである。これらの適応行動は、幼児期からの療育や学校教育などで具体的な支援目標、教育目標として設定され、支援によって形成・獲得し、日常の社会生活の多くの場面で適応できるレベルまで引き上げ

図表4-3　知的障害者とは

知能＼適応	制限なし	制限あり
平均以上	A	B
平均未満	C	D

（筆者作成）

ることのできるものである。

　この考え方から、知的障害プログラムとは、知的障害はあるが制限や制約のない適応行動をもち自立した生活を送れることを目的としたものである。さらに、その支援の領域は第10版以降の階層的な分類からは離れるが、より具体的な領域として捉えやすいAAIDDに改称される前のアメリカ精神遅滞学会（AAMR：the American Association on Mental Retardation）当時の第9版の定義（Mental Retardation. Definition, Classification and Systems of Supports. American Association on Mental Retardation. 9Edition, 1991）にある10の領域からなる適応行動が具体的で、わかりやすい。具体的には、セルフケア（日常的には食事、排泄、衣服の着脱など）、コミュニケーション、家庭生活（日常的には炊事、掃除、洗濯など）、ソーシャルスキル（人との社会的なやりとりに関連したスキル）、コミュニティ資源の利用（買い物、交通機関の利用など）、自律性（選択したり、スケジュールに従ったり自己主張をするといった能力）、健康と安全、実用的な学業（読み、書き、計算など）、余暇活動、そして労働の10領域の能力である。知的障害は、その障害ゆえに、これらの能力の獲得に遅れを示す。遅れの具体的な現れとしては、判断力や自発性の弱さ、習得や学習に時間がかかる、反復や固執性をもつ、感覚に異常さがあるなどである。

イ．健康・高齢プログラム

　世界保健機関（WHO）は、2001年5月に国際障害分類（ICIDH）の改訂版として国際生活機能分類（ICF：International Classification of Functioning, Disability and Health）を採用した。ICFは、人の健康（生活機能と障害）に関する状況を表すための標準的な概念的・言語的枠組みとして開発されたもので、生活機能と障害の構成要素として身体（心身機能と身体構造）の要素と、活動と参加の要素をあげた。なかでも、活動と参加は、個人的視点および社会的観点からみた生活機能のさまざまな側面を示す全領域をカバーしているものである。その意味で、まさに健康・高齢プログラムの支援領域といえよう。具体的には、学習と知識の応用、一般的な課題と要求、コミュニケーション、運動・移動、セルフケア、家庭生活、対人関係、主要な生活領域、コミュニティライフ・社会生活・市民生活の9領域が示されている。これらは、AAMRの10領域と共通する領域が多く、障害のある児・者の支援領域としてこれらを用いることは適切かつ有効であると考えられる。

ウ．生涯発達支援・地域生活支援の4領域

　AAMRの10領域とICFの9領域を、条件1：重複したスキルが含まれるものと、条件2：互いに共通する機能の延長線上にあり、類似性が高いと考えられるものは、できるだけひとつの領域とみなすという考えの下、知的障害が

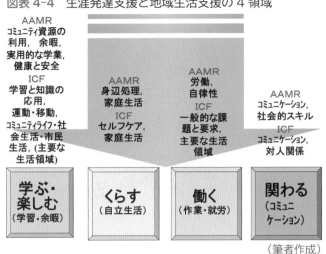

図表 4-4　生涯発達支援と地域生活支援の 4 領域

（筆者作成）

あっても成人期以降も発達し続け、活躍の幅を広げていくための支援領域であり、近年の支援のキーワードでもある生涯発達支援と地域生活支援に向けた支援領域として四つの領域を得た（**図表 4-4**）。

　第 1 の領域は、学習・余暇領域（学ぶ・楽しむ）である。この領域は、余暇活動や社会資源の利用といった、豊かで、幅広い社会生活を送るために必要な領域で、学習には、探す、集める、調べる、表現、発表するなどの活動が、余暇には学習を基礎とすることでより楽しめる、音楽、美術（絵画、陶芸など）、運動（散歩、水泳、ボウリングなど）、外出（買い物、外食など）などの活動がある。

　第 2 の領域は、自立生活領域（くらす）である。この領域は、食事・排泄・着脱などの身辺処理や、清掃・洗濯・調理・整容など日常生活の活動に関する領域である。

　第 3 の領域は、作業・就労領域（働く）である。この領域は、作業や仕事において求められる技術や態度など、企業や施設などでの就労に必要な能力に関する領域である。

　第 4 の領域であるコミュニケーション領域（人と関わる）は、行動障害の軽減も含め、他者との円滑な社会生活を送るために必要なコミュニケーションに関する領域で、具体的には、やりとりや要求に始まり、報告・連絡・相談、そして、経験や知識を生かし相手の気持ちをつかむまでを支援する領域である。

　これら、4 領域を生涯発達支援という視点で、ライフステージに合わせてみると、学習・余暇支援は生涯にわたって、自立生活支援は乳幼児期に最も中心的に訓練・指導が行われ、次第に援助・介護へと移行していくことが、作業・就労支援も青年期から成人期に集中的に訓練・指導が行われる必要のある領域

図表 4-5　ライフステージからみた 4 領域

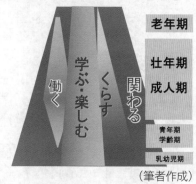

（筆者作成）

図表 4-6　幼児期～老年期の 4 領域の割合

（筆者作成）

であることがわかる。一方、コミュニケーション支援は、一生涯を通じて行われる必要のある領域といえる（**図表 4-5**）。幼児期から学齢期に関してみると、この時期は「くらす」を中心にして「関わる」「学ぶ・楽しむ」を支援し、将来の「働く」を位置付ける時期である。成人期から壮年期は、「働く」が位置付けられ「くらす」「関わる」「学ぶ・楽しむ」のバランスが保たれた時期である。さらに、壮年期～老年期になると、「学ぶ・楽しむ」「関わる」が中心となりながらも「働く」「くらす」が保たれる時期となる（**図表 4-6**）。

（2）職業指導における「態度」とその指導

　近年、特別支援学校高等部を卒業する知的障害者のほとんどは社会に出て、企業での就労か障害福祉サービス事業所においての生産活動に取り組んでいる。社会で働くことに向かう者に求められる力は何か。この問いに企業からは常に、「働く態度」という回答がなされてきた。それは、仕事で求められる知識や技能は就職後、OJT[37] を通して職場で直接、指導し育成することができると考えるからである。社会で働くことに向かう者を育てる職業指導において「態度」の育成（働く態度：作業や仕事に向かう態度、職場での態度など）

は、中心的な目標である。また、障害福祉サービス事業所においても、福祉サービスとして利用者の就労移行支援や就労定着支援が求められるようになってきた近年、職業指導の中心的な目標として「態度」の育成が求められるようになっている。それは、社会に出て働き、働き続けるためには「態度」の育成が最も重要だからである。しかし、「態度」を育成するために何を指導するのか、どのような姿をめざすのかは、個々の職場で経験的に「あいさつをすること」「報告・連絡・相談（ホウ・レン・ソウ）」「集中すること」「最後まで続けること」「丁寧さ」「素直さ」などさまざまに捉えていて、共通の一般化されたものはない。その原因として、職場で求められる「働く態度」と利用者の作業や仕事に向かう姿との関係が明確でないことが考えられる。すなわち、「態度」の定義が職場や職業指導の場で共有されていないためである。

1）「態度」とは

❶「働く態度」とそれを支える「態度」

　「態度」の指導における課題は、「態度」という用語が日常的にも広く使われているために、定義の捉え方が人によって異なることに起因している。辞書にみる「態度」は、

1．身ぶり、様子、なりふり
2．ことに応ずる体の備え、体の構え、身構え
3．ある特定の対象または状況に対する行動の構え・準備状態、ある対象に対する感情的傾向など

である。すなわち、「態度」とは、人の内面である3．の定義と、その結果として現れる人の姿や行動（1．や2．の定義）という広い範囲のものである。したがって、どちら寄りの定義を採用するかによって、現れた姿や行動の指導をするのか、心の内面にまで及ぶ指導をするのか、指導の内容や方法は異なってくる。しかも現れる姿や行動の水準は、心の内面の水準によって決められることが考えられる。そこで、職業指導における「態度」の指導を考える前に、現れた姿や行動と心の内面との関係を理解するために、これまで誰もが共通に経験してきた次の問題から取り組むことにする（**図表4-7**）。設定した問題は、「私たちが小学校に入学し、1年生の初めに身に付ける、身に付けなければならない学習態度・授業態度の具体を考え、**図表4-7**の空欄（□部分）に具体的な姿や行動として書き入れ、表を完成させる」ことである。

　図表4-7に表すように、この問題に対する具体的な学習態度・授業態度（姿

図表 4-7　問題：「態度」とは何か？

私たちが就学し、小1で身につける学習態度・授業態度の具体は何か？考えてみましょう。

第一レベル：　働きかけに応え、取り組もうとする
　　　　　　　できた！が嬉しい・喜ぶ（達成感）

第二レベル：　席につく・座る、（立ち歩かない）
　　　　　　　人のことばかけ（声）に注意する、耳を傾ける

第三レベル：　活動（課題）に自ら向かう・ひとりで取り組む
　　　　　　　良い（いいね）！で、自ら・ひとりで取り組む

第四レベル：　活動（課題）に集中して・継続的に・最後まで
　　　　　　　取り組む。いつも同じ水準の結果を保つ

第五レベル：　自分なりにより良い方法を考え、取り組む

（筆者作成）

や行動：定義1.）とは五つのレベル（5水準）の「態度」（心の内面：定義3.）によって決められるものである。これらの行動を決めるここでの5水準こそ、ある特定の対象や状況（ここでは学習、授業）に対する行動の構え・準備状態、そして感情的傾向である心の内面としての「態度」の水準である。職場で利用者に現れた姿や行動を指導しても内面が変わらなければ、求めるような行動は現れない。このことは、誰もが経験してきたことである。

　したがって、指導をめざす「態度」とは、「人が、ある事象や状況に対して積極的な接近反応を取るか、消極的な回避反応を取るかに深く関連する何らかの（反応への）準備状態、心の構え、心の力」と定義することができる。また、「態度」の指導や育成とは、「それまでの学習により獲得・形成された知識や技能が必要で、それらを使ったさまざまな活動への取り組みを通してなされるもの」である。「態度」の指導でめざすことは、知識があるから「わかる」、技能があるから「できる」人から、「（いつも）〜している」人へと状態像を変えることである。言い方を変えれば、「態度」とは知識や技能の定着（いつもしている）と般化・応用（どのような場面でも常に「わかる・できる」を発揮している）に向かう姿と捉えられる（図表 4-8）。では、この知識や技能の獲得・形成から「態度」の育成にまで至る手続きはどのようなものか。

　これまで教育現場や職業指導の場では、わかること・できることの繰り返しである成功体験を大切に取り組んできた。成功や達成は人に喜びや嬉しさをもたらし、成功感や達成感という充実した感情に導く。さらにそれらは、次の取り組みに対する楽しみ、期待感を生む。すなわち、この成功体験の積み重ねによって、人はどのような場面でも常にわかること・できることで反応するよう

図表 4-8 態度とその指導

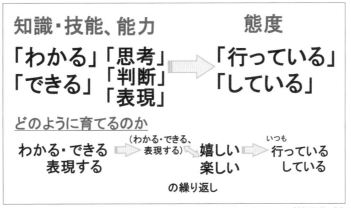

（筆者作成）

図表 4-9 人を育てる過程で大切に育みたい力

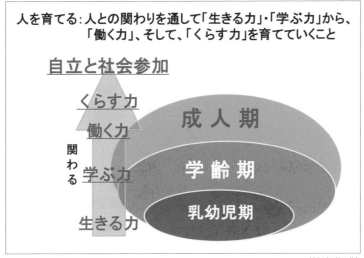

（筆者作成）

になる。このような状態像の変化こそ、「（いつも）～している」という「態度」の育成である。

　ところで、前述の「3.」の定義における「ある特定の対象または状況……」のひとつに仕事や作業などの働くことがある。近年、教育界においてもキャリア教育が位置付けられるなか、幼児期から働くことに向けて取り組むことが求められるようになった。しかし、人は各ライフステージにおいてその時期その時期に大切に育てたいこと、育てることがある（図表4-9）。

　「人を育てるとは、人との関わりを通して、生きる力・学ぶ力から働く力、そして、くらす力を育てていくこと」である。乳幼児期は、人に向かうことから始まり、人との関わりを通して、食べることや脱ぎ着することなどの「生き

る力」を育ててきた。さらに、その過程で人（支援者）とともに活動に向かうなかで「学ぶ力」も育ててきた。学齢期は、より多くの活動を通して「学ぶ力」から「働く力」、そして、「くらす力」の基礎を培ってきた。青年期、成人期は「働く力」とともに「くらす力」を育て、それらを活用し、発揮するライフステージである。この「生きる力」「学ぶ力」「働く力」、そして、「くらす力」を育てる過程で「態度」も育成されてきた。それぞれの力を育てる過程で育成されてきた「態度」は、どのような「態度」なのであろうか。

❷人を育てる過程で育成される「態度」

　知的障害者の支援においても各ライフステージで目標とする力を育てるための支援が行われてきた。すなわち、自立と社会参加をめざして乳幼児期は「生きる力」から「学ぶ力」を、学齢期には「学ぶ力」から「働く力」を、そして成人期の「くらす力」に向けた支援が行われてきた。「生きる力」を育てる過程で育成されてきた「態度」は、外界からの働きかけに対して情動を変化させる姿としての「態度」（感受性）である。さらに、外界からの働きかけを受けとめそれに応える「態度」（応答性）である。この感受性・応答性は、乳幼児期からの人との関わりによって育まれる「態度」である。

　具体的には両親をはじめとする支援者と快・不快、安心、喜びなどの感情を共感することから始まり、次第に支援者との遊びや活動に取り組むことで成功感や達成感、充実感などを共有することによって"人からの働きかけを受け止め、人に応じる、関わりの基本となる姿、心の力"としての「態度」である。感受性・応答性は、「学ぶ力」を育てる過程で育成される「態度」の基礎ともなる。「学ぶ力」を育てる過程では、人の話を聞く姿や指示に従う姿としての「態度」を育成してきた。これらは、それまでの何事に対しても自分が中心で、自分のペースで取り組んできた姿に対し、人が長年文化として積み上げてきた体系である文字や数、時間といった学習への取り組みで育成される「態度」（自律性）である。自律性は、学習の積み重ねによってさらに展開していき、いわゆる授業態度や学習態度をはじめ、手順に従うことや安全・衛生を守ること、与えられた目標の達成をめざして取り組むこと、さらに、社会一般の規律や規範の順守、遵法にまで広がっていく。自律性とは、"支援者との取り組みから、集団のなかで個として活動に取り組む姿、心の力"としての「態度」である（**図表4-10**）。

　「学ぶ力」を元に「働く力」が育てられる。「学ぶ力」から「働く力」を育てる過程で育成される「態度」が積極性と責任性である（**図表4-11**）。積極性には自発性、自立性、自主性、主体性など一般的で具体的な「態度」が含まれる。これらは、自ら取り組む、自分（ひとり）で取り組む、そして、自分の意志で判断し、選択して取り組む。さらに、選択肢そのものも自らが考え、取

図表 4-10　「生きる力」から「学ぶ力」を育てる過程での「態度」

関わる

自律性

くらす　支援者との取り組みから、集団のなかで個として活動に取り組む姿、"心の力"

働く

・自分の気持ちや行動を支援者の支えでコントロール・抑えている
・スケジュールや手順の変更にも応じて取り組めている
・手順やスケジュールに沿って活動や課題に取り組んでいる
・支援者に対しては（子どもとは違う）振る舞いをしている
・報告（「できた」）、連絡（「手伝って」「どうするの？」）をいつもしている
・準備、片づけに（手順に沿って）いつも取り組んでいる
・活動や課題のためにいつも姿勢を整える

感受性・応答性

学ぶ　人からの働きかけを受け止め、人に応じる、かかわりの基本となる姿、"心の力"

・支援者の働きかけにいつも注意を向ける
・支援者のすることをいつも模倣する
・支援者からの働きかけにいつも（言語・非言語で）応える
　　　　　　　　　　　　　　　視線、表情、しぐさ等

生きる　・支援者からの働きかけに応え、いつも活動に取り組んでいる
・支援者に自分の気持ちを（言語・非言語で）いつも伝えようとする
　　　　　　　　　　　　　　　視線、表情、しぐさ等

関わる

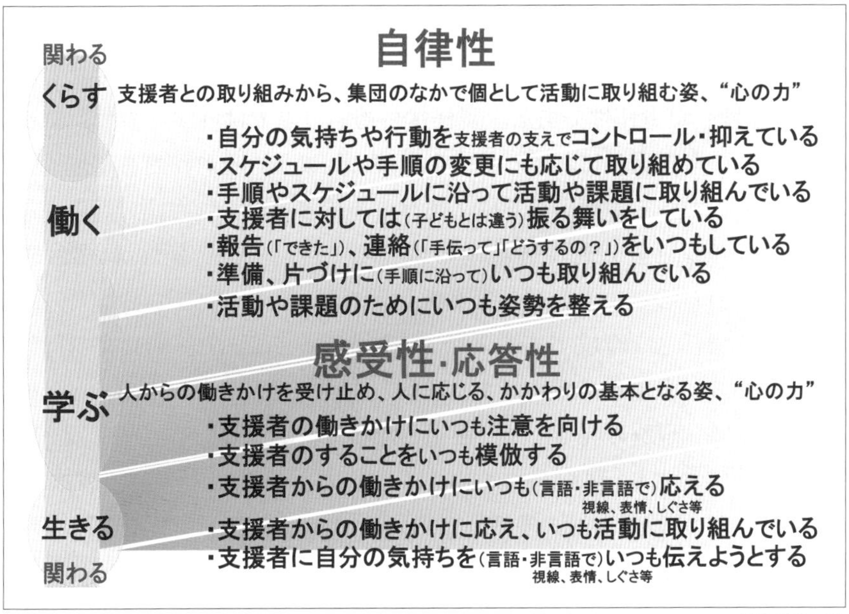

（筆者作成）

図表 4-11　「学ぶ力」から「働く力」を育てる過程での「態度」

関わる
くらす

責任性

目的・目標に向け、自らの能力を常に安定的に発揮する姿、"心の力"

・活動・課題に安定して取り組み、常に一定の成果を保っている

働く
・自分の役割を理解し、役割に課せられた目標の達成に向けて
　取り組んでいる

・課題に集中し、継続して、最後まで取り組んでいる

積極性

活動や課題、仕事に対して自ら肯定的・能動的に取り組む姿、"心の力"

学ぶ　・自分は何をするのかを考えて、取り組んでいる（主体性）
・周囲の要請に応え、自分は何をするかを判断（選択）して
　　　　　　　　　　　　　　　　取り組んでいる（自主性）

・一連の活動や課題を自分（ひとり）で行っている（自立性）

生きる　・活動や課題に自分から取り組んでいる（自発性）

関わる

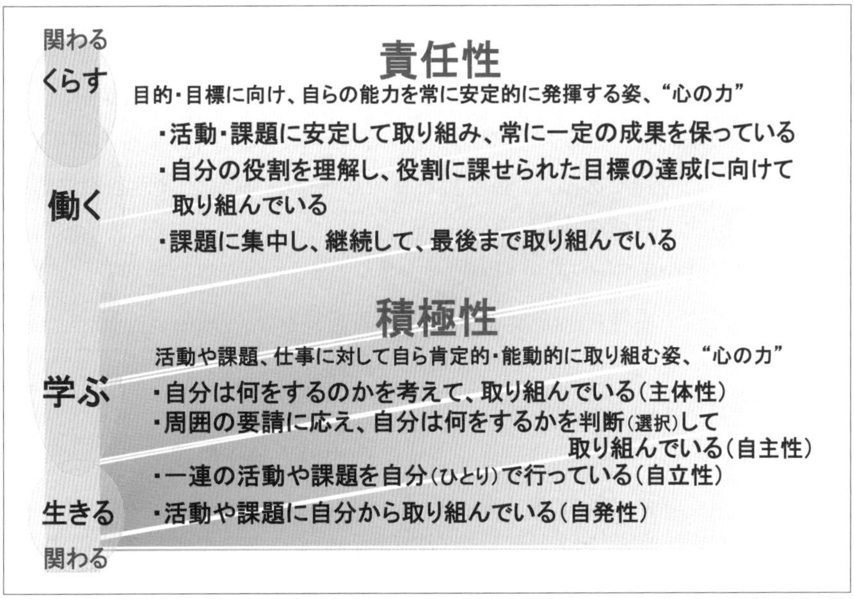

（筆者作成）

り組む姿としての「態度」である。積極性という「態度」は"活動や課題、仕事に対して自ら肯定的・能動的に取り組む姿、心の力"である。この積極性には、治工具や教材・教具の工夫による活動や仕事のわかりやすさもひとつの要

素として機能している。

　また、積極性に深く関わり、さらに積極性の現れとして求められる姿に、活動や仕事における役割に向かう姿がある。この役割を担う姿として、発展する「態度」が責任性である。責任性も初期段階では「学ぶ力」と関わり、学習課題への取り組みにおける集中や継続に始まる。それがさらに展開すると、働く場面においても仕事を正確に遂行・達成する、いつも同じ速度や品質で仕事に向かうなど安定性や確実性という姿で現れる。責任性は、"目的・目標に向け、自らの能力を常に安定的に発揮する姿、心の力"としての「態度」である。責任性を育成する指導では、1. 何をどこまで・いつまで行うのかという製品の生産量と納期に関する理解と、その生産における 2. 自分の役割の理解が知識・理解の要素として必須となる。

　「学ぶ力」「働く力」から「くらす力」を育てる過程で育成の求められる「態度」が、柔軟性・多様性と協力・協調である（図表 4-12）。

　これらは、それまでの感受性・応答性、自律性、積極性、責任性を身に付けた上で、なお、自分なりのやり方を考え、工夫する姿である。さらに、仲間とともに働き、くらすことの意義を理解することで自分の判断基準や価値観をも変えていく姿である。柔軟性・多様性は、"目的・目標に向け、常に効率的に自らの方法や内容を考えて、臨機応変に取り組む姿、心の力"で、特に働く場では、効率性を追求する姿として現れる。協力・協調は、人が働き、くらすことにおいて、最も高い水準にある「態度」で、"目的・目標に向け、より効率的で効果的な方法や内容を話し合い、それぞれが共有する内容に向け取り組む姿、心の力"である。「態度」としての協力・協調を育てるための指導では、

　①目的・目標の理解
　②自分の役割の理解に加えて、各メンバーの分担の理解
　③目的・目標に向かっている現状の進捗状況の理解
　④各メンバーの能力や技能水準の理解
　⑤効率化の方法の理解
　⑥それらを各メンバーと共有するための手続きの理解
が必要となる（図表 4-13）。

　これらの理解を要素として身に付けた上で初めて成立する協力・協調は、最も高い水準の「態度」であり、働く場や暮らす場での人との密接な関わりのなかで育成され、そこで初めて発揮される「態度」である。

　「働く態度」は、職業指導において作業種目に関わりなく「態度」として共通である。このことは、生産活動以外の活動場面においても、「働く態度」と関連する「態度」の育成が可能であることを意味する。すなわち、「生きる力」を育てる過程で育成されてきた感受性・応答性から始まり、「学ぶ力」を育て

図表 4-12　「学ぶ力」「働く力」から「くらす力」を育てる過程での「態度」

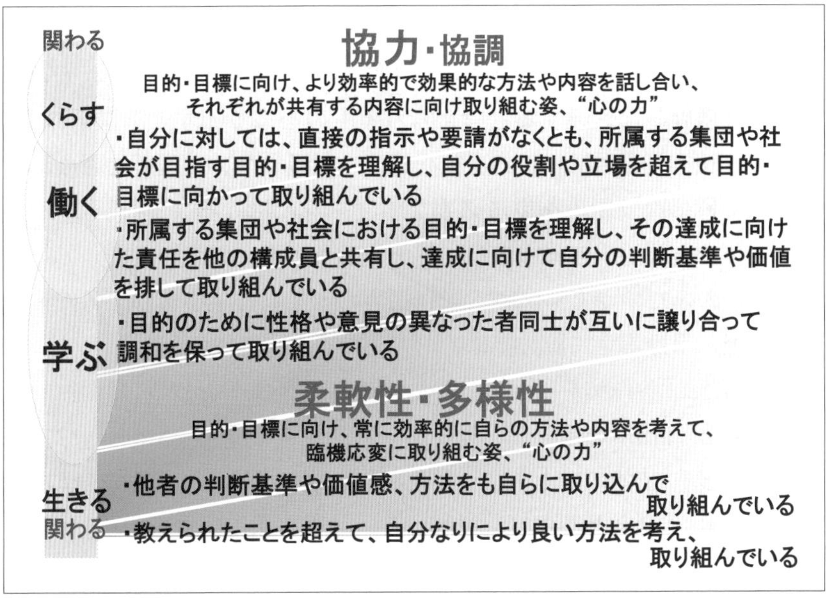

関わる

くらす

働く

協力・協調
目的・目標に向け、より効率的で効果的な方法や内容を話し合い、
それぞれが共有する内容に向け取り組む姿、"心の力"

・自分に対しては、直接の指示や要請がなくとも、所属する集団や社
会が目指す目的・目標を理解し、自分の役割や立場を超えて目的・
目標に向かって取り組んでいる

・所属する集団や社会における目的・目標を理解し、その達成に向け
た責任を他の構成員と共有し、達成に向けて自分の判断基準や価値
を排して取り組んでいる

学ぶ

・目的のために性格や意見の異なった者同士が互いに譲り合って
調和を保って取り組んでいる

柔軟性・多様性
目的・目標に向け、常に効率的に自らの方法や内容を考えて、
臨機応変に取り組む姿、"心の力"

生きる
関わる

・他者の判断基準や価値感、方法をも自らに取り込んで
取り組んでいる

・教えられたことを超えて、自分なりにより良い方法を考え、
取り組んでいる

（筆者作成）

図表 4-13　態度「協力」を支える要素

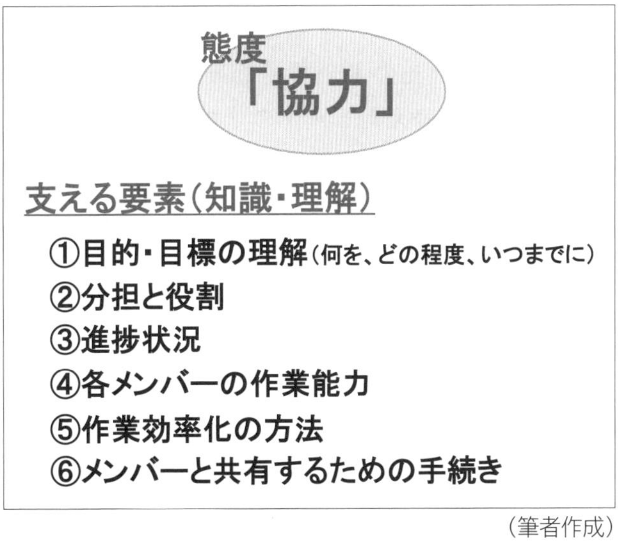

態度
「協力」

支える要素（知識・理解）

①**目的・目標の理解**（何を、どの程度、いつまでに）
②**分担と役割**
③**進捗状況**
④**各メンバーの作業能力**
⑤**作業効率化の方法**
⑥**メンバーと共有するための手続き**

（筆者作成）

る過程で育成される自律性、積極性、柔軟性・多様性などの「態度」は、「働く態度」の基礎・基本として位置付けられるものである。同様に、「くらす力」を育てる過程で育成される「態度」も「働く態度」と深く関連する「態度」である。

❸職業指導における「態度」

職業指導における「態度」を見いだすために、学齢期の職業教育において何

を育てることが求められているのかを整理してみよう。知的障害児の学校教育には、教科「職業」の時間があり、学習指導要領にその目標や内容が示されている。また、指導の形態として「作業学習」が位置付けられている。それらから「態度」に関連すると考えられるものを取り出すと（以下の<u>下線部分</u>）、教科「職業」の目標 1. で「働くことの意義について理解を深め、<u>積極的に作業や実習に取り組み職業に必要な態度を身に付ける</u>」、目標 3. で「作業の工程全体を理解し、自分の分担に<u>責任</u>をもち、ほかの者と<u>協力</u>して作業や実習をする」のふたつがある。さらに、指導の形態「作業学習」の各作業種に共通する目標と目標設定に際しては、

観点 1.「各作業を通して、<u>勤労の尊さや喜び</u>を感じる」

観点 2.「仕事を通して、<u>責任感や協調性</u>をもつ」

観点 3.「技能の向上を図るとともに、<u>根気強く働く</u>習慣を身に付ける」

観点 4.「<u>安全と衛生</u>に留意し、良い<u>品質を保つ努力</u>をする」

の四つの観点を見いだすことができる。さらに、作業学習の指導に当たっての考慮事項では、考慮事項ア「生徒にとって教育的価値の高い作業活動等を含み、それらの活動に取り組む<u>喜び</u>や完成の<u>成就感</u>が味わえること」、考慮事項エ「知的障害の状態等が多様な生徒が、<u>共同</u>で取り組める作業活動を含んでいること」が示されている。

　これらとともに、先の 1.「働く態度」とそれを支える「態度」で学習態度・授業態度として考えた 5 水準の「態度」と、2. 人を育てる過程で育成される「態度」で考えた「生きる力」「学ぶ力」「働く力」「くらす力」を育てる過程で育成される六つの「態度」を参考に、職業指導における「態度」として分類した（図表 4-14）。さらに、これら六つの「態度」を難易度と育成時期を元に、初期段階で育成をめざす基礎・基本の「態度」から、将来の職業生活・社会生活を見据えて指導し育成をめざす水準の「態度」までに分け、階層構造として捉えた（図表 4-15）。この階層から、図表 4-14 の第 1 レベルは (1) 感受性・応答性、第 2 レベルは (2) 自律性、第 3 レベル (3) 積極性、第 4 レベル (4) 責任性、第 5 レベル (5) 柔軟性・多様性と考えることができる。

2）「態度」の指導

❶職業指導における「態度」指導の考え方

　職業指導において 6 階層の「態度」の指導の順序を考えるために、縦軸に職場での作業の準備から始まり、片付けに終わる展開を、横軸に長期にわたる知識・技能・態度の深まりを設定した。そこに六つの「態度」を配して「態度」指導の順序①〜⑥（図表 4-16）として作成した。

　「態度」指導の具体的な展開は、まず、達成感や相手に向かう・応じると

図表 4-14　「態度」の 6 分類

(1) 感受性・応答性（快・不快、達成感、相手に向かう・応じる）
人からの働きかけを受け止め、人に応じる、かかわりの基本となる姿、"心の力"

(2) 自律性（指示・スケジュール・手順・配置に従う、報告、安全・衛生・規律・ルール・マナーを守る、報告、連絡、相談）
支援者との取り組みから、集団のなかで（一人で）取り組む姿、"心の力"

(3) 積極性（自発性、自立性⬌自主性、主体性）
自ら肯定的、能動的に取り組む姿、"心の力"

(4) 責任性（集中力、持続力⬌正確性、安定性）
目的・目標に向け、自らの能力を常に安定的に発揮する姿、"心の力"

(5) 柔軟性・多様性（効率性 ⬌ 臨機応変、自己改善力）
目的・目標に向け、常に効率的に自らの方法や内容を考えて、臨機応変に取り組む姿、"心の力"

(6) 協力・協調性
目的・目標に向け、より効率的で効果的な方法や内容を話し合い、それぞれが共有する内容に向け取り組む姿、"心の力"

（筆者作成）

第4章

図表 4-15　指導の順序と難易度からみた「態度」の階層

（筆者作成）

いった生活場面でのさまざまな経験において取り組まれる最も基礎となる、①
感受性・応答性の指導から始まる。さらに、活動や作業の提供に伴い準備と片
付けを機会に②**自律性**にあるさまざまな内容の指導が展開する。次に、作業の
提供に際しライン・工程を設けることで、たとえ重度の障害のある者であって
も、本人の知識・技能や能力・特性に応じた工程に配置し、生産活動に参加
し、作業に取り組むことが可能となる。ここで本人の作業に対する③**積極性**
（自主性、自立性→主体性）の指導ができる。さらに、配置された工程という

149

図表 4-16　「態度」指導の順序

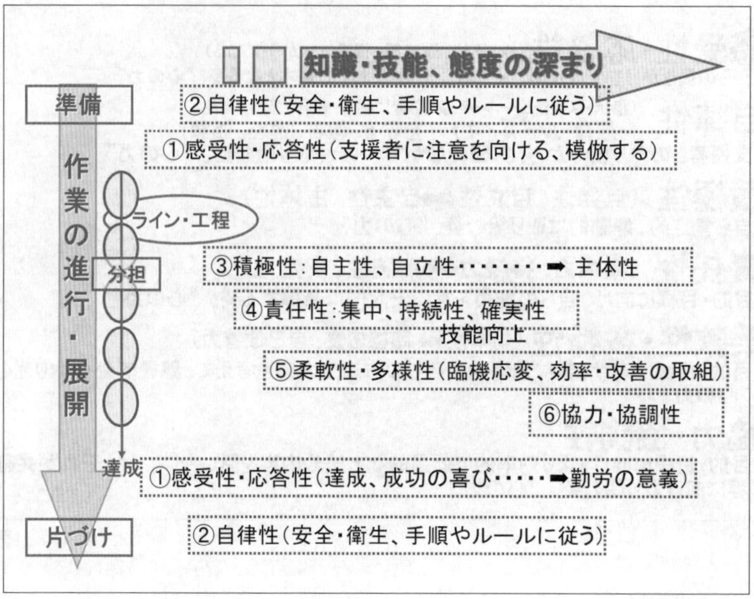

（筆者作成）

ラインにおける役割と分担を意識させることで、④**責任性**の指導ができる。ここで責任性は、自律性の指導において身に付けたルール・報告・連絡などを基礎・基本とし、積極性の形成により作業へ主体的に向かう「態度」が獲得されて初めて展開する本人の意志をもった作業への集中・持続に始まり、正確性、確実性、安定性を含むものである。この展開のなかで技能向上の意識も高まる。ただ、この責任性までは与えられた作業に対する自律性と積極性の維持であって、職場の状況に応じた臨機応変の取り組みまでは求められない。その意味では、福祉的就労の現場においても求められる「態度」であり、重度の障害者においても指導により育成をめざさなくてはならない「態度」である。⑤**柔軟性・多様性**は、これまでの学習や経験によって形成・獲得した知識・技能による方法をそのまま適用するのではなく、状況に応じて臨機応変に改変する自己改善による取り組みの「態度」である。しかし、個としての自分ひとりだけでの変化では十分な成果の得られない状況への対処を可能にするのが⑥**協力・協調性**である。

❷ライフステージ各期での「働く態度」の指導

　「働く態度」の指導は、すでに幼児期や学齢期の早い時期から始まる。この動きは、平成 11（1999）年の中央教育審議会「初等中等教育と高等教育との接続の改善について」において、キャリア教育を小学校段階から、発達段階に応じて実施する必要があること。学校ごとに目的を設定し、教育課程に位置付けて計画的にキャリア教育を行う必要があることが答申され、キャリア教育が

広く実施されるようになったことに始まる。キャリアとは「個々人が生涯にわたって遂行するさまざまな立場や役割の連鎖及びその過程における自己と働くことの関係付けや価値付けの累積」であり、キャリア教育とは、「キャリア概念に基づき、児童生徒一人ひとりのキャリア発達を支援し、それぞれにふさわしいキャリアを形成していくために必要な意欲・態度を育てる教育」（国立教育政策研究所 2002）である。

　キャリア教育は、職業に従事するための教育である職業教育とは異なり、生涯に渡り自分らしく生きるための教育ともいえる。まさに、意欲や「態度」を育成する教育である。この考え方は、これまで本稿で考えてきた「働く態度」は「生きる力」「学ぶ力」における「態度」を基礎・基本とし、「くらす力」を育てる過程で育成される「態度」とも深く関連し、6 水準の「態度」には連続性があるという考え方と共通する。すなわち、「働く態度」の育成は、幼児期から始まるものであり、重度の障害のある方々にも取り組むことができる指導である。

　幼児期・学齢期や成人期であっても重度の知的障害者の「態度」の指導は、生活場面で常に繰り返される準備や片付けでの報告、連絡、手順やルールの理解と獲得という自律性の指導が重要であり、中心である。同時に、生活場面でのさまざまな課題への取り組みとその達成を通して感受性・応答性にある達成感や相手に向かう・応える「態度」の指導が行われる。

　学齢期も後期に当たる中学校～高等学校段階という青年期に入ると、職業指導ではライン・工程を導入した作業において、より分担・役割を意識した指導が行われることになる。もちろん、ほかの活動場面においても役割が重要になる。役割の導入は、知的障害者にとって、たとえその障害の程度が重度であっても個々の特性に応じて活動や作業に配置し参加することを可能にするものである。すなわち、誰もが自分の前で展開している活動や作業に役割をもって参加できる。このことが自発性に始まる積極性（自主性、自立性→主体性）の指導につながる。また、与えられた役割に対しての責任性の育成も可能にする。

　同じ青年期にあっても一般就労をめざす水準の生徒や近年、開設校が急速に増加してきた高等部職業学科では、さらなる「態度」の高次化をめざして、行事での販売やそのための準備を計画的に取り組むことで、より分担・役割や生産目標を意識した学習を行うようになってきた。また、作業班として"総務部"の導入などによっても、各作業のライン全体や工程を理解し、そこでの生産に関する量や速度に関する理解を深め、効率性や臨機応変な対処である柔軟性・多様性を育成する取り組みが行われるようになってきた。

　さらに、作業の進捗状況に合わせ、現状の問題にメンバー全員で話し合い、対処する協力・協調の育成をめざした取り組みも行えるようになってきた。特

第4章

図表 4-17　「態度」育成によりめざす利用者の姿や行動①

感受性	・支援者から実物で示されることで、動き出している。 ・話す人に注意を向けている。 ・支援者からの身体的なガイドを受け入れている。 ・支援者が指し示したものに注目している。 ・指さしや少し離れた支援者の手元に注目している。 ・手招き、呼名などの呼びかけに応じている。 ・支援者からの賞賛に表情や動作で応えている。 ・支援者の制止に応じて、活動を止めている。
自律性	・決められた時間までは活動や学習、作業に取り組んでいる。 ・自分の要求を相手に伝えている。 ・話をしたり聞いたりしているときは、相手に向かって（見て）いる。 ・達成や賞賛などを期待して、活動や学習、作業に取り組んでいる。 ・決められた場面では、挨拶をしている。 ・決まった場面では、報告（活動の終了等）をしている。 ・「できました」と定型の文で報告している。 ・活動や学習、作業に向けて、決められた服装になっている。 ・清潔に関する指示を受け入れ取り組んでいる。 ・並べられた実物や手順書を見て、活動や学習、作業に必要なものを準備している。 ・使い終わった道具等を決められた場所に片付けている。 ・机上の決められた位置に道具を置いている。 ・安全に道具を使っている。 ・次の予定に向けて、準備をしている。 ・支援者が示した手順に従っている。 ・活動や学習、作業の内容や手順の変更に応じて動いて（対応して）いる。

（筆者作成）

に、高等部職業学科レベルでは、卒後の就労先で求められる、このように高度で実践的な「態度」の指導をめざすことになる。近年、卒後の就労先として拡大しているサービス業や事務、福祉等の職場では、ものづくりの場で見られるような明確なラインがないのが一般的である。しかも、そこで求められる「態度」は、柔軟性・多様性や協調・協力で、しかも、現場に即したかたちが求められる。具体的には、先に挙げた職種のほとんどは、ひとつの仕事を何人かで分担（ライン方式）して、しかも、個々にはひとり作業としてのセル方式で行うことが多い。しかし、分担された全てのメンバーの作業の終了で、初めて仕事の終了となる。これらの「態度」の育成とともに、さらに、勤労の尊さをもった就労継続をめざした「態度」の育成も必要になっている。

　「働く態度」の育成に向けて、6水準の「態度」を段階的に指導していく際、利用者の活動や仕事への取り組みにおいてめざすことが期待される姿や行動を図表4-17、図表4-18に整理した。これらは、「態度」指導における具体的な目標であるとともに、6水準の「態度」育成の評価項目でもある。

図表 4-18 「態度」育成によりめざす利用者の姿や行動②

積極性	・活動や学習、作業のスキルの向上をめざして自ら、取り組んでいる。 ・決められた姿勢で自ら、活動や学習、作業を行っている。 ・決められた場面で、「わかりません」「手伝ってください」等の定型文で、自ら相談している。 ・マニュアル等を確認して、一定の時間のかかる活動や作業もひとりでやり終えている。 ・自分で「態度」に関する目標を立てている。 ・自分で設定した「態度」に関する目標の達成に向け自ら、活動や学習、作業に取り組んでいる。
責任性	・目標（いつまでに、何を、どれだけ）の達成に向けて、活動や学習、作業に取り組んでいる。 ・活動や学習、作業での割り当てられた役割を理解し、いつも全うしている。 ・活動や学習、作業で自ら予定を確認しながら、半日～1日程度は取り組み、やり終えている。 ・活動や学習、作業で求められる水準で、常に目標の達成に至っている。
柔軟性・多様性	・目標達成のためには、決められた時間を超えても取り組んでいる。 ・活動や学習、作業に必要なものを自ら判断して準備し、取り組んでいる。 ・目標達成のために活動や学習、作業の手順や内容を自ら判断し、変更して取り組んでいる。 ・目標達成のために適切な速度やペースを自分で判断し、変更して取り組んでいる。 ・活動や学習、作業で班や全体の進捗を判断し、計画を変更して取り組んでいる。 ・活動や学習、作業に安全や効率性、材料の節約などを判断し、常に取り組んでいる。 ・状況を判断し、必要に合わせて自分から相談をしている。
協調・協力	・活動や作業で目標に向けて計画を立て、ほかのメンバーに説明して、一緒に取り組んでいる。 ・目標達成に向けて分担・役割の調整を話し合い➡決定➡説明して、一緒に取り組んでいる。 ・全体の目標の進捗を判断し、他班やメンバーへの加勢を考え➡説明して、支援している。 ・状況に応じて手順や内容の変更を提案し、話し合い、説明して、一緒に取り組んでいる。 ・ほかのメンバーと話し合い、意見を合わせて、常により良い解決策で、一緒に取り組んでいる。 ・全体の目標達成に向けてチーム間の調整を話し合い➡決定➡説明して、一緒に取り組んでいる。

（筆者作成）

第4章

参考文献
・AAIDD.(2019). Definition. https://www.aaidd.org/education/Webinars（aaidd.org）American Association on, Intellectual & Developmental Disabilities. Ad Hoc Committee on, T., Classification, American Association on, Intellectual & Developmental Disabilities.(2010). Intellectual disability：definition, classification, and systems of supports（11th ed.）. 太田俊己、金子健、原仁、湯汲英史、沼田千好子　共訳「知的障害：定義、分類および支援体系」日本発達障害福祉連盟、2013 年
・AAMR（2001）：Mental Retardation. Definition, Classification and Systems of Supports. American Association on Mental Retardation 10 Edition. 栗田広、渡辺勧持　共訳「知的障害—定義、分類および支援体系」日本知的障害福祉連盟、2004 年
・AAMR（1991）：Mental Retardation. Definition, Classification and Systems of Supports. American Association on Mental Retardation. 9 Edition. 茂木俊彦　監訳「精神遅滞　第 9 版　定義・分類・サポートシステム」学苑社、1999 年
・WHO（2002）：ICF. International Classification of Functioning, Disability and Health, 2002. 監訳：佐藤久夫、翻訳：三田岳彦・三上史哲・樫部公一「ICF：国際生活機能分類生活機能、障害、健康に関する共通言語にむけて」中央法規出版、2003 年
・障害者福祉サービスの契約に関する検討委員会「障害者福祉サービスの契約に関する研究事業の報告書」、2003 年
・中央教育審議会「初等中等教育と高等教育との接続の改善について（答申）」、1999 年
・国立教育政策研究所「児童生徒の職業観・勤労感を育む教育の推進について（調査研究報告）、2002 年

（3）作業環境つくりと 5S

1）職業指導における環境つくりと 5S の位置付け

　就労（継続）支援について、障害者総合支援法第 5 条第 14 項において、「通常の事業所に雇用されることが困難な障害者につき、就労の機会を提供するとともに、生産活動その他の活動の機会の提供を通じて、その知識及び能力の向上のために必要な訓練その他の厚生労働省令で定める便宜を供与する」と規定されている。さらに、「厚生労働省令で定める便宜」について、障害者総合支援法施行規則第 6 条の 10 において、「通常の事業所に雇用されることが困難であって、雇用契約に基づく就労が困難である者に対して行う就労の機会の提供及び生産活動の機会の提供その他の就労に必要な知識及び能力の向上のために必要な訓練その他の必要な支援（就労継続支援 B 型事業）」と説明した。これらを元に、就労支援を整理すると（**図表 4-19**）、生活介護事業所では身体機能または生活能力の向上を目的に、活動のひとつとして作業を提供し、生産活動を行う。一方、就労移行支援や就労継続支援事業所では、就労に必要な知識および能力の向上とともに、就労による自活をめざして作業を提供している。同じ作業の提供ではあるが目的が異なることから、そこでの取り組みも異なる。

　前項で考えたように、職業指導において利用者支援の最終的な目標は、「働く態度」の育成である。そこで、「働く態度」の育成をめざした職業指導では、作業の提供から始まり、「働く力」を伸ばし、働く「態度」の育成までを七つのステップに分けて整理した（**図表 4-20**）。Step0 から Step5 までが、利用者が「働くに向けての準備」である。さらに、Step6、Step7 が、利用者の「働く力」を伸ばし、「働く態度」を育てる「利用者へのアプローチ」の段階である。ここで、5S は、職場つくりとして位置付けられ、Step5 の環境つくりは、役割として配置された工程で、利用者が自らの力を発揮してひとりで働くための環境つくりをさす。

2）職場つくりの基本活動としての 5S

❶5S は職場つくりのための基本活動

　5S とは、「整理、整頓、清掃、清潔、躾（しつけ）」の頭文字をとったものである。5S は、「働く態度」に向けたステップ（**図表 4-20**）における Step0 で、職場つくりの基本である。

<5S 活動の目的>

ⅰ）安全に活動や仕事ができるようにする

　利用者、職員の事故・けがを防止して、安心、安全に活動や仕事ができるようにする

図表 4-19　知的障害者が働くとは

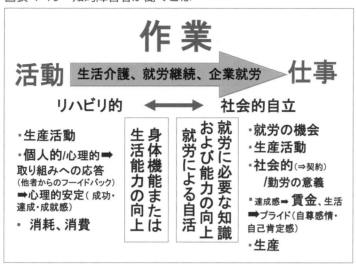

（筆者作成）

図表 4-20　「働く態度」に向けた七つのステップ

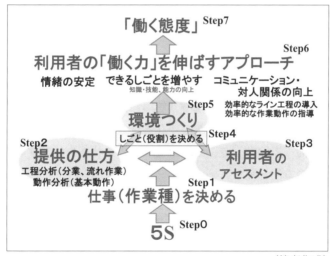

（筆者作成）

ⅱ）快適に活動や仕事ができるようにする

　利用者、職員がわかりやすい環境で、最大限に力を発揮できるようにする。
また、利用者が取り組む活動や仕事の内容を一般来所者にもわかりやすく説
明できるようにする。

ⅲ）効率的に活動や仕事ができるようにする

　活動や仕事の内容や方法が標準化され、活動や仕事に取り組みやすくなるよ
うにする。日々の改善とその継続で、より効果的、効率的に活動や仕事がで
きるようにする。

<5S 活動の内容>

ⅰ）**整理**：使うモノと、使わないモノとを区別し、使わないモノを処分する。

整理がもたらす効果

・保管棚、キャビネット、ロッカーなどが少なくなる。

・職場のスペースが広くなる。

・不要品を置かないので在庫が減る。

・棚卸しなど、管理に要する諸経費が減少する。

ⅱ）**整頓**：使うモノを使いやすい位置に配置し、明示する。

「誰でもわかる、見つけられる」「誰でもすぐに使える、取り出せる」「誰でもすぐに戻せる」ための仕組みづくりである。そのためには、必要なモノがどこに（場所）、何が（品目）、いくつ（量）あるのかを決め、誰でもわかるように明示する（視覚的な整頓）。

整頓の基本ルールは、＜定位＞＜定品＞＜定量＞を決め、守ることである。

・＜定位＞（定められた場所に……場所の表示）

・＜定品＞（定められたモノを……品目の表示）

・＜定量＞（定められた量だけ……量の表示）

整頓がもたらす効果

・労働災害を防ぐことができる（安全性）。

・すぐにモノが取り出せ、元に戻すことができ、探す時間が減る（効率性）。

・運搬に要する時間が減る（効率性）。

・紛失による買いたしがなくなる（コストを削減）。

ⅲ）**清掃**：掃除をして、整理・整頓された状態を維持すること。

清掃の方法と種類

・一連の業務に清掃を組み込む→日常清掃

・清掃業務に点検を組み込む→清掃点検

・清掃点検の業務に保全を組み込む→清掃保全

清掃がもたらす効果

・清掃を徹底することで、衛生面や管理状態の異常、機器や設備の故障を未然に防ぐことができる。

ⅳ）**清潔**：整理・整頓・清掃の 3S が保たれた状態を継続すること。

清潔を保つ予防的な 3S の仕組みづくり

・予防的な整理：捨てない（不要物を発生しない仕組みづくり）

・予防的な整頓：乱れない（戻さなくてよい仕組みづくり）

・予防的な清掃：汚れない（汚れない仕組みづくり）

ⅴ）**躾**：これまでの 4S の活動を職員が守り、行い続ける習慣付けであり、法人や事業所として 5S 活動を成立させる取り組みである。

❷5S活動の具体的な取り組み

　ここでは、5S活動に法人全体で取り組んだ＜A法人の5S活動の取り組み＞を通して、5S活動の方法や内容、そして、その効果について考える。

＜A法人の5S活動の取り組み＞

　A法人では、職員の委員会活動のひとつとして「5S委員会」を設置した。

5S委員会の構成

　委員：2年以上の経験のある職員6~8名で委員会を構成。公平性を保つために各委員は、全ての事業部の職員で構成した。

　委員長：主任職以上の委員から委員長を選任した。

5S委員会の活動

　5S委員会は、年間計画として各事業所の検査日と改善の点検日、結果を法人職員全員に共有するための全体研修日の計画を立てる。検査日は抜き打ちで、各事業所の5S活動の取り組み状況を訪問検査する。この検査では、委員会が設定した5Sチェック項目に基づき2名の委員が評価者として評価する。2名の評価点を平均し、具体的な指摘事項とともに評価結果として所長に伝え、検査を終了する。なお、評価者は自分の働く事業所以外の事業所の評価を行う。

　検査日後、数日~1カ月以内に改善の点検を行うために再訪問する。その場で、改善状況を検査し再評価を行い、所長に評価結果を伝える。各事業所の評価結果と指摘事項は、法人の所長会議で報告し、所長間で共有する。さらに、法人の全体研修で各事業所の5S活動の評価結果と取り組みの具体を報告し、続いて5S活動に関する研修を行い、法人職員全員で5S活動について共有する。

5S活動の成果と効果

　A法人の5S活動の当初の目的は、各事業所での5S活動の遂行・達成程度の点検、評価であり、現場職員が改善の必要な事項や箇所を知り改善していくことであった。具体的には、モノが片付けられていない、ほこりがたまっている、使わないモノが置いてある等である。それらを全体研修で具体的に画像を用いて共有することで、事業所によっては、指摘がなくとも自ら改善するようになった。しかし一方で、同じ事業所が同じ指摘を受け続けた。その原因を5S委員会が分析し、職員が5S活動を理解し、常に意識するレベルにまで至っていないことによるものと仮定した。

　そこで、5S活動を段階的に捉え、丁寧にステップを追った取り組みを行うこととした。具体的には、3S（整理、整頓、清掃）活動の徹底から始めた。5S委員とともに、使うモノと使わないモノとを区別する（使わないモノは処分する）、モノを置く場所を決める（利用者が使っても戻せるよう

に、棚等に表示をする）、掃除の担当、時間を決めて、毎日行う。整理、整頓は毎週点検を実施し、清掃は毎日続けた。その結果、清潔が保たれるようになり、5S 委員会の検査でも指摘事項の減少がみられるようになった。このように 5S 活動の取り組みにおいても、スモールステップで職員の意識に働きかけるような段階的な取り組みによって、職員の意識が高まり定着につながることが確認できた。

　法人としてはさらに、事業ごとに共通事項をつくっていくことに取り組めるようになった。具体的には、就労継続事業所では、作業部材や机の配置、コンテナや完成品を置く場所など、職場のレイアウトを効率的に作業ができるように統一することに取り組んでいる。また生活支援事業所でも、多数の利用者のショートステイ先での清潔の維持をグループホームにも共通化させる取り組みを行っている。

❸5S 活動の取り組みに当たって共通に理解しておくこと

　きれいな職場にしていく 5S 活動は、手段であり目的ではない。

ⅰ）5S 活動の取り組みで最も重要なことは、法人全体としての活動に位置付け、考え方と方法を統一して向かうことである。

ⅱ）判断基準（目線、危機感など）を共通にし、管理者自ら取り組み、指示だけでやらせることはしない。

ⅲ）汚した本人に片付けさせ→気付かせ→なぜ汚れたのかを考えさせることで→職場全体で改善に取り組む。誰かが片付けてしまうことで、気付きや意識化の機会をつぶさない。

ⅳ）作業性を無視した外見だけの 5S ではなく、効率性や合理性にかなった取り組みにする。

ⅴ）常に、永続的に継続すべき活動であることを理解し、結論を後回しにする「とりあえず……」は現場の改善を妨げ、5S 活動そのものを無くしてしまう。

3）職業指導における環境つくり
<わかりやすい環境つくり>

　職業指導における環境つくりとは、ひとりで自立的に活動や仕事に取り組み、目標まで継続できるように利用者の特性やレベルに合わせた情報の提供と伝えるためのモードの発見である。モードは基本的には、視覚化した文字や図、写真などによる情報の提供である。具体的な情報として次のⅰ）～ⅳ）がある。

ⅰ）活動や仕事のタイミングをわかりやすく：今、何をするのかをわかりやすく伝える

・「時間」を目に見えるかたちにして伝えるために活動や仕事、仕事において担当する工程をシンボル化し、それを行うタイミング（時刻）とセットで表示する。今の活動や仕事を示すことから始まり→次→ふたつ先→半日分→1日分→1週間というように時間の流れに沿ってスケジュールとして呈示し理解を図り、生活や仕事に見通しをもたせる。

ⅱ）活動や仕事の手順をわかりやすく：どのように活動や仕事をするのかをわかりやすく伝える

・活動や作業の流れ（手順・工程）をわかりやすく呈示する。使う治工具や教材を仕事や活動の内容に合わせ区別するために色や目印で目立つようにする。完成品の見本やリストを示して手順（どのように仕事や活動するか）を追って取り組めるようにする。

ⅲ）活動や仕事の始まりと終わりをわかりやすく：この活動や作業は、いつ（どこから）始め、いつ（どこで）終わるのかをわかりやすく伝える

・活動や作業として、何を、どのくらい（の量、時間）行うのか、終わったら次はどうするのか等を、本人にとってわかりやすく表示し、自立的に、継続してひとりでも行い、終わりがわかるようにする。

ⅳ）活動や作業の場をわかりやすく：どこで何をするのかをわかりやすく伝える

・場所と活動や作業の工程を1対1に対応する。ここは何をする場所なのか、

・環境（場）を通して意味（活動や仕事の工程）を理解できるようにする。

・環境（場）から余計な情報を遮断して混乱を防ぎ、集中力を高める。

・環境（場）に活動や仕事、工程をシンボル化したものを表示する。

（4）作業分析と動作分析

1）作業分析とは

作業分析とは、作業の現状（何を目的に、何が行われているか）をしっかりとつかみ、明確化することである。一見して簡単に行われている作業でも利用者にとってさらにわかりやすくするために、一連のまとまった仕事を細かく一つひとつの工程に分けていく。また、工程を分けて考えていくことで、全ての工程ができないためにその仕事に参加することはできなくても、その利用者の能力を生かして一部の作業に参加できる可能性を見いだしていく。

❶作業標準

作業標準とは、作業条件、作業方法、管理方法、使用材料、使用設備、その他の注意事項などに関する基準を規定したものである。利用者にとってわかりやすく正しい仕事のやり方を決めて、ムダの発生を意識的に防止していくため

の作業方法を標準として確立させていくことが作業標準である。

　ひとつの一連の仕事を分析し、工程を分けて作業をつくり出していくときに作業標準を決めることは、利用者を中心にした生産活動を行っていく上で、とても重要である。すなわち、作業分析をすること、作業標準を確実に決めることで、利用者の能力に見合った作業提供ができるようになるからである。このような作業提供ができると、生産ラインを構築できるようになる。ラインを構築して生産することによって生産活動が活発になり、効率が上がることが期待される。

❷生産の四つの要素

　生産活動を行うためには、以下の四つの要素[38] を捉えておく必要がある。

ⅰ）加工
　・資材が変形していくこと（人の力や機械の力が加わる）
　・準備・片付けも含む
　・例として、封入・封緘作業では、封入加工、折り加工、封緘加工、ラベル貼付加工、結束加工などが挙げられる
ⅱ）検査
　・製品の品質や、数量が標準と比較される過程
　・品質検査（向きが合っているか、表裏が合っているか、曲がっていないか等）
　・数量検査（数が合っているか）
ⅲ）運搬
　・モノの位置が変化される工程
　・人力による運搬
　・手渡し
　・コンテナに入れて運ぶ
　・台車で運ぶ
　・車輌で運ぶ
ⅳ）停滞
　・製品や資材が停滞している過程
　・工程間の滞留
　・不必要な停滞（たまっている状態、材料待ちの状態）
　・必要な停滞（糊やインクを乾かす）

注
※38　第 5 章 4（2）1）　259 頁参照

❸生産工程

　生産工程を考える際には、生産の四つの要素を最も効率のよい順に並べることから始める。その上で、要素をできるだけ減らす。特に、ムダの生じやすい運搬を減らすために、あらかじめ工程間において、運搬距離を短くすることを考えておく。また、台車等の道具を使用して、運搬方法を楽にする準備をする。

　そして、停滞量は、必要な停滞まで排除してしまわないよう留意しながら、支障のない最低限に抑える。また、検査の回数を最少にし、最も都合のよい順序に入れる。加工についても人の力で行うのが適当な加工か、機械を使用するのが適当な加工かを判断しておく。

❹現場のレイアウトを考える

　レイアウトを考える際に重要なことは、いかに効率よくモノが流れていくか考えることである。まずは搬入後の部材の置き場をどこにするか、次にどのようなラインで生産工程を流すかを考え、最終的な完成品、停滞品の置き場を決めておく。また、その過程で出てくる廃材を予測して、廃材の置き場、処理の仕方も効率よく行うことが、生産活動を進めるポイントとなる。

❺作業分析の事例

【作業名】パンフレット４点封入・封緘（ふうかん）

【作業分析】　ⅰ）パンフレット４点の丁合作業

　　　　　　　ⅱ）丁合されたものの封入作業

　　　　　　　ⅲ）４点封入が間違いなくされているか検査

　　　　　　　ⅳ）自動封緘機を使用した糊封緘作業

　　　　　　　ⅴ）封緘の品質検査

【作業標準】　ⅰ）注意する点

封入するパンフレット（４点）の確認

封入作業

　　　　　　　　・不良品（シワ、破れ、汚れなど）を出さない

　　　　　　　　・封入漏れ、多重封入をしない

　　　　　　　　・パンフレットの向きを統一する

　　　　　ⅱ）出来上がりの基準

　　　　　　　　・4点のパンフレットが表裏の向きが合い、間違いなく封入されている

　　　　　　　　・きれいにまっすぐ糊封緘がされている

　　　　　　　　・シワ、破れ、汚れがない

【生産ラインの構築】

　　　　　　　　・4点丁合作業→封入作業→検査→封緘作業→検査→完成品
　　　　　　　　　このラインに利用者を配置してラインをつくり上げていく

【生産ライン構築の注意点】

　　　　　　　　・資材や道具の置き場は適切か

　　　　　　　　・完成品、完成途中の置き場は適切か

　　　　　　　　・不要な検査の有無

　　　　　　　　・完成途中の製品を乱雑に置かない

　　　　　　　　・ゴミ箱や廃品の置き場は適切か

　　　　　　　　・製品の動きを最小限にする

　　　　　　　　・生産ラインを一直線にする

　　　　　　　　・検査済みのものと未検査の製品がひとめでわかる工夫

【利用者に対して】

　　　　　　　　・どこに何があるか、わかりやすいか

　　　　　　　　・自分の役割がわかりやすいか

　　　　　　　　・何を（作業）、どこで（場所）、いつまで（納期）、どれだけ（作業量）、どのように（方法）行うかがわかりやすいか

　　　　　　　　・求められる作業知識と作業技術を理解しているか

2）動作分析とは

❶作業動作

　作業動作とは、生産活動における人の働きである。人は作業をするときには、右手、左手、両目を使う。また、必要に応じて両足を使う。ただしこれは標準的な働きなので、障害のある人に対しては、障害特性に応じて考える必要がある。実際の作業を記録して分析をし、ムダな動作やムリな動作の排除を検討して作業方法を改善していくことが必要である。

❷動作分析

　ひとつの固定した場所で行われる作業の動作内容を図表化することによって

ムダな動きをなくし、より疲労の少ない動作の順序や組み合わせを考案することである。事業所で行われる多量生産のように繰り返しが多く、短いサイクルの作業の場合に動作分析は実用的に役立つ。障害のある人の障害特性を考えて動作分析をしていくことで、ムダな動きをなくして疲労を軽減し、やる気や仕事の動機付けにつなげていくことが重要である。

❸作業動作の基本原則

次に作業動作の基本について述べておく。

ⅰ）両手を同時に使うこと

両手は各動作同時に始めて、同時に終わるようにする。

部材は両手同時に取れるようにする。

ⅱ）動作要素の数を減らすこと

動作の順序を組み替える。

ふたつ以上の動作を結合する。

ⅲ）動かす距離を短くすること

❹知的障害のある人の作業動作の特徴

このような基本原則で利用者の作業動作を観察していくと、利用者の動作の特徴が次のようにわかってきた。

ⅰ）利き腕を中心に動作が行われている→まず右手（利き腕）で部材をつかむ

ⅱ）両手を同時に使うことができない→右手を動かし、そして左手を動かす

ⅲ）ふたつの動作を組み合わせることが困難である→向きを決めてつかむ、選びながら手を伸ばす

ⅳ）ムダでムリな動きが多い→こだわりなどから探究や選択が多い

ⅴ）見るべきところを見ることができない（作業で必要な視線の動かし方ができない）→仕事を見ていない

これらの利用者の動作の特徴をよく理解して改善を進めていくことで、効率の良い作業となっていく。また、利用者に対して我われ支援者は、作業指導を進めるときに「速くやりましょう」「速くできるようになりましょう」などの声掛けが中心になってしまいがちであるが、どこをどのように改善することで仕事を速くできるようになるかを具体的に提示することで、利用者の意欲につながる支援ができると考えられる。

また、作業を遂行していくために、どのような知識と技術が求められるかを明らかにしていく。この作業の場合では次のようになる。

【求められる作業知識】

　・左側から丁合を行うこと

　・ひとつずつ取って上に重ねていくこと

　・丁合機に交互に置くこと

【求められる作業技術】
　・親指とその他の指を使って1部ずつパンフレットをつまむ
　・机を使ってパンフレットをそろえる

❺作業動作の改善

　ここで、前述した作業動作では、利用者はどのようなところが課題になるのかを考えてみる。

i）両手を同時に伸ばして使うことができない、または利き腕中心で作業をしてしまう

　　両手を同時に使うことができずに右手（利き腕）でパンフレットを取って左手に持ちかえる。右手を使う作業が中心になるので動作要素が増えて、その結果、作業時間がかかってしまう。どのような動作をすれば、速くできるのかを支援することが大切になる。

ii）視点が定まらずに作業を見ていない

　　作業に集中できずに周りを眺めるなど、作業を見ることができていないという課題のある利用者は多いのではないかと思われる。よそ見をしないで作業を見るということは、何を、あるいはどこを見ればいいのかを示すことが重要になる。

iii）ムダな動きが多い

　　資材を持ち替える、作業台に置く、高く持ち上げて作業をするなどのムダな動きが課題となることもある。資材を持ち替えたり、置いたりせずに作業台に近いところで作業をし、パンフレットをそろえる時などは作業台を活用しながら作業を進める。

❻作業動作の支援

i）判断を少なくする

　　障害のある利用者にとって、できるだけ「判断」にかける時間を減らすことが、作業を円滑に行うために大切である。作業分析、動作分析を行うときに、「選ぶ」「決定する」といった判断を少なくすることが作業提供時の支援のポイントになってくる。前述の作業での「求められる判断」は、パンフレットの順番と上下の向きである。そのことを指導というかたちで支援していき、利用者に定着させていくことが必要である。

ii）支援を徹底する

　　利用者の支援には、とにかく定着させることが第一である。そのためには繰り返し同じ作業を行い、利用者自身がその作業のやり方を身に付けていくことが重要になる。職員の側で「できない」「無理」と決めつけない。定着するまで繰り返し、あきらめないことが支援の基本である。そのためにも別の課題ではあるが、十分な仕事量の確保が重要になる。

（5）構造化について

1）構造化とは

従来，主に自閉症教育において重視されてきた教育方法である。

TEACCH（ティーチ：自閉症と自閉症に関連したコミュニケーションにハンディキャップのある子どもたちの治療と教育）プログラムが日本で紹介されて以降、教育現場で積極的に導入されてきた。構造化によって環境を整理することで、生活場面や教育場面などさまざまな状況において、障害のある人が状況をわかりやすく理解するための方法とされている。

構造化は障害のある人に対する特別なものではなく、広く社会や生産現場においても取り入れられている。

2）なぜ構造化するのか

生産現場において、なぜ構造化を取り入れるのかを考える上で、まず知的障害のある人が抱える次のような困難について理解しておく必要がある。

❶意欲の低さ

障害のある人のなかには、日常生活の基本的な動作になかなか取り掛かろうとしない人がいる。そのような人には、一つひとつの動作への働きかけが必要となる。

❷学習速度の遅さ

一つひとつの動作を毎日繰り返し続けても、学習し、身に付けるまでには時間がかかる。そのため、指導する側は、知的障害の理解とアセスメントをしなければならない。

❸般化・応用の弱さ

障害のある人にとって、一つひとつの動作が獲得されたとしても、それを結び付け、連続して行うことができるようになるためには、かなりの時間がかかる。

以上のような困難に対し、以下の三つの視点で指導・援助に取り組むことが重要となる。

ⅰ）わかりやすくする

ⅱ）効率的に行う

ⅲ）自立に向けて機能化していく

これらの視点を元に、生産現場において、障害のある利用者が自立的に働きやすくするために構造化を取り入れることは、大切な環境調整といえる。

第4章

3）知的障害のある人が理解するための環境調整

　生産現場において、知的障害のある人が滞りなく仕事に取り組むために、次のような環境調整が重要となる。

❶物理的・空間的構造化（どこで何をするのか）

　「ここは○○をする場所」というように、番号などで場所と活動をわかりやすく示す。不要な情報をなくすことで、指示が明確になり、混乱を防ぐとともに集中力を高めることができる。

❷時間の構造化（いつ何をするのか）

　「時間」をわかりやすく伝えることで、「今何をするのか」「今日は何をするのか」「今週は何をするのか」など、時間の流れを視覚的に理解し、見通しをもって生活を送ることができる。

❸作業課題の構造化（いつまで・どのくらいするのか）

　「何を、どのくらいの量行うのか」「いつ終わるのか」「終わったら何をするのか」を視覚的に示すことにより、自立的に活動に参加することができる。

❹作業手順の構造化（どのようにするのか）

　完成品の見本や色分けした容器など、作業の流れを視覚的にわかりやすく示すことにより、手順に沿って生産活動に参加することができる。

4）手段としての構造化

　生産現場における構造化について次のように整理する。
①障害のある人がわかりやすく、混乱なく働くことができる
②見通しをもって働くことができる
③安心して、自信をもって働くことができる
④手順に沿って、集中して働くことができる
　このように、生産現場において構造化を取り入れることは、障害のある人が

番号で場所と作業をわかりやすく示す

色分けした容器と番号を使って作業手順を構造化

働く上で見通しをもち、安定した状況のなかで自主的に取り組むことができる「方法・手段」である。構造化そのものを目的として捉えたり、支援者が管理するためのツールと捉えるのではなく、障害のある人が自立的に自分で判断するとともに、自分で理解して働くことを通して、自己肯定感や達成感を得ることができるようにすることが求められる。

　そのためには、画一的な環境をつくったり、1度つくった環境をそのまま継続するのではなく、個別的に、発展的に見直すことが重要となる。

（6）ピアサポート・地域との連携

　令和3（2021）年度より就労継続支援 B 型事業に、地域における多様な就労支援ニーズに対応する観点から「平均工賃月額に応じて評価する報酬体系」に加えて新たに「利用者の就労や生産活動等への参加等をもって一律に評価する報酬体系」が設けられた。そして、新たな後者の体系のみに「ピアサポート体制加算」と「地域協働加算」が創設された。現時点では、新しい体系を選択した事業所はそれほど多くないと聞く。また新しい体系のふたつの加算は、何をもって請求できるのかわかりづらいという声も聞こえている。

　この項では、「ピアサポート」「地域との連携」の意義についてふれ、加算で評価されることの意味や、支援者、障害当事者双方にもたらされる可能性について考えていきたい。

1）ピアサポート

　「ピアサポート（peer support）とは、こうした同じような共通項と対等性を持つ人同士（ピア）の支え合いを表す言葉です。たとえば、学校や職場の中で、学生同士・同僚同士、あるいは先輩と後輩の関係性の中でお互いの経験を伝えあったり、わかちあうことも、ピアサポートの一つです」

　「障害領域における『ピアサポート』に関しては、『障害のある人生に直面し、同じ立場や課題を経験してきたことを活かして仲間として支えること（岩崎、2017）』という定義がされています」とある（社会福祉法人豊芯会「ピアサポートの活用を促進するための事業者向けガイドライン」（以下、ガイドライン）5頁）。

　障害のある方が中心となって運営する自立生活センターや、当事者会、家族同士が支え合う家族会など、さまざまなかたちでピアサポートが存在している。また精神保健福祉分野では、同じ経験をもつピアサポーターが、退院支援（地域移行）の際に自らの生活や利用している制度を紹介するなど、当事者ならではの支援を展開している。障害福祉サービス事業所の中でもピアサポーターが活躍している例はあるが、いずれもまだ少数である。

　同じような経験をした当事者としての視点や立場、対等性などは、専門職とは異なり、ピアサポーターの存在は、不安や苦悩のなかにある人にとっての精神的な支えとなり、障害のある人のモデルや道しるべとなることが期待される。ガイドラインには「ピアサポーターの専門性は、自らの病いや障害の経験から得た知恵に基づく支援（lived experience）にあり、同様の生活のしづらさを経験した者同士としての対等性を重視し、利用者の不安や苛立ち等に共感的な態度に基づく情緒的支援、病いや障害の経験に基づく知恵を提供する情報的支援や手段的支援を行います」とある（ガイドライン、29頁）。

　こういった専門性に意義を見いだし、ピアサポーターにどのように活躍してもらうかは、各事業所のあり方やピアサポーターの状況や力量、得意不得意により変わってくる。ほかの職員とまったく同一に作業の補助や送迎、記録等にも携わる「同一業務分担型」や、ピアサポーターの専門性をもっぱら生かした「役割分担型」、またふたつの混合型が考えられよう。当事者の視点からの平等性をもった支援に加え、福祉サービス利用経験に基づいた権利擁護の視点なども、ピアサポーターに期待される。

　ただ、事業所の利用者からピアサポーターとして雇用した場合、その事業所の理念や雰囲気をよく知るピアサポーターの人柄や特性を事業所職員がよく理解できるというメリットがある一方、ピアサポーターにとっては利用者仲間だった人が支援対象者になり、相談先が職場になるという「二重関係」に悩むデメリットも発生し得る。ピアサポーターにとってみれば、利用者に対して仲間としての関係と支援者としての関係との間で悩むことにもなる。なかには他の利用者から嫉妬されることに対する対応も必要になろう。また、専門職である職員とピアサポーターの間でも、お互いに気の置けない会話ができなくなるといった遠慮が発生する例がないわけではない。

　それでも、ピアサポートには十分な意義があることを理解し協働を進めるには、共に働く専門職がピアサポートについて共に学ぶ機会があることが重要で

ある。

　また、体調管理への配慮も必要となる。ただ、このことは障害の有無にかかわらず、誰もが働きやすい組織となるために必要なこととして取り組むべきである。

　ガイドラインには「従来の支援システムの中では、専門家から一方的に支援を受ける構造が中心となりがちで、（中略）自然な形での支え・支えられる関係性の機会から切り離されやすい現状もあります。ピアサポートは、同じような経験・立場にある者同士が出会うことで、「互恵性」という当たり前の営みの場を再設定するものとも言われており（相川、2014）、ピアサポーターの存在は、（中略）それぞれの人の人生や経験に、新たな価値をもたらし、支援システムや組織の中に、さらには地域や社会の中に、新たな人と人とのつながり方の可能性を生み出すものと考えられます」とある（ガイドライン、7頁）。

　ピアサポーターもほかの専門職も、それぞれに置かれた状況や個性を生かした職務分担をすることで、より良いチーム支援をつくり上げることができる。障害当事者でない専門職にとっても、ピアサポーターというチームメンバーを迎えることで、価値観を変える機会が得られ、働きやすい職場づくりに取り組むきっかけにもなる。障害のある方をピアサポーターとして事業所に迎え入れたことは、ピアサポーターの存在意義を生かした支援を、事業所の中に協働してつくり上げていくにとどまらず、地域社会の中に、新たな人と人とのつながりをつくりだしたととらえることもできるのである。

2）地域との連携

　社会就労センターでは、利用者の経済的自立と、親亡きあとも生まれ育った地域の一員として生活が送れる体制を地域のなかに構築していくことが重要である。そのためには、地域のなかにひとりでも多くの理解者を得る努力を、日々の活動のなかに取り入れていかなければならない。実際に、私たちの日々の事業所運営を振り返れば、地域とまったくつながらずに事業所を運営しているということは考えにくい。就労継続支援B型事業で工賃の高い事業所の多くが仕事や行事等で地域とつながり、工賃向上や就労支援に取り組んでいる。

　また、厚生労働省は「地域共生社会の実現」を掲げ[39]、高齢・障害・児童

注
※39　厚生労働省においては、改革の基本コンセプトとして「地域共生社会」の実現を掲げ、「ニッポン一億総活躍プラン」（平成28年6月2日閣議決定）や、「『地域共生社会』の実現に向けて（当面の改革工程）」（平成29年2月7日、厚生労働省「我が事・丸ごと」地域共生社会実現本部決定）に基づいて、その具体化に向けた改革を進めている。
https://www.mhlw.go.jp/stf/seisakunitsuite/bunya/0000184346.html

等といった枠組みにとらわれない、地域で総合的な支援をめざしている。社会就労センターにおいては、今まで以上に地域の一員であり、社会資源であることを意識しながら、地域の異業種の方々（ボランティアも含む）とも連携し、少子高齢化や生活困窮など地域が抱える課題の解決に向けて挑戦していくことが求められる。

3）新たな加算制度がもたらす課題と可能性

ピアサポートは 1960 年代頃のアメリカに起源があるといわれ、日本でも 1980 年代には広がりをみせたが、公的サービスの報酬に組み込まれたのは令和 3（2021）年の報酬改定が初めてとなる。

ピアサポート体制加算の説明には「各利用者に対し、一定の支援体制の下、就労や生産活動等への参加等に係るピアサポートを実施した場合」[40] と記されている。しかし、ピアサポートとは何かが具体的に示されていない。障害のある職員（ピアサポーター）と事業所が一定の支援体制（指定の研修に参加）の下、支援したことで加算算定が可能となると考えられるが、例えば利用者の主な障害種別は知的障害であるが、ピアサポートする職員は内部障害であっても加算対象となるか、障害者雇用の職員を就労継続支援 B 型事業に配置すれば、加算対象となるか等、あらためてピアサポーターに求められる専門性を問いつつ、現場実践を通じてその役割を見極めていく必要があろう。

ピアサポート配置加算の解釈はまだ不確定な部分があるが、単に加算がとれるかどうかだけでなく、その意義を十分理解した上で生かすことが重要となる。障害のある方がその経験を生かして専門職となることで生まれる価値観の変容がもたらす力は計り知れない。

令和 3 年度に新設された地域協働加算では、その対象となる取り組みについて、「利用者の多様な働く意欲に応えつつ、就労を通じた地域での活躍の場を広げる取組に対する評価であることに鑑み、利用者と地域住民との繋がりや地域活性化、地域課題の解決に資する取組であることが望ましい」とされている。そこには、地域に利用者が活躍できる場所を構築するとともに、社会就労センターが地域の一員として地域の課題解決に取り組むという、ふたつの意味が含まれている。

また、地域協働加算が、「『利用者の就労や生産活動等への参加等』をもって一律に評価する報酬体系」にのみ認められたが、この体系を選択していない事

注
※ 40　「令和 3 年度障害福祉サービス等報酬改定の概要」、令和 3 年 2 月 4 日、厚生労働省障害福祉サービス等報酬改定検討チーム、49 頁

業所においても、地域協働への取り組みは求められている。多くの社会就労センターが地域と連携して事業運営に当たり、利用者の活躍の場を広げるとともに、地域の課題解決に大きな役割を果たしている。本来、この体系を選択していなくても、このような取り組みを行っている事業所が評価されるべきである。それと同時に、具体的にどのような活動であれば地域協働加算の対象となるのか、また加算対象にふさわしい効果的な地域協働活動であるかも、現場実践を通じて積み上げていく必要があろう。

　障害のある人が、生産活動を通して地域とつながり、その価値を発揮し続けることは、これから病気や障害を体験するかもしれない人たちを勇気付けることになり、誰もが暮らしやすい社会につながる。障害のある人が地域とつながるために支援することを通じて、社会就労センターは地域の人々を勇気付け、同時に地域になくてはならない存在になることができる。その活動の一端に、ピアサポートの活用や地域との協働は欠かせない。その最初の問いが投げられたのが令和3年度の報酬改定であり、社会就労センターは障害福祉の専門職としてこの問いかけに、実践をもって応えていくことが期待されている。

3　就労支援のあり方

　障害者の就労支援とは、全人間的復権をめざすリハビリテーションのうちの職業リハビリテーションの過程である。そこでは支援対象となる障害者の個人的な特性に焦点を当てるだけでなく、本人を取り巻く職場環境や就労支援の制度全般も視野に入れた支援が求められる。換言すれば、訓練等によって障害のある本人の変容のみを求めるだけでなく、事業主や職場をも変化させ、共に働き合う機会を創出する働きかけといえる。

　この考え方に基づき、本節では、社会就労センターにおいて利用者が企業等で雇用されることをめざす就労支援に焦点を当て、職場開拓と就職活動支援、その前提となる法定雇用率制度と職場定着支援について、それぞれの実態と課題を踏まえた支援のあり方を考えていく。

（1）職場開拓と就職活動支援

1）職場開拓

　就労支援において職場開拓は極めて重要な要素である。障害者雇用率の達成・維持を目的にした障害者向け求人もあるが、公共職業安定所（ハローワーク）や就労支援機関にとって、初めから障害者を対象にした求人は多くない。そのようななかで、公共職業安定所や就労支援機関・事業所にとって、新たな求人ないしは雇用機会を獲得すること、すなわち職場開拓は欠かせない。

　職場開拓に当たっては、実施する機関や事業所の違いを超えて、以下の共通する視点が求められる。

❶条件緩和

　実際に出されている求人条件を、支援対象となる障害者の状況に対応したものへと緩和する「条件緩和」の視点である。当初の条件では、採用の検討にまで結び付かないことも少なくない。その際に、求人条件とマッチしないと諦めるのではなく、求人者に対して条件緩和を求める姿勢が求められる。そのためには、支援対象者の現状を的確に理解しておくことはもちろん、求人先の事業所の業種等の「企業研究」も欠かせない。

❷求人開発

　現在は具体的な求人にはなっていないが、障害者雇用に向けた新たな求人を提案する「求人開発」の視点である。事業所を見渡せば、事業主が想定している上に、障害者が担うことのできる職務は少なくないことがわかる。例えば、ひとつの製造ラインを全て担うことはできなくても、いくつかの製造ラインで

生じる作業（ときにはいわゆる"隙間の仕事"）を集約することで、ひとり分の作業を確保することは可能である。こうした、「仕事の切り出し」と「集約」は、求人開発の重要な手段である。その際には、ある作業における課題を順序立てて整理する職務分析の視点と、支援対象者の障害特性に応じた作業手順の工夫や作業環境等についても適切に提案する視点があると、より説得力のある求人開発の提案となる。

❸次につなげる

現在は、障害者を想定していない事業所に対して「次につなげる」提案を行う視点である。求人内容と障害者とのマッチングは、そう簡単にいくものではない。特に、事業所の障害者雇用経験が浅かったり、過去に障害者の雇用を巡って負の体験を有していたりすると、求人条件の緩和や求人開発が困難になることも少なくない。

その際には、直ちに採用の検討は難しくても、職場実習、あるいは職場見学の機会だけでも取り付けておくと、今後の展開の大きな原動力になることが多い。障害者の働く力や、必要な支援について、事業所が適切な情報や体験を得ることによって、採用へのハードルは低くなることが期待される。

2）就職活動支援

こうした職場開拓と並行して、支援対象となる障害者の求職活動の支援も重要となる。障害の状況や特性によって個別性に応じた支援が必要なことは言うまでもないが、その基本は以下の3点である。

❶希望の確認と情報提供

支援対象者の希望の確認とそのための適切な情報提供である。適切なマッチングと就職後の定着を図るために、支援対象者の希望を中心に据えることは言うまでもない。同時に、表出された、あるいは表出されにくい希望をいかに適切に把握するか、支援者の力量が問われてくる。特に、働くことや事業所に関する情報を得にくい、あるいは理解しにくい状況にあると、極めて限定した情報や家族等からのアドバイスで、自身の希望が形成されていくことも少なくない。支援対象者の状況に合わせた職業情報の提供や、希望職種、ときには希望が表出されていない職種に関する情報提供が求められる。

❷体験機会の提供

職場見学や職場実習などの体験機会の提供である。職業経験が少ない場合、紙ベースの情報では、働くことや職場を具体的にイメージするのには限界がある。体験談を聞く機会も有効だが、支援対象者自身のイメージとして類推するのは難しい場合も少なくない。そこで、時間は短くても、職場実習や職場見学の機会を設定することは有効であり、必要に応じて、支援者が同行・同席する

ことも障害者の安心につながる。

　また、就労体験のある場合でも、その少ない職業経験から新たな就職を類推するのが困難な際には、職場での体験的な情報収集の機会は重要な意味をもつ。

❸情報と体験の共有

　情報提供や体験機会の提供を通じて、支援対象者と支援者が十分に成果や課題を確認する機会を設定することが重要である。職業情報や職場の状況の獲得は、障害者自身の就労に向けた基盤形成につながるが、その際には、関連する情報や体験をどのように受け止めたかについて十分に吟味しながら適切なフィードバックを行うことで、今後の就職活動の支援の拡充につなげていかなければならない。特に、職場実習等で感じたプラスの気付きを見つけ出すことや、負の体験があればその時の状況や支援対象者の思い等について丁寧に確認し合う作業が求められる。

　以上のように職場開拓と就職活動支援は、事業所と支援対象となる障害者のいずれに対しても変化を求める活動といえる。支援者は、双方の正の方向での変化を期待しつつ、両者の課題や期待を整理・調整し、具体的な就職へと結び付ける重要な役割を担っている。

（2）法定雇用率と職場定着支援

1）法定雇用率

　わが国における障害者の雇用促進のための基幹的な法律が、障害者の雇用の促進等に関する法律（障害者雇用促進法）である。就労支援の対象となる事業所の障害者雇用への取り組みの根拠ともいえる。

　同法の柱のひとつが障害者雇用率制度である。法第 43 条に基づき、一般の事業主は「雇用する労働者の数に障害者雇用率を乗じた数以上の障害者を雇用しなければならない」とされている。この法定雇用率は、**図表 4-21** に示すとおりである。

　また、国および地方公共団体も法第 38 条に基づき、雇用する職員の数に障害者雇用率を乗じた数以上の身体障害者、知的障害者または精神障害者を雇用することが義務付けられている。

　さらに、雇用率の算定に当たっては、重度障害者 1 名を 2 名分（短時間労働者である重度身体障害者・知的障害者の場合には 1 名分）、短時間労働者である障害者は 0.5 名分と計算する仕組みや、一定の条件の下で障害者雇用のための子会社として認証された場合には、その雇用障害者数を親会社や同じグループ会社の雇用率に算入できる特例子会社制度、グループ適用などが設けられている。

　ところで、障害者雇用の促進には、全ての事業主が連帯して取り組むという

図表 4-21　障害者雇用率制度における法定雇用率
（令和 3〔2021〕年 3 月 1 日以降）

> 一般の民間企業………2.3%
> 特殊法人……………2.6%
> 国、地方公共団体……2.6%
> （ただし、都道府県等の教育委員会……2.5%）
>
> ＊対象となる障害者は、身体障害者、知的障害者、精神障害者
> 　重度障害者（身体障害・知的障害のみ）は 2 名分、短時間労働者
> 　は 0.5 名分、重度障害者の短時間労働者は 1 名分としてカウント

考え方から、障害者の雇用に伴う事業主の経済的負担の調整を図るとともに、全体としての障害者の雇用水準を引き上げることを目的として導入されているのが障害者雇用納付金制度である。障害者雇用率を達成していない企業（従業員101 名超）から障害者雇用納付金を徴収し、それらを原資として雇用率を達成している企業に対してその経済的負担を調整・軽減するための調整金、報奨金や、その他の障害者の雇用の促進等を図るための各種助成金等が支給されている。

　また、同法は平成 25（2013）年 6 月に改正され、雇用の分野における障害者に対する差別の禁止および障害者が職場で働くに当たっての支障を改善するための措置（合理的配慮の提供義務）、②精神障害者を法定雇用率の算定基礎に加えることが盛り込まれた。

　雇用・労働分野における差別解消、合理的配慮の提供に関連しては、ア．雇用の分野における障害を理由とする差別的取り扱いの禁止、イ．障害者が職場で働くに当たっての支障を改善するための措置を講ずることを事業主に義務付けている。こうした、差別禁止や合理的配慮の提供義務によって、法定雇用率制度で牽引してきた障害者雇用の「量的確保」が、その「質の向上」も含めて求められるようになったとみることができる。

2）職場定着支援

　雇用の質の確保とも密接に関係するのが職場定着支援である。就職後、どの程度の時間が経過すれば「定着」と言えるのかは一様ではない。しかしながら物理的な時間のみならず、障害者と職務や職場との適切なマッチング、障害者を支える職場の人間関係や作業環境、そして、障害者自身が自己効用感や役割意識、あるいは他者とのつながりや社会との連帯感、自己実現の実感等の質的側面の確保・充実が重要な要素である。

　具体的な職場定着のための支援としては、職場適応援助者（ジョブコーチ）を活用した支援、就労移行支援事業所による定着支援や障害者就業・生活支援センター、あるいは市町村レベルの就労支援機関等による多様な取り組みがある。

　　障害者福祉分野からのアプローチとして、平成 30（2018）年度から障害者総合支援法に基づく就労定着支援事業が設けられた。対象者は障害福祉サービスを利用したことが前提になるが、3 年間を上限に事業所での就職後の定着に向けたきめ細かな支援が期待できる。社会就労センターをはじめ、障害者福祉系のサービス事業所がこの就労定着支援事業を担うことは、実際に就労支援を行った利用者等との関係性を生かしながらの支援を展開することにもつながる。支援期間には上限もあるが、職場適応援助者（ジョブコーチ）による支援と同様、職場の上司や同僚による声掛けや見守りといったナチュラル・サポートを醸成していくことが求められる。同時に長期的な視点からは、支援期間終了後の障害者就業・生活支援センター等への円滑な引き継ぎも重要となる。

　　さらには、障害者自身が職場内外の障害者とのピアサポートやセルフヘルプ（自助）等の活動を通じて、職業生活における諸課題の解決を図ることもあり、重層的なチャンネルやネットワークによって、職場定着を進めていくことの重要性を支援者は確認しておく必要がある。

　　併せて企業等、障害者雇用事業所による職場定着への取り組みも欠かせない。そのひとつに障害者職業生活相談員がある。障害者を 5 名以上雇用する事業主は、同相談員を選任し、障害者である労働者の職業生活に関する相談および指導を行わせなければならない。さらに、原則として障害者を 5 名以上雇用し、障害者職業生活相談員を選任している事業所に対して、「職場定着推進チーム」の設置が促進される。これは、組織的に職場定着を進めるための取り組みであり、障害者も含めた従業員の職場適応の向上を図るための既存の組織なども障害者職場定着推進チームとみなされる。

3）障害者就業・生活支援センター

　　障害者就業・生活支援センターは、国の事業として、障害者雇用促進法（法第 27 条～33 条）に基づき設置運営されている。その名称のとおり、障害者の就労に関連して就業面と生活面からの支援を提供するセンターである。

　　モデル事業としての試行を踏まえ、平成 14（2002）年の障害者雇用促進法の改正により、同法に基づく法定事業となった。省庁再編による厚生労働省の発足（平成 13〔2001〕年）をきっかけとした雇用と福祉の連携の象徴的な位置付けといえる。

　　障害者の雇用・就労を促進するためには、身近な地域において就業面と生活面の双方からの支援が必要であり、特にこれまで雇用が遅れていた知的障害者、精神障害者の支援に効果的であることが検証され、年々、設置箇所数が増加している。平成 18（2006）年度の全国 80 カ所から令和 3（2021）年 4 月では 336 カ所となっている。

図表 4-22　障害者就業・生活支援センターの役割

<就業面での支援>
・就職に向けた準備支援（職業準備訓練、職場実習のあっせん）
・就職活動の支援
・職場定着に向けた支援
・障害のある方それぞれの障害特性を踏まえた雇用管理についての事業所に対する助言
・関係機関との連絡調整

<生活面での支援>
・生活習慣の形成、健康管理、金銭管理等の日常生活の自己管理に関する助言
・住居、年金、余暇活動など地域生活、生活設計に関する助言
・関係機関との連絡調整

（出典：厚生労働省資料を一部改変）

第4章

　その役割は 1. 支援対象障害者からの相談に応じ、必要な指導および助言を行うとともに、公共職業安定所、地域障害者職業センター、社会福祉施設、医療施設、特別支援学校その他の関係機関との連絡調整、その他厚生労働省令で定める援助を総合的に行うこと、2. 支援対象障害者が障害者職業総合センター、地域障害者職業センター等によって行われる職業準備訓練を受けることについてあっせんすることとされている。さらに、支援対象障害者がその職業生活における自立を図るために必要な業務を行うこととされ、具体的には、図表 4-22 に示すとおり、就業面と生活面での一体的な支援を提供することが特徴であり、就業支援担当者と生活支援担当者が配置されている。

　なお、障害者就業・生活支援センターでは、今後の障害者就労支援における地域の拠点としての役割がますます高まっていくことが予想される。

　職場定着支援に当たっては、対象者の状況にもよるが、医療面を含む生活面の支援と就労面の支援の包括的な提供が求められ、地域の就労支援ネットワークの構築・運営が欠かせない。そのためには（自立支援）協議会[41]、地域の就労支援機関等のほか、企業や経済団体等の積極的参加に加え、障害者就業・生活支援センターや就労移行支援事業者と就労定着支援事業者の役割が一層重要となろう。

注
※41　第 4 章 5（2）　185 頁参照

参考文献 ....
・日本職業リハビリテーション学会『職業リハビリテーションの理論と実践』中央法規出版、2012 年
・日本職業リハビリテーション学会『職業リハビリテーション用語集』やどかり出版、2020 年
・独立行政法人高齢・障害・求職者雇用支援機構『障害者就業支援ハンドブック』独立行政法人高齢・障害・求職者雇用支援機構、2012 年
・一般社団法人障害者雇用企業支援協会『初めての障害者雇用の実務』中央経済社、2014 年

4 生活支援のあり方

（1）住まいの場の確保とグループホーム

　セルプ協では障害のある人の「働く・くらす」を支える取り組みを行っているが、継続的かつ安定的に働き続けるためには「くらしの場」の充実が重要であることは言うまでもない。所得が保障され、住まいの場が確保され、必要な介助を受けることができ、いかに安心して生活できるかが重要である。

　障害者権利条約第19条では、「障害者が、他の者との平等を基礎として、居住地を選択し、及びどこで誰と生活するかを選択する機会を有することならびに特定の生活施設で生活する義務を負わないこと」と示されている。住まいの場は、一般住宅、公営住宅、グループホーム、施設入所等さまざまであるが、どこで誰と生活するかを選択できるような状況がつくられていかなければならない。

　また、平成 23（2011）年 8 月、政府に設置された障害者制度改革推進会議の総合福祉部会が発表した「障害者総合福祉法の骨格に関する総合福祉部会の提言（骨格提言）」では、居住支援について、まず、グループホームについては、定員規模を家庭的な環境として 4～5 人を上限とすることを原則とし、居宅介護等の個別生活支援を利用できるようにすること、また国庫補助によるグループホーム整備費を積極的に確保することが提言された。グループホーム、一般住宅での家賃補助については、一定の調整は必要なものの生活保護の住宅手当の水準とすることが望ましいとし、また、施設入所については、地域移行の促進を図りつつも、4 人部屋から個室への居住環境の改善や利用者の QOL（生活の質）の向上のために小規模化（定員の縮小・ユニット化）を進め、その体制に向けた職員体制等のあり方を検討すべきとまとめられた。

　現在、グループホームは、障害のある人の地域生活を支える上で重要な役割を果たしてきている。一方、障害福祉サービスの実績や経験の少ない事業者が多く参入し、利用者数は入所施設の利用者数を上回り約 14 万人に達している。そのようななか、まさにグループホームの質の問題が問われているのも事実である。また、親亡き後の問題、入居者の重度高齢化への対応、人材確保等、多くの課題を抱えている。利用者の地域生活を進めていく上で、グループホームのさらなる充実が求められているところである。

　住まいの場を考えるときに重要なことは、いわゆる物理的な建物としての住まいだけではなく、生活を支える体制、すなわち経済面（所得保障）、介護体制、緊急時の対応、相談体制等が十分でなければ生活が成り立たないというこ

とである。そういう意味では、それらの充実も合わせて求められている。さらに、そこで生活する一人ひとりがその人らしく安心して暮らしていくことができるように、利用者一人ひとりの人権、プライバシーが尊重され、その人の自己選択・自己決定を大切にしながら支えていくことが重要である。

（2）バリアフリーと情報保障

障害の有無にかかわらず、全ての人にとって、移動、交通機関、道路、建物、情報等のバリアフリー化が進められていくことが重要である。以前と比べて改善されてきたものの、さまざまなバリアが存在するのも現実である。日本では「どこでも、誰でも、自由に、使いやすく」というユニバーサルデザインの考え方に基づいて、平成18（2006）年「高齢者、障害者等の移動等の円滑化の推進に関する法律（バリアフリー法）」が制定された。

一般にバリアフリーというとそれらのハード面だけを解消するというイメージが強いが、「バリアフリー法」第1条の2（基本理念）でも定められているとおり、「バリア」には物理的な障壁だけでなく、社会的、制度的、心理的な障壁、情報面など全ての障壁が含まれていることを忘れてはならない。

障害のある人が利用する可能性や当事者がどう感じているかということに気付かないことが原因で生じることが多いことを考えると、当事者や関係者の意見を十分に聞き、反映させる仕組みをつくることが必要である。

また、情報アクセシビリティの確保および向上・普及を図ることは、極めて重要な課題である。誰にでも必要な情報がきちんと伝わり、必要なコミュニケーションが保障されなければならない。近年起きたさまざまな災害時でも、情報がきちんと伝わらないことにより、多くの深刻な事態が引き起こされたことを忘れてはならない。

具体的には、聴覚障害者に対する手話通訳者や要約筆記者の派遣、視覚障害者への資料や出版物等への配慮（点字・電子出版の普及等）が必要である。また、手話通訳者、要約筆記者、盲ろう者向け通訳者、点訳奉仕者等の人材の育成・確保も急がれる。さらに、知的障害者等、意思疎通に困難のある人たちへの絵記号等の普及も求められている。特に行政からの情報、災害時の情報、政見放送、その他の必要な情報等については手話通訳・点字・字幕等、わかりやすい情報提供が求められる。

また、全ての人にとって不可欠な権利としてICT（情報通信技術）の活用がある。特に、障害のある人にとってはICTの活用により、就労の場・活動の場などさまざまな分野での可能性が広がってきている。ユニバーサルデザインによる携帯電話やテレビ放送の字幕対応等、さまざまな障害者用の支援機器

も開発されてきている。ICT 環境が充実し、普及することにより、障害者の社会参加や自己実現の可能性がさらに広がることを願うところである。

　「バリア」のない誰もが暮らしやすい社会になるためには、「心のバリアフリー」の実現が重要である。障害の有無にかかわらず、対等な尊厳をもつ個人として尊重することはもちろん、障害のある人が受ける「バリア＝障壁」はむしろ社会の問題であり、その障壁を取り除くのは社会の責務であるという「社会モデル」の考え方を十分理解し、当事者に解決の責任を押し付けるのではなく、誰もが社会を構成するひとりの責務として障壁を取り除いていくことが重要である。

（3）地域生活拠点支援センターと社会資源

　障害のある人が基本的人権を享有する個人として、日常生活または社会生活を営むためには、さまざまな社会資源が必要である。社会資源とは、主に支援が必要な人に対しての有償・無償のものがあり、公的・民間サービスがある。例えば、自立支援医療制度、障害年金、生活保護、福祉サービス、ボランティア等、さまざまである。

　障害者の「働く・くらす」を支える上で必要な社会資源としては、日中活動系でいえば、就労継続支援 A 型・B 型事業、生活介護事業（生産活動あり）、就労移行支援事業、就労定着支援事業などがある。暮らしの場では、グループホーム、福祉ホーム、施設入所支援があり、地域生活を支えるものとしては、相談支援、訪問介護（身体介護、家事介護、通院等介護等）、重度訪問介護、同行援護、行動援護、移動支援、さらには短期入所、コミュニケーション支援等さまざまである。

　近年、国が全国的に整備を進めている事業で「地域生活支援拠点等」がある。地域生活支援拠点等とは、障害者の重度化、高齢化や「親亡き後」を見据えた、居住支援のための機能をもつ場所や体制のことである。主な機能は、①相談、②緊急時の受け入れ・対応、③体験の機会・場、④専門的人材の確保・養成、⑤地域の体制づくりの五つを柱としている。厚生労働省では、障害福祉計画の基本指針に位置付けて、各市町村または各圏域にひとつ以上を整備していくことをめざしている。地域生活支援拠点等は、重度障害にも対応できる専門性を有し、地域生活において、障害のある人や家族の緊急事態に対応を図るもので、具体的にふたつの目的をもつ。

①緊急時の迅速・確実な相談支援の実施、短期入所等の活用
②体験の機会の提供を通じて、施設や親元からグループホーム、ひとり暮らし
　等への生活の場の移行をしやすくする支援を提供する体制を整備

　地域生活支援拠点等のあり方として、グループホームや障害者支援等に付加した「多機能拠点整備型」、また、地域における複数の機関が分担して機能を担う体制の「面的整備型」をイメージとして示しているが、例えば、「多機能拠点整備型」と「面的整備型」を合わせて展開しても構わないとしている。

　セルプ協は、平成23（2011）年の基本論のなかで、「地域生活拠点支援センター」構想を提言していたところである。その内容は、障害者の地域生活に必要となる24時間支援体制を、地域の実情に合わせた拠点に設置し、安心・安定した暮らしの充実を図ることを目的としている。①24時間の相談支援体制、②24時間のコーディネート機能、③24時間の緊急時支援体制、の機能を併わせもち、地域の実情に合わせた拠点を設置し、地域で生活する障害のある人たちが安心して暮らしていけることを目的として提言してきたものである。そのセルプ協の提案からすると、現在国が進めている「地域生活支援拠点等」の取り組みは、夜間対応等十分ではない部分が見受けられるので、24時間対応の実現も含めて、安心して地域生活が送れるように、さらなる充実が求められるところである。

（4）余暇活動充実支援

　障害のある人にとって余暇をどう過ごすかは、QOL（生活の質）を向上させる意味でも重要な要素であり、その人の生活を豊かにしていくものである。この余暇の過ごし方で、生活のなかでの楽しみが増えたり、人間関係が広がったり、社会性を身に付けたり、健康に過ごせたり、また生きがいにつながることもあるだろう。余暇活動とは幅広く、文化・芸術、スポーツ、レクリエーション、レジャー、趣味、遊びなどさまざまであり、その人が生きていく上での重要な営みである。

　さて、障害のある人たちの住まいの場は、一般住宅、グループホーム、施設入所などがあり、家族と同居している人やひとり暮らしの人など、生活様式はさまざまである。そのような暮らしのなかで、休日（仕事や日中活動が休みの日）をいかに充実したものにするかが大切である。余暇活動を充実させていく上で、いくつかの課題がある。
①健常者のグループやサークルに入ることの難しさやためらい
②趣味・活動などをひとりで探すことの難しさ（情報不足など）
③休日を共に過ごす友だちや支える人が少なかったり、いなかったりすること
④外出する際の介護者の確保　等

　このようにさまざま課題があるなか、外出できず、家や施設の中でひとりで

過ごしてしまう人も少なくない。もちろん、家や施設の中でも、テレビ、インターネット、ゲーム、読書、DVD鑑賞、音楽鑑賞等いろいろな楽しみがあり、ゆっくりと過ごしたいという本人の選択であればそれでいいのだが、諦めたりほかの選択肢がなかったり、何をしていいかわからず、暇を持て余しているようであれば残念なことである。

　また、外出しての余暇活動を考えたとき、ドライブ、映画、旅行、買い物、グルメ、スポーツ、文化活動、サークル等への参加、習い事、アート、音楽活動など、過ごし方は多種多様である。しかし、外出しようとしても、移動支援などの時間数に制限があったり、土・日のヘルパーが見つからない等により、外出できないことも少なくない。また、休日を共に過ごせる信頼できる存在がいるかどうかも重要な問題である。新たなことに取り組もうとしても、一緒に取り組む人がいないと、ひとりで参加することへの心配や不安でチャレンジできないことも多いのではないだろうか。

　このように、余暇活動支援はどうあるべきかを考えていくとき、まずは本人の意向を尊重しながら、その人が希望する余暇活動を確認することが重要である。それは、その人の年齢や障害特性などによっても異なるのは当然である。その上で、必要があればさらなる情報提供（いろいろな可能性ある活動の紹介）や体験も含めてチャレンジできる支援が求められる。取り組み始めはもちろん、継続できるまでの支援も必要になることもあるだろう。

　いずれにしても、その人の思いを大切にしながら、余暇を楽しみ、充実した生活ができるように、必要な支援をしていくことが重要である。

（5）防災対策と健康支援、高齢化対応支援

1）防災対策

　近年、地震、台風、大雨等、地球温暖化による気候変動の影響もあってか、全国各地で大きな災害による被害が続いている。

　この間、多くの方々が被害に遭い、大けがやかけがえのない命が失われて、深刻な状況が起きている。特に災害の際、障害のない人に比べて、障害のある人の死亡率が高いことなどが報告されている。避難の際の介助体制が不十分であったり、災害の際の重要な情報が届きにくかったり、どう避難していいか判断がつかなかったりするなど、いろいろな原因が考えられる。

　いずれにしても、その人の障害特性により災害時の支援の方法が異なることを理解した上で、災害時に備えて十分に対応を検討しておくことが求められる。また、その際の情報伝達体制、適切な避難支援、避難所における支援体制等が災害時にスムーズに行われるためには、日頃からの防災訓練の実施等が求

められる。

　セルプ協でも、災害時には必要に応じて対策本部を立ち上げ、情報等を収集し、必要な支援を行っていくように取り組んでいるところである。

2）健康支援

　障害のある人が働き続けるためには、健康的生活が送れていることが重要である。健康的生活とは 単に身体的なものだけではなく、精神的、社会的にも良好であるという三つの条件がそろって初めて成り立つものである。

　健康的な生活をしていくために、重要なのが食生活である。地域生活を送っている人のなかには、栄養のバランスが取れた食事ができていない人もいるなか、施設・事業所等で提供する栄養のバランスの取れた昼食等は重要な意味をもつ。

　また、体調不良の際の看護師やスタッフへの相談等も重要である。その人の障害特性等を理解したスタッフが状況を聞き、必要に応じた対応が求められる。さらに、日々の薬の飲み忘れや管理が十分できない人については、きちんと服薬できるよう必要な支援が求められるところである。

　このように、利用者の状況等を確認しながら、必要に応じて相談支援事業所や暮らしを支える事業所（グループホーム、ヘルパー事業所等）とも連携しながら、健康支援を行っていくことが求められている。

3）高齢化対応支援

　障害者就労系施設・事業所での高齢の方々の利用が増えてきているなか、働くことを希望する高齢の方々を受け入れ、仕事を提供していくことも重要な役割となってきている。

　一般的にも「高年齢者等の雇用の安定等に関する法律」により、定年が60歳から65歳に引き上げられ、さらに70歳という定年も現実味を帯びてきている。一方、自治体によっては、介護保険優先の考え方のなかで、働くことを希望する65歳になった方々に対して、本人の意向に反して介護保険施設への移行を強いるケースも出てきている。いわゆる介護保険優先の65歳問題である。

　重要なことは、介護保険優先という原則論に縛られることなく、働くことを希望する高齢者の意向を尊重し、働き続けることができるよう支援していくことである。

5 相談支援のあり方

（1）相談支援の機能と課題

1）相談支援事業の経緯

　「相談支援事業」は、平成 18（2006）年、障害者自立支援法で「地域生活支援事業」として市町村に一元化され、障害者の地域生活を支援するために、障害者や家族からの相談に応じ、障害者個々の心身の状況、サービス利用の意向、家族の状況などを踏まえての幅広いニーズとさまざまな地域生活の社会資源の間に立って、複数のサービスを適切に結び付けて調整を図る非常に重要な事業である。

　平成 24（2012）年の改正障害者自立支援法を受けて、平成 25（2013）年、障害者総合支援法では、相談支援体制の強化充実を図るために、①市町村に基幹相談支援センターを設置、②自立支援協議会の法律上位置付け、③地域移行、地域定着支援の個別給付化、④サービス等利用計画作成の対象者の大幅拡大、⑤障害児相談支援の創設など相談支援事業の重要性がさらに高まることとなった。

2）相談支援事業への期待と課題

　その後、平成 27（2015）年 4 月からすべての障害福祉サービス等の利用者にサービス等利用計画が作成されることとなった。

　セルプ協では、基本論※42 において、障害福祉サービス等の利用に先立つ利用希望者のニーズとサービスをつなぐプロセスにとどまらず、地域での自立生活を可能にするためには、全てのサービスと共に「相談支援」の存在が不可欠であると位置付けている。障害者の地域生活においては、相談支援事業所がその機能を集中させた、誰もがアクセスしやすくワンストップで相談に応じられる利便性の提供が求められる。

　相談支援事業は基本相談支援のほか、計画相談支援と地域相談支援に大別できる。

　計画相談支援はサービス利用支援と継続サービス利用支援があり、「指定特定相談支援事業所」により提供される。

　地域相談支援は地域移行支援と地域定着支援があり、「指定一般相談支援事

業所」により提供される。

　これらは個別給付で提供される相談支援であるが、地域生活支援事業で実施される相談支援には、障害者相談支援事業と基幹相談支援センターがある。

　基幹相談支援センターは、総合的、専門的な相談を担うとともに、エリア内の相談支援事業所による相談支援体制の強化に向けてのリーダーシップが期待される。セルプ協が提唱するワンストップ相談窓口は、このセンターのさらなる機能拡充を求めるものであるが、令和2年（2020）4月現在、基幹相談支援センターの設置は全国市町村の45％にとどまっている。

　相談支援事業に従事する相談支援専門員は、上記の相談支援事業所ごとに配置される。その資質は、相談支援従事者研修受講と実務の積み重ねにより不断の向上が求められる。平成31（2019）年度からは主任相談支援専門員が創設された。令和元年（2019）7月以降、開催された障害者雇用・福祉連携強化に関する検討会では、障害者就業・生活支援センター、ジョブコーチ、障害福祉サービス（就労継続支援、就労移行支援、就労定着支援）の従事者の専門性を高める研修体系の検討が行われたが、社会就労センターの利用者を対象とするサービス等利用計画の策定に従事する相談支援専門員には、障害者の就労支援にかかる専門性の修得もまた求められる。

　以上のように、身近なところで必要な相談が受けられるシステムが重要であり、そのために相談支援事業者は、経験のある専門性の高い職員の確保を含めた安定的な運営が望まれる。さらに、個々の利用者のニーズに応える職員の質の向上のためには、関係機関との密接な連携強化が必要である。

（2）（自立支援）協議会に期待される役割

　平成18年の障害者自立支援法の「地域生活支援事業」として、「相談支援事業」が実施した内容や課題として整理されたものを情報共有する機会として自立支援協議会が生まれた。この協議会の設立は、地域の関係機関のネットワークの強化が図られ、また課題解決として新たな社会資源の提案がされる機会となった。

　その後、改正障害者自立支援法で「自立支援協議会」が法定化され、相談支援事業をはじめとするシステムづくりに関し、協議の場として設置することになった。そして相談支援事業を適切に実施していくため、地域の関係者が集まり、個別の相談支援の事例を通じて明らかになった地域の課題を共有し、その課題を踏まえて地域のサービス基盤の整備を着実に進めていく役割を担うことになった。障害者総合支援法では、自立支援協議会の名称を地域の実情に応じ

て変更できるよう、「協議会」に改めた（「障害者地域自立支援協議会」「○○市自立支援協議会」など）。

　地域の（自立支援）協議会では課題別に専門部会を設置するところも多く、セルプ協の関係では、特に「就労部会」また「日中活動・生産活動部会」等を設置して就労支援や生産活動に関する協議に参加している施設が多い。このような施設では、関係者が「就労支援」や「工賃向上」等の協議を進め、共同で商品の開発・研修やバザーの実施、合同の商品パンフレットを作成して広報活動を行い、利用者の所得保障に向け、取り組んでいる。

（3）地域移行支援

1）地域移行支援の機能

　平成 23（2011）年「障害者総合福祉法の骨格に関する総合福祉部会の提言」のなかで「『地域移行』とは、住まいを施設や病院から、単に元の家庭に戻すことではなく、障害者個々人が市民として、自ら選んだ住まいで安心して、自分らしい暮らしを実現することを意味する」「すべての障害者は、地域で暮らす権利を有し、障害の程度や状況、支援の量等に関わらず、地域移行の対象となる」とされている。

　この提言を受け、障害者支援施設等および精神科病院に入所・入院している障害者に対して、住居の確保や障害福祉サービスの体験利用・体験宿泊のサポート・ピアサポートなど地域生活へ移行するための活動に関する相談やその他の必要な支援が、関係機関との密接な連携の下で、利用者の意向、適性、障害の特性その他の状況および環境に応じて、適切かつ効果的に行われることとなった。

　相談支援事業者のコーディネートの下、地域の関係機関や社会資源とのネットワーク化が非常に重要で退院・退所後の地域生活にうまく適応していくように地域定着支援を特に力を入れていく必要がある。

2）地域移行支援の課題

　地域移行支援の課題としては、グループホームやアパート、一般住宅、公営住宅等の住居の確保、就労の場や日中活動の場の確保、その他暮らしやすくするための地域生活支援として、社会資源やショートステイ、居宅介護事業等障害福祉サービス事業等の連携を強めるなど、環境整備を進めていくことが重要となる。

　さらに地域生活を支えるためには、一般就労や福祉的就労による収入や年金等の充実による所得保障といった課題がある。セルプ協として、地域移行支援

を進めるためにも工賃向上による所得保障や地域の中で経済活動を通して企業や地域との連携のなかで働く喜びや生きがいを見つけていくために、「働く・くらす」の充実が挙げられる。

　平成25（2013）年障害者優先調達推進法施行により国等による障害者就労施設からの物品等の調達推進等に関し、障害者就労施設等の受注の機会を確保するとあることから、自立支援協議会の専門部会を通して障害者就労施設や市町村が連携して情報共有を図ったことで、物品や役務の作業を共同で受注して行うケースも地域に生まれ、工賃向上につながっている。

　特に一般就労では、就労支援施設以外にハローワークや地域障害者職業センター、障害者就業・生活支援センター等の労働関係機関や企業との連携が必要であり、障害者雇用関係制度や就労相談に精通した相談支援専門員の専門性のスキルアップが求められる。

　さらに共生社会として地域生活を継続するためには、高齢化、重度化により地域から施設・病院に戻らないようにするための医療ケア・介護付きグループホーム等の整備も、今後ますます必要である。そして、暮らしを支える福祉サービス事業所の人材不足も大きな問題となっており、福祉サービス事業の環境整備による人材確保・人材育成対策がこれからの課題となっている。

　地域で暮らすなかでは、福祉サービス以外の社会資源の活用や近隣住民とのふれあいを通じて、地域に根ざして共に成長していくことが重要な視点である。

　このように、地域の実情に合わせて積極的に複数の関係機関が連携を強めて利用者一人ひとりの支援を見据えるなかで相談支援の意義は重要性を増し、同時に相談支援専門員の役割はますます高まるのである。

第4章

6 サービス等利用計画と個別支援計画

（1）障害程度区分から障害支援区分へ

　戦後長く続いた措置制度の時代は、利用者個々の障害程度や支援度の高さに関係なく施設の種別によって運営費の単価が決まっていた。平成15（2003）年に支援費制度が始まり、契約行為は、実施機関と施設から、利用者個人と施設へと変わった。この際、利用者の障害程度に合わせて支援が適切に行うことができるように25項目程度のチェック項目による障害程度区分が設けられ、A・B・Cの3区分で設定された。その後、平成18（2006）年に障害者自立支援法が施行され、支援の必要度の客観的な尺度を前提とし、支援費制度の時にはなかった認定審査会（市町村審査会）を設置するなど、利用のプロセスの透明化が図られ、新たな障害程度区分が制定された。

　しかし、障害者自立支援法全般にいえることだが、十分な準備期間がないままのスタートだったことや、当初は介護保険との統合が前提で進んだこともあり、障害者の特性にあった尺度とはいえないものであった。特に当初示されたアセスメント項目は、高齢者の要介護認定の79項目をそのまま置き換えたため、知的障害者や精神障害者の特性にあった項目とはいえなかった。これにはセルプ協だけでなく、ほかの障害者団体からも多くの問題が提起され、後に知的障害や精神障害の特性に合ったアセスメント27項目が追加された。これら27項目は、コンピュータで自動判定される1次判定には反映されなかったが、医師の意見書を基に審査会で検討することとし、106のアセスメント項目により障害程度区分判定が開始された。

　このようなかたちで始まった障害程度区分であったが、知的障害や精神障害の支援特性に十分対応できていない問題や、それに伴う審査会における変更率の高さ、障害の機能的な部分に着目した項目が多く、支援の必要性について対応できていないこと、介護給付になじまない就労系の事業の訓練等給付にもその判定結果を使うことなど問題も多く、障害者自立支援法3年後の見直しには障害程度区分の見直しも含まれた。

　このような経過から、平成24（2012）年6月に成立した障害者総合支援法において「障害程度区分」は、障害の多様な特性、その他の心身の状態に応じて必要とされる標準的な支援の度合いを総合的に示す「障害支援区分」に改められ、平成26（2014）年4月1日から施行された。主な見直し点は次のとおりである。

図表 4-23　障害支援区分の認定調査項目（80 項目）

1．移動や動作等に関連する項目（12 項目）			
1-1　寝返り	1-2　起き上がり	1-3　座位保持	1-4　移乗
1-5　立ち上がり	1-6　両足での立位保持	1-7　片足での立位保持	1-8　歩行
1-9　移動	1-10　衣服の着脱	1-11　じょくそう	1-12　えん下

2．身の回りの世話や日常生活等に関連する項目（16 項目）			
2-1　食事	2-2　口腔清潔	2-3　入浴	2-4　排尿
2-5　排便	2-6　健康・栄養管理	2-7　薬の管理	2-8　金銭の管理
2-9　電話等の利用	2-10　日常の意思決定	2-11　危険の認識	2-12　調理
2-13　掃除	2-14　洗濯	2-15　買い物	2-16　交通手段の利用

3．意思疎通等に関連する項目（6 項目）			
3-1　視力	3-2　聴力	3-3　コミュニケーション	3-4　説明の理解
3-5　読み書き	3-6　感覚過敏・感覚鈍麻	—	—

4．行動障害に関連する項目（34 項目）				
4-1　被害的・拒否的	4-2　作話	4-3　感情が不安定	4-4　昼夜逆転	4-5　暴言暴行
4-6　同じ話をする	4-7　大声・奇声を出す	4-8　支援の拒否	4-9　徘徊	4-10　落ち着きがない
4-11　外出して戻れない	4-12　1人で出たがる	4-13　収集癖	4-14　物や衣類を壊す	4-15　不潔行動
4-16　異食行動	4-17　ひどい物忘れ	4-18　こだわり	4-19　多動・行動停止	4-20　不安定な行動
4-21　自らを傷つける行為	4-22　他人を傷つける行為	4-23　不適切な行為	4-24　突発的な行動	4-25　過食・反すう等
4-26　そう鬱状態	4-27　反復的行動	4-28　対人面の不安緊張	4-29　意欲が乏しい	4-30　話がまとまらない
4-31　集中力が続かない	4-32　自己の過大評価	4-33　集団への不適応	4-34　多飲水・過飲水	—

5．特別な医療に関連する項目（12 項目）			
5-1　点滴の管理	5-2　中心静脈栄養	5-3　透析	5-4　ストーマの処置
5-5　酸素療法	5-6　レスピレーター	5-7　気管切開の処置	5-8　疼痛の看護
5-9　経管栄養	5-10　モニター測定	5-11　じょくそうの処置	5-12　カテーテル

（出典：厚生労働省）

①調査項目の見直し 106 項目→80 項目（図表 4-23）
・追加 6 項目（知的・精神・発達障害の特性の反映）
・評価が重複する項目や医師意見書で評価できる項目を統合
②選択肢の統一（できない場面や支援がない状況で判断することや問題行動を事前防止する支援などが判断基準に含まれる）

図表 4-24　障害支援区分の定義と認定の流れ

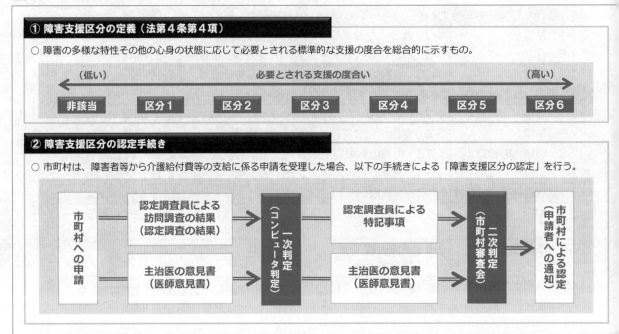

（出典：厚生労働省

③評価方法の見直し（できない状況、支援が必要な状況に基づき判断する）
④医師意見書の一部をコンピュータ判定で直接評価

　これらの見直しにより、1次判定の精度が上がり審査会での変更率は大幅に下がることになったが、働くことに対する支援度の判定方法や基準など、まだ解決されていない課題も多く残っている。

　障害支援区分の定義と認定の流れは**図表 4-24** のとおりである。

（2）サービス等利用計画と個別支援計画のプロセス

　平成 24（2012）年 4 月に実施された、障害者自立支援法の一部改正で相談支援の充実に向けた改正が行われた（**図表 4-25、図表 4-26**）。そのなかで、サービス等利用計画案を勘案した支給決定プロセスの見直しとサービス等利用計画作成の対象者の大幅な拡大が盛り込まれた。

　これまでは入所施設から地域生活に移行した人など一部の利用者に限られていたが、平成 24 年度からは、原則として障害福祉サービスを利用する全ての人がサービス等利用計画を作成してサービスを利用するよう変更された。

　経過措置は設けられたものの、この改正により、平成 27（2015）年 4 月からは、新規利用者だけでなく、施設サービスを利用する全ての利用者が対象に

図表 4-25　「障害者」の相談支援体系

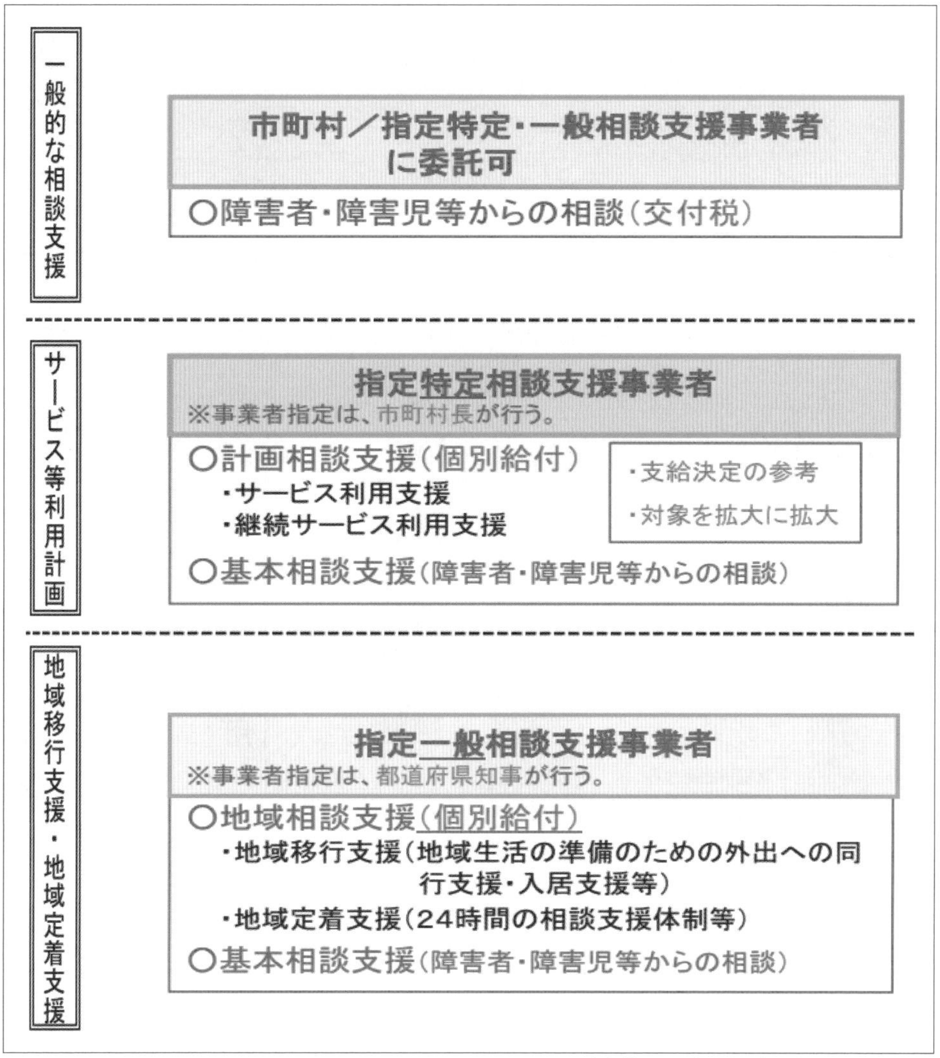

一般的な相談支援

市町村／指定特定・一般相談支援事業者に委託可

○障害者・障害児等からの相談（交付税）

サービス等利用計画

指定特定相談支援事業者
※事業者指定は、市町村長が行う。

○計画相談支援（個別給付）
　・サービス利用支援
　・継続サービス利用支援
○基本相談支援（障害者・障害児等からの相談）

　・支給決定の参考
　・対象を拡大に拡大

地域移行支援・地域定着支援

指定一般相談支援事業者
※事業者指定は、都道府県知事が行う。

○地域相談支援（個別給付）
　・地域移行支援（地域生活の準備のための外出への同
　　　　　　　　行支援・入居支援等）
　・地域定着支援（24時間の相談支援体制等）
○基本相談支援（障害者・障害児等からの相談）

（出典：厚生労働省資料を一部改変）

なり、指定特定相談支援事業所等の相談支援専門員によるアセスメントを受けてサービス等利用計画が作成されることになった。

　これにより、施設サービスの利用者については、事業所が作成している個別支援計画と、指定特定相談支援事業所等の相談支援専門員が作成するサービス等利用計画の2種類の支援計画が作成されることになる（図表4-27）。ふたつの計画が同じ方向に進むよう、アセスメントの段階で利用者のニーズを十分に確認し、事業所と相談支援事業所が連携していくよう努めなければならない。そのために、事業所のサービス管理責任者と指定特定相談支援事業所等の相談支援専門員は、互いに十分な意見交換と意思統一を行わなければならない。

図表 4-26　支給決定プロセスの見直し等

○　市町村は、必要と認められる場合として省令で定める場合には、指定を受けた特定相談支援事業者が作成するサービス等利用計画案の提出を求め、これを勘案して支給決定を行うこととする。

　＊　上記の計画案に代えて、省令で定める計画案（セルフケアプラン等）を提出できることとする。
　＊　特定相談支援事業者の指定は、総合的に相談支援を行う者として省令で定める基準に該当する者について市町村が指定することとする。
　＊　サービス等利用計画作成対象者を拡大する。

○　支給決定時のサービス等利用計画の作成、及び支給決定後のサービス等利用計画の見直し（モニタリング）について、計画相談支援給付費を支給する。

○　障害児についても、新たに、児童福祉法に基づき、市町村が指定する「指定障害児相談支援事業者」が、通所サービスの利用に係る障害児支援利用計画（障害者のサービス等利用計画に相当）を作成することとする。

　＊　障害児の居宅介護等の居宅サービスについては、障害者自立支援法に基づき、「指定特定相談支援事業者」がサービス等利用計画を作成。（障害児に係る計画は、同一事業者が一体的（通所・居宅）に作成するようにする方向で検討）
　＊　障害児の入所サービスについては、児童相談所が専門的な判断を行うため、障害児支援利用計画の作成対象外。

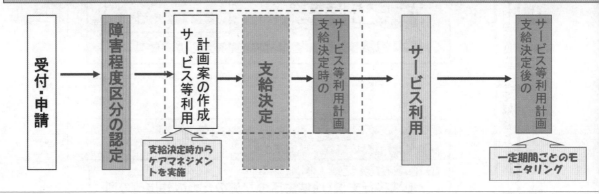

（出典：厚生労働省）

図表 4-27　サービス等利用計画と個別支援計画

サービス等利用計画	個別支援計画
指定特定相談支援事業所等の相談支援専門員が、対象者の総合的な支援方針や解決すべき課題（ニーズ）をもとに、最も適切なサービスの組み合わせに等について検討し作成したもの	サービスを利用している事業所のサービス管理責任者が、指定特定相談支援事業所等で作成した総合的な支援方針や解決すべき課題（ニーズ）をもとに、事業所が提供する支援⇒サービスの具体的な内容などについて作成するもの

（筆者作成）

図表4-28　一定期間ごとのモニタリングのイメージ

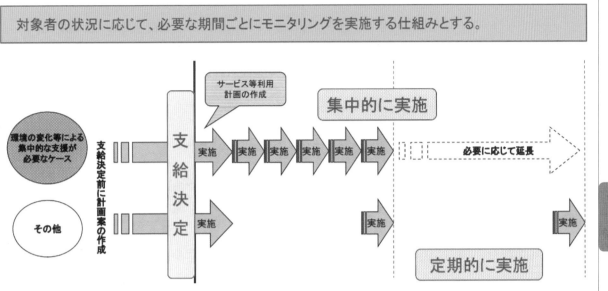

(出典：厚生労働省)

　サービス等利用計画についても個別支援計画と同様に一定期間ごとのモニタリングが定められている（**図表4-28**）。

【モニタリング標準期間】

①新規または変更決定によりサービス内容に著しく変動があった者（※④を除く）

→利用開始から3カ月間、毎月実施

②在宅の障害福祉サービス利用者（障害児通所支援を含む）または地域定着支援利用者（※①を除く）

　ⅰ）現行制度（サービス利用計画作成費）の対象者→毎月実施

　ⅱ）その他→6カ月ごとに1回実施

③障害者支援施設入所者（※①および④を除く）→1年ごとに1回実施

④地域移行支援利用者→6カ月ごとに1回実施

【勘案事項】

　心身の状況、置かれている環境、総合的な援助の方針、サービスの種類、内容、量、各サービスの目標および達成時期、支給決定の有効期間など

　また、モニタリング期間設定の手続き（案）については、以下のとおりとする。

①指定特定相談支援事業者・障害児相談支援事業者（計画作成担当）が、国が定める標準期間、勘案事項を踏まえて、サービス等利用計画案（障害児支援利用計画案を含む。以下同

じ）に「モニタリング期間（毎月、6 カ月ごと等）案」を記載

②利用者が、当該サービス等利用計画案を市町村に提出

③市町村は、支給決定に合わせて、国が定める標準期間、勘案事項を踏まえて、支給決定の有効期間の範囲内（毎月等集中的に実施する場合は 1 年を超えない範囲内）で「モニタリング期間（毎月、6 カ月ごと等）」を定め、受給者証（※）に当該期間を記載し、対象者に通知

　※受給者証に記載欄を設ける

④指定特定相談支援事業者・障害児相談支援事業者（計画作成担当）は、市町村が定めたモニタリング期間に基づき、モニタリングを実施

⑤市町村は、モニタリング期間を変更（毎月→6 カ月等）する場合には、その都度、変更したモニタリング期間を利用者に通知（受給者証の提出を求め記載を変更）。

⑥なお、対象者が不在である等によりやむを得ずモニタリング期間が予定月の「翌月」となった場合であって、市町村が認めるときには報酬を算定できることとする

⑦セルフプラン作成者に係るモニタリングの取り扱い

　セルフプラン作成者は、自ら計画を作成できる者であることから、指定特定相談支援事業者・障害児相談支援事業者（計画作成担当）によるモニタリングは実施しないこととする

⑧相談支援専門員がサービス提供事業所の職員と兼務する場合のモニタリングサービス事業所との中立性の確保や、サービス事業所と異なる視点での検討が欠如しかねないことから、以下のやむを得ない場合を除き、別の相談支援専門員が実施することを基本とする

・身近な地域に相談支援事業者がない

・新規支給決定または変更後、おおむね 3 カ月以内の場合（計画作成とその直後のモニタリングは一体的な業務であること、また、指定特定相談支援事業者・障害児相談支援事業者〔計画作成担当〕の変更に当たっては利用者が別の事業者と契約を締結し直すことが必要となるため、一定期間を猶予）

・その他市町村がやむを得ないと認める場合など

（厚生労働省障害福祉課長会議資料〔2011 年〕を一部改変）

（3）個別支援計画とサービス管理責任者の役割

　平成 15（2003）年の支援費制度の導入に伴い、利用者個々との利用契約が必要になった。その際に、利用者に対し施設での支援に関する個別支援計画の作成が義務付けられた。措置費の時代にも各施設では処遇計画等の名称で支援計画は存在していたが、措置から契約への流れのなかで、より利用者個人の意思や希望を尊重し、利用者との合意の上で目標を設定し、支援していく必要があった。

　セルプ協の会員施設・事業所にとって、こうした取り組みは初めてのことで

あったことから、セルプ協では平成 14（2002）年 4 月にモデル個別支援計画策定小委員会を設置し、11 月には「社会就労センターのモデル個別支援計画」を策定した。

　モデル個別支援計画を作成する上で、いちばんの前提としたのが、これまでの「処遇計画」のように職員が単独で決めるものではなく、利用者の計画作成への参画を求めて、利用者自身の希望やニーズに基づくサービス提供のための計画にすることである。当然、利用者個別に作成されるものであり、同じような障害があるからといって、画一的に作成されるものではない。

　このことは、平成 18（2006）年、障害者自立支援法が施行された後も引き継がれた。

　個別支援計画の作成に向けて、障害者自立支援法の施行に伴い、新たに加わったのがサービス管理責任者の配置である。障害者自立支援法の諸事業は、サービス管理責任者の配置と作成・評価の義務化によって、サービス提供の責任と個別支援計画全体の管理のさらなる明確化が求められることとなった。

【障害者の日常生活及び社会生活を総合的に支援するための法律に基づく指定障害福祉サービスの事業等の人員、設備及び運営に関する基準（抜すい）】
（指定障害福祉サービス事業者の一般原則）
　第 3 条　指定障害福祉サービス事業者（中略）は、利用者の意向、適性、障害の特性その他の事情を踏まえた計画（以下、個別支援計画という。）を作成し、これに基づき（中略）利用者に対して適切かつ効果的に指定障害福祉サービスを提供しなければならない。

　指定基準のなかでサービス管理責任者の業務・責務として以下を規定している。
①利用者に対するアセスメント
②個別支援計画の作成と変更
③個別支援計画の説明と交付
④サービス提供内容の管理
⑤サービス提供プロセスの管理
⑥個別支援計画策定会議の運営
⑦サービス提供職員に対する技術的な指導
⑧サービス提供記録の管理
⑨利用者からの苦情の相談
⑩支援内容に関連する関係機関との連絡調整
⑪管理者への支援状況報告
　この 11 項目がサービス管理責任者の業務・責務とされているが、アセスメント、計画作成、モニタリング等、全てをサービス管理責任者のみが担うとい

第4章

うことではなく、実際には、生活支援員、相談員、看護師、作業指導員など日常的に支援を行っている職員が担うことになり、サービス管理責任者は、計画のそれぞれの段階を含め、全体の責任を担うことになる。

　個別支援計画については、未作成だったりサービス管理責任者が配置されていなかったりした場合に報酬減算が適用されるので注意が必要である。[※43]

　図表 4-29 は、社会就労センターのモデル個別支援計画と指定基準・最低基準の比較である。指定基準で必要としている事項に対応しており、ケアマネジメントの手法を踏襲している。

（4）個別支援計画の流れ（アセスメントからモニタリングまで）

　実際に個別支援計画を作成していく上で前提としなければならないのが、利用者自身に向けての支援計画であるから、自分がどのように施設で支援されるかを決めるのに利用者自身が参加するのは当然であるという考え方である。また、もうひとつ考えなければならないのが、就労支援を主に行っている社会就労センターの独自性である。社会就労センターがほかの社会福祉施設と異なるところは、単に「生活の場」や「訓練の場」としてではなく、入所・通所を問わず、「就労の場」としての機能をもち、経済活動を行う施設や事業所であることである。

　このことから社会就労センターを利用するに当たり、利用者はどんな支援を求めているのかをまとめると、次の四つになる。

　ⅰ）日常生活の困難さへの支援を受けた「働く場」の提供
　ⅱ）「一般就労の場」への移行と職場での継続的な雇用のための支援
　ⅲ）日常生活面の支援を受けた「安定した生活の場」の提供
　ⅳ）施設外の「地域生活の場」への移行と地域での継続的な生活のための支援

　この四つのニーズを支援するために、どのような支援機能があるか考えてみると下記の五つに分けることができる。社会就労センターの役割は、これら五つの支援機能を活用して利用者の希望に応えていくことである。

注
※43　第 2 章 2（1）　47 頁　図表 2-2 参照

図表 4-29　モデル個別支援計画と「指定基準・最低基準」の比較

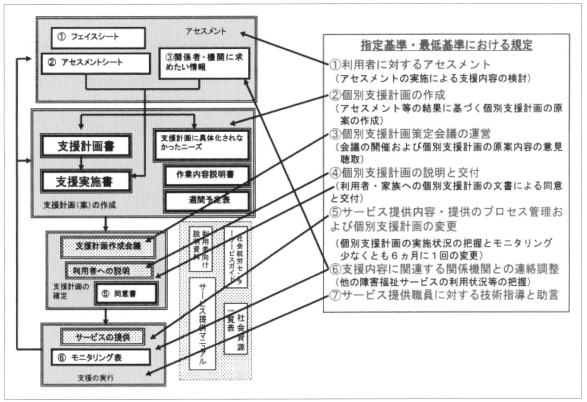

（出典：全国社会就労センター協議会「社会就労センターのモデル個別支援計画」2002 年）

ⅰ）福祉的就労支援
ⅱ）一般就労移行支援
ⅲ）生活支援
ⅳ）地域生活移行支援
ⅴ）社会資源活用・ネットワーク活用支援

　さらに個別支援計画の作成を作成する上で、前提としなければならない視点として以下の 3 点が挙げられる。

　まずは「自立の視点」である。「身辺自立」と「経済的自立」から自己決定権の行使による「自立」へと、自分らしく生きていくことができるような視点が必要である。第 2 の視点は「ノーマライゼーションの視点」であり、常に同時代・同世代の障害のない人はどんな生活をしているかを考えなければならない。最後に、対等な人として「人権の視点」である。これらの視点がないと、利用者のいろいろな要求（ニーズ）が「わがまま」と位置付けられてしまうであろう。

　また、利用者の側にも、遠慮などでニーズを表明できないケースが多く考えられる。特に以下の点への考慮が必要である。

ⅰ）どうせ自分はだめだという諦め
ⅱ）遠慮
　・当然の要求も自分のなかで「わがまま」と位置付けてしまって言わない
　　（ニーズとわがままの見極め）
　・世話になっているので言わない
ⅲ）情報不足による選択の狭さ
　・今とは別の選択肢を知らない（外の世界を知らない）
ⅳ）施設病（利用者・職員）
　・今の状況が当たり前と思ってしまう

　次に注意しなければならないのが、ニーズには 2 種類あることである。対象者側から捉えた「フェルトニーズ」と、専門職側の視点から捉えた「プロフェッショナルニーズ」である。この双方の考察から、利用者支援の「リアルニーズ」を引き出さなければならない。実際のアセスメントの場面で「フェルトニーズ」と「プロフェッショナルニーズ」が相反する場面が多いからこそ、この段階できちんと利用者と話し合い、真のニーズを引き出すようにしなければならない。

　また、障害が重度でコミュニケーションをとることが難しい利用者については、ほとんどが「プロフェッショナルニーズ」になることが考えられるため、専門職としての観点から真のニーズを引き出す力量が必要であり、支援の押しつけにならない計画の作成が必要である。

　社会就労センターのモデル個別支援計画の枠組みは**図表 4-30** のとおりである。

　個別支援計画を作成する上で最初に行うのが利用者と面接して行うアセスメントである。ここで大切なのが、利用者の思い（ニーズ）の尊重である。この視点がないと真に必要とされないニーズが導き出され、利用者から「聞かれたから言った」「そんなことを言った覚えがない」といったトラブルになることがあるので、注意が必要である。

　また、この段階はあくまでもアセスメントなので支援方法や支援内容の結論付けをしてはいけない。

　モデル個別支援計画で使用しているアセスメントシートは、記述式でなく細かなチェック項目を埋めていく簡単な方法をとっている。これは生活面、作業面全般にわたり、漏れなくニーズが導き出され、聞き取りをする職員の力量で

図表 4-30　個別支援計画作成と実行の枠組み

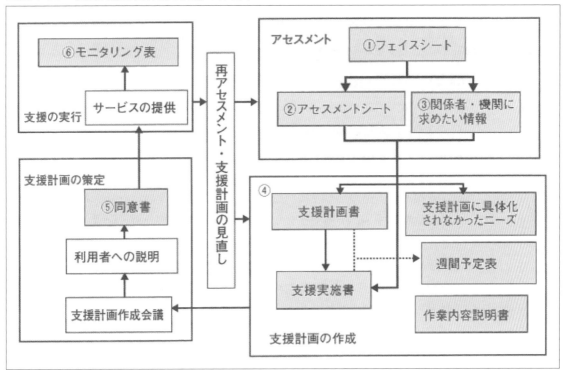

（出典：全国社会就労センター協議会「社会就労センターのモデル個別支援計画」2002 年）

差が出ないようにするためであり、またより具体的に聞くことで、隠れたニーズに気付き引き出せることもそのねらいのひとつである。

　実際にアセスメントを行う際の留意点は以下のことが挙げられる。①ニーズの引き出しやすい環境、②利用者との信頼関係、③利用者の現状の把握、④個々の障害に合ったコミュニケーション技術、⑤職員の考えを押しつけないこと、⑥将来の進路をきちんと聞き出す（ゴールがどこなのかはっきりさせる）こと、⑦長時間にならないこと、の7点である。

　これらのことに十分留意しながらアセスメントを行うことが重要である。このアセスメントの出来具合で、個別支援計画の良しあしのほとんどが決まってしまうといっても過言ではない。

　アセスメントが終わると、支援計画書、支援実施書等（図表 4-31）の原案を作成し、支援計画作成会議で内容を決定する。この支援計画作成会議は、サービス管理責任者が中心になって実施し、参集メンバーは全職種が漏れなく参加することが基本である。このことで、各職種の職員がもっている情報が共有されるのでニーズの漏れを防ぐことができ、実際の支援の場面での「言った」「聞いていない」などのトラブルを未然に防ぐことも可能になる。

　支援計画作成会議で決定した内容を利用者に説明し、同意を得た上で、支援

図表 4-31　支援計画書と支援実施書

支援計画書	支援実施書
ニーズに沿って目標を決め、ニーズの実現に向かって支援すること	日常的に行う支援内容

やサービスが開始される。その後は決められた期間内でモニタリングを行う流れになる。

モニタリングがなぜ必要なのかについて、以下の理由が挙げられる。

①実際の支援過程で、計画とは異なる問題が出現する可能性

②支援計画に基づいた支援が順調にいくとは限らない。計画どおり実施されていない場合、実施できなかった理由（なぜ）の分析・記録

③支援の効果や適切さ、計画の達成度等の分析・評価

④達成状況や課題を明らかにすることは、再計画化に当たって重要

また、モニタリングをどう進めていくかは、日々業務に追われている現場職員にとっても重要な問題である。円滑にモニタリングを行うために必要な 6 点を以下にまとめた。

①モニタリング会議は、サービス管理責任者を中心に、できるだけ支援計画作成会議と同じメンバーで実施する

②全職員の個別支援計画に対する共通理解

③モニタリング表の事前配付と読み込み（会議の席で初めて読むことのないような工夫）

④日々の支援経過の記録（日々どのような支援をしたか、また、本当に支援したかどうかの証拠にもなる）

⑤施設内に個別支援計画推進委員会等を設置するなどして、支援計画の進歩を管理する担当者をサービス管理責任者以外にも置く

⑥多くの利用者の支援計画を把握することが難しいので、モニタリング時期や自分の支援担当の一覧等を取りまとめた一覧表を作成する

モニタリングにより、見直され修正された計画で再度サービスを提供していくことになる。

近年、短期目標がいつまでも達成されないケースが多く、支援計画の塩漬けなどという批判を浴びるケースも多くみられる。モニタリングがきちんとされているか、支援内容に沿った支援がされていたのか、目標が適切だったか等を十分に振り返り、短期目標をもう少し小さな目標（手の届く目標）に変更するなどの検討も必要である。また、高齢者や重度重複の障害者にはどのような目標を立てるべきか等の課題も残されている。

いずれにしても、個別支援計画は、どんなに良い計画を作っても支援が実行

できなければ意味がない。大切なのは目標に向かってどう支援を実行していく
か、どう自己実現を支援できるかである。

　なお、セルプ協のモデル個別支援計画の全体像については、「社会就労セン
ターのモデル個別支援計画～障害者自立支援法対応版～」（全国社会就労セン
ター協議会発行）に詳しく掲載されているので、参考にしてほしい。

第4章

参考文献
・全国社会就労センター協議会雇用事業部会「就労継続支援 A 型事業所 Q＆A（平成 21 年度版）」
・全国社会就労センター協議会「社会就労センターのモデル個別支援計画～障害者自立支援法対応版～」2002 年

7 サービス利用契約

（1）利用契約締結と重要事項説明

1）利用契約締結

　指定障害福祉サービス事業者（以下、指定事業者）は、利用者に対して適切な福祉サービスを提供するために、支給決定を受けた障害者が指定事業者に利用申し込みを行ったときは、当該利用申込者の障害の特性に応じた適正な配慮をしつつ、当該指定事業者の運営規程の概要、従業者の勤務体制、事故発生時の対応、苦情処理の体制、守秘義務等、利用者がサービスを選択するために必要な重要事項について、わかりやすい説明書やパンフレット等の書面を交付した上で親切丁寧に説明を行う必要がある。また、サービスを利用する人から同意を得ることが必要であり、事業者および利用者双方の保護の立場から、書面によって確認することが求められている（**次項参照**）。つまり、契約の根拠として指定事業者が社会福祉法第77条第1項の規定に基づく書面の交付を行う場合は、利用者の障害特性に応じた配慮をしなければならない。特に障害者が契約時に同席した上で契約書や重要事項の説明を受けるので、利用契約書や重要事項説明書を作成するときに、難しい漢字などにはルビ（ふりがな）を振っておく工夫や、視力障害者に対し拡大文字等の工夫をして準備をしておくと、説明がわかりやすくなる。

　契約書の内容としては運営規程の概要、支援員の勤務体制、契約の目的、契約期間、個別支援計画、サービス内容、利用料金、利用料の支払い方法に加えて、事業者側の義務として説明義務、安全配慮義務、緊急時の対応、身体拘束の禁止、秘密の保持、苦情解決、契約の終了、損害賠償、協議事項がある。

　利用契約は、事業者と利用者が直接契約を行うものの、サービス利用希望者は、事前に相談支援事業者とサービス等利用計画を策定した上で、希望する福祉サービス事業者を選択して利用申し込みをするので、指定基準により、福祉サービス提供者は契約申し込みに応じる義務を負っている。つまり、正当な理由なくサービスの提供を拒むことはできないことになっており、契約自由の原則とは異なる点である。

2）重要事項説明

　利用者が障害福祉サービスの利用契約を締結する際に必要な情報を書面（重要事項説明書）として交付し、利用者にわかりやすく説明しなければならない。契約書と同様、利用者の障害特性に応じた工夫が必要である。

　一般的には重要事項の説明を受けた上で、利用申込者が納得した後、利用契約を行う手順となるので、障害福祉サービスの種類ごとに説明すべき重要事項を定めておく必要がある。また、重要事項説明書の内容は、最新の運営規程の内容と整合させる必要がある。例えば、苦情窓口として事業所の受付担当者のほか、受給者証を発行している市区町村の障害福祉課の窓口や都道府県の苦情対応機関などを明記する必要がある。

　また、利用者費用負担については「サービスに要した費用（厚生労働大臣が定める額）の1割、ただし、市区町村長が定める負担上限額とする」という記載が多いが、各サービスの所定単位、各加算の説明など、サービス全体に要する費用や利用者負担額の目安についても、詳細に説明をすることが求められている。障害福祉サービスの費用以外で利用者負担が発生するグループホーム等を利用する費用（食材料費、家賃、光熱水費、日用品等）についてもまた、費用およびその額を記載することが必要である。さらに、当月で精算することが困難な費用については、精算方法を記載して説明をする必要がある。

　このほかグループホームに入居するに当たっての留意事項（門限、外出、禁止事項、金銭管理、その他の利用者との約束事項）も、重要事項説明書に記載し、利用者に説明して同意を得ておくことが必要である。重要事項説明書は、障害福祉サービスを開始した後、サービス利用者とサービス提供者とのトラブルを避けるために、できる限りのことを想定して作成し説明を行い、サービス利用申込者が納得して同意することが重要である。

　重要事項説明書および契約書には、利用者本人の署名または捺印が必要である。利用者本人の署名・捺印を得ることが難しい場合には、契約書欄に署名代理人の欄を設けて、利用者の同意を得ている家族や法定代理人（後見人等）から、署名・捺印を受けることが必要となる。また、利用者が18歳未満の児童については、重要事項説明書および契約書における契約の相手方は、児童の保護者となる。20歳未満の未成年者の場合、利用者本人が契約の当事者となれるが、法定代理人の同意も必要である（令和4〔2022〕年4月1日以降は、18歳以上が成人となるため、法定代理人の同意は不要となる）。さらに、成年後見人等が選定されている場合は、当該後見人等との契約が必要となる。文字が書けない場合は、利用者欄の欄外に代筆者が代筆した旨を書くか、あらかじめ代筆者の欄を設定して、利用者との続柄または、利用者との関係を記入して、代筆者が署名・捺印をする。

3）受給者証の管理

　契約は、利用者と事業者が行うため、事業者側の契約当事者は法人の代表者となる。また、利用者が提示する受給者証によって、支給決定の有無、支給決

定の有効期間、支給量を確かめなければならない。最新の受給者証を参照（必要に応じて複写を保管）して、支給決定の内容を把握しておくことが必要である。さらに、支給決定期間の終了後も引き続き利用する意思がある場合には、利用者が支給の更新申請を行うことができるように必要な援助をする。

　入退所の際には、年月日等必要な事項を受給者証に記載して、受給者証を発行している市町村に報告する。利用者に提供するサービス内容や利用者が支払うべき額に関する事項が変更になるときは、再度、新たな内容で契約しなければならないが、契約書または重要事項説明書の別紙を作成し、別紙を更新するという方法もある。さらに重要事項説明書は、事業所内の利用者の目に留まるところに掲示しておくことが必要である。

（2）利用者負担金と預かり金管理

1）利用者負担金

　障害福祉サービスを利用することにより発生する自己負担は、所得に応じて4区分に設定され、それぞれの区分に応じた負担上限月額が設定された負担費用と、グループホームや移動支援サービスを利用することにより発生する負担費用に大別される。障害福祉サービスを利用する場合の費用負担の月額上限は、原則一般の設定をされた利用者が37,200円、所得割160,000円未満に設定された利用者が9,300円と設定されている。生活保護世帯に設定された利用者の費用負担はない。また、低所得1もしくは低所得2に設定された利用者は、平成22（2010）年4月より利用者負担を無料とする措置がとられ、費用負担はない。

　さらに、低所得者の通所サービス利用者ならびに一般9,300円に設定された利用者については、食費負担額の軽減措置がとられ、食費負担分は食材料費相当額のみの利用者負担となっている。低所得の20歳以上の入所施設利用者については、個別減免（収入66,667円まで利用者負担0円、それを超える時は超える額の半額を上限とする）ならびに補足給付（食費等を負担しても手許金25,000円、障害基礎年金1級は28,000円を残す）が実施されている。所得世帯を判断する基準は、18歳以上の障害者（施設に入所している18歳、19歳を除く）は障害のある人とその配偶者、障害児（施設に入所している18歳、19歳を含む）は保護者の属する住民基本台帳での世帯となった。

　よって、世帯の基準を変更したことにより、基本的には、障害福祉サービスを利用する際の利用者負担は低所得の区分が多くなり、費用負担は発生しないほうが多い。グループホーム等の利用者の場合は家賃、光熱水費、日用品は全額自己負担となる。ただし、家賃が10,000円未満の場合は実費、10,000円以

上の場合は 10,000 円を上限で補足給付が受けられる。

2）預かり金管理

　預かり金は不祥事が起きやすく、十分注意をして管理する必要がある。利用者の預かり金の取り扱いについては、平成 23 年 7 月 27 日付　社援基発 0727 第 2 号運用指針 1-(3) で施設利用者から預かる金銭等は、法人に関わる会計とは別途管理することとし、また、個人ごとに適正な出納管理を行うよう指示されている。印鑑と通帳の保管者は別の職員とし、保管場所も施錠可能な別々な場所とすること、預かり金を保管するに当たっては、必ず利用者等から保管する金品の内容および出入金の委任事項を明示した「保管依頼書」を徴するとともに「預かり証」を交付することとしている。預かる際には、担当者ひとりではなく、複数の関係者が立ち会いの上で預かり金や通帳の確認を行い、立ち会い者の署名・印を表記した書式を用い、出納に関わっていない職員によるチェック、内部監査を年 2 回実施するなど、けん制機能をもたせる組織体制をつくることが重要である。

　なお、預かり金管理手数料を含め利用者の日常生活費の請求については「障害福祉サービス等における日常生活に要する費用の取り扱いについて」（平成 18 年 12 月 6 日付　障発第 1206002 号、厚労省援護局障害保健福祉部長通知）、および「指定施設支援における日常生活に要する費用の取り扱い」（平成 19 年 2 月 14 日付　障発第 0214003 号）において、実費相当額の範囲で書面と同意が必要とされている。

第4章

第5章

事業運営（就労支援事業）

1 事業形態と新規事業開発

（1）自主生産

　市場調査から始まり、市場開拓、商品開発、生産、販売、管理までを、一貫して自らの責任で行うのが自主生産である。受注の質、量の調整がコストや損益を左右する最も大きな要素になるといえる。事業所や商品の強みと弱みを確認し、その価値を市場に生かすブランディングやストーリーも重要である。そのための経営能力、営業や専門スタッフの確保と育成など、マンパワーの必要性と、設備投資も事業規模によっては多額の設備資金調達が必要となる。

　自主生産のなかには受注生産を主とする業種と見込生産を主とする業種がある。印刷、クリーニングなどは前者であり、製品在庫を抱え込むリスクはないが、仕事量の変動が大きいと生産、作業面で稼働率にバラつきが生じる。木工製品加工、陶芸などは後者であり、計画的な平均作業が可能な半面、販売が計画どおりにいかなかったり、突発的な経済変動があれば大きな在庫を抱え込むことになる。また商品の陳腐化による価値低下が起こることがある。

　業種によって関連する法令が異なり、また、どの法令も改正等があるため、常に注視が必要である。担当者任せにせず、事業所全体で法令遵守（コンプライアンス）、品質保証という視点をもつことが重要である。それぞれの業種の強みと弱みの分析は比較的容易に行うことができ、かつ重要である。弱みであっても弱点とは限らず、弱みを強みに変換する発想も必要である。事業戦略の有効性や、改善の方向を探ることを目的とした内部経済性を理解する手法として、付加価値連鎖（バリューチェーン）の考え方がある。付加価値連鎖とは、事業活動を「物の流れ」に着目し、調達・開発・生産・マーケティング・販売・物流・サービスなどの機能ごとに分解し、どの機能で付加価値が生み出されているかを分析し、事業戦略への貢献度を知ることができるため有効である。これは、成功要因を発見する際にも役立つ。

　受注生産の業種では、サービスや、生産コスト、品質管理などが成功要因として挙げられ、見込生産の業種の場合には商品のデザイン性や販売方法（訪問頻度、営業員数、顧客の組織化）などが成功要因になることが多い。時代の流れとともに、インターネット販売が盛んになり、民間企業に自主生産品を卸すこともあるなかで、販売価格と卸売価格の設定がない商品がまだ散見される。今後の販売戦略を見直す際には工賃向上に向けて価格再設定することも重要であり、売上額以上に利益額・利益率を注視することが必要である。

　環境や時代変化、コロナ禍など、めまぐるしく変化するマーケット（市場と

顧客）において、独善的に陥りがちな事業所の商品・サービスは、常にマーケットを意識し、市場と顧客のニーズに即した「マーケットイン」の意識をもつ必要がある[44]。また、新規事業を構想する段階から、地域のニーズに寄り添った課題解決ができ、地域社会に貢献できる事業であるかどうか、環境保全やSDGs（持続可能な開発目標）の視点も重要である。

（2）受託作業・請負作業

　一般的に企業が下請けに外注する場合の要素は、以下の四つが考えられる。

ⅰ）技術………専門的特殊技術

ⅱ）コスト……小規模、専門化、量産化による低コスト

ⅲ）能力………生産増強の際、量的不足の補充

ⅳ）調整………需要の変動に対する弾力性

　ⅲ）ⅳ）は、生産調整のための安全弁として利用されるケースが多い。営業コストがかからない分を生産と技術面に集中し、ⅰ）の専門的技術や、ⅱ）の専門化、量産化による低コストで優位に立てるように考える必要がある。

　日本における下請け（協力メーカー）制度は、親企業のほうが圧倒的に強く、複数社に発注する場合もリスク管理を前提としたものではなく、競争を促すことに主眼が置かれていた。メーカーが安定生産できる背景には、一次部品メーカーが親企業に依存し、二次部品メーカーが一次部品メーカーに依存するという構造の結果、中小企業の低コスト労働力と雇用の柔軟性（需要縮小時の緩衝）があることを知っておかなければならない。平成20（2008）年のリーマンショック後の円高の進行、東日本大震災後に生じた生産拠点の分散化、電気料金の上昇などを背景として、製造業企業の海外進出が加速していたが、国内に生産拠点を戻したり、新規生産拠点を国内に置く動きに戻ってきている。こうした親企業との関係が大きく様変わりするなかで、事業所も今までの親企業との関係を保ちつつ、下請け生産で培った技術により、自主生産を指向すべきである。ひとつは「機動性」「非ロット性（多品種少量生産）」など優位性を発揮し得る隙間産業への進出であり、もうひとつは大企業の事務管理部門など周辺業務の外部委託（アウトソーシング）市場への進出である。この力を発揮し、同時に生産性を向上させるためにも日常的に5S（整理、整頓、清掃、清潔、躾）[45]を徹底し、作業環境改善を繰り返していく必要がある。ほかの事

注
※44　第5章2（1）　222頁参照
※45　第4章2（3）　154頁参照

業所がどのような作業環境なのか、どのような 5S 活動を行っているのか等
は、積極的に研修会に参加することで情報を得ることができ、得た情報を作業
環境改善に生かすことができる。

　これまでに企業とのつながりが少なかった事業所は、地元の異業種交流会へ
の参加や商工会議所、ライオンズクラブやロータリークラブ等の団体へのアプ
ローチや、地元の求人誌に掲載している企業にアプローチをする等、身近なも
のから工夫して仕事を探すことや企業との関係構築はできる。

　各地域で新規に受託作業・請負作業を考える際には、障害者優先調達法によ
る官公需と民需の活用がヒントになる。官公需では、地元の企業やシルバー人
材センター等との競争があり、民需においては外国人労働力との競争で、価格
交渉が難しい一面もあるが、納期の遵守、生産性、品質向上を継続することに
より、常に価格を上げるための交渉を頭に置きつつ、より高い価格を得ること
により、ほかの事業所と協働で仕事を請けるなど事業所間連携も可能となり、
新規業種への進出や仕事の発展性を見いだすことができる。

（3）施設外就労

1）施設外就労とは

　就労支援事業所（以下、事業所）の主な事業評価は、「賃金・工賃の向上」
と「一般就労への促進」である。特に、就労継続支援 B 型事業の工賃をどのよ
うに上げていくかは授産施設時代からの長年の課題であり、施設内で取り組む
委託作業（内職）の低い単価に低工賃の要因があることは周知の事実である。

　平成 13 年度から、厚生労働省が福祉施策と雇用施策の一体的推進の施策と
して開始した「施設外授産の活用による就職促進モデル事業」を契機に、就労
場所を施設外に求める「施設外就労」が認知され、障害者自立支援法施行以
後、「施設外就労加算」創設の後押しもあり、この活動が製造業のみならず多
業種においても広がった。

　「施設外就労」とは、企業と事業所が業務に関する「委託契約」を結び、企
業の工場内などで、利用者が支援員の同行の下、支援を受けながら受託した業
務に従事するもので、**図表 5-1** の基本要件および留意事項を満たすことが条
件である。

　具体的な導入マニュアルは、令和 2（2020）年 4 月に山口県が作成した
「施設外就労を始めるにあたって」[46] が資料としてわかりやすくまとめられて
いるので参考にされたい。

注
※ 46　https://www.pref.yamaguchi.lg.jp/cmsdata/0/d/7/0d714ba220a32074ffe806ef7791a856.pdf

図表 5-1　施設外就労の基本要件および留意事項

> ❖ **施設外就労の基本要件**　厚生労働省通知：「就労移行支援事業、就労継続支援事業（Ａ型、Ｂ型）における留意事項について」
> （平成 19 年 4 月 2 日付け障障発第 0402001 号。最終改正令和 3 年 3 月30日）
>
> ① 設外就労の総数は、利用定員を超えないこと。
> ② 施設外就労を行う日の利用者数に対して必要とされる職員を配置すること。
> ③ 施設の運営規程に施設外就労について明記し、当該就労について規則を設けること。
> ④ 施設外就労を含めた個別支援計画が事前に作成され、就労能力や工賃（賃金）の向上及び一般就労への移行に資すると認められること。また、訓練目標に対する達成度の評価等を行った結果、必要と認められる場合には、施設外就労の目標その他個別支援計画の内容の見直しを行うこと。
> ⑤ 緊急時の対応ができること。
> ⑥ 施設外就労により就労している者と同数の者を主たる事業所の利用者として、新たに受入れることが可能であること。
> ⑦ 報酬の適用単価は、主たる事業所の利用定員に基づく報酬単価を適用すること。
> ⑧ 施設外就労先の企業と、請負作業に関する契約を締結すること。
> ⑨ 利用者と事業所との関係は、事業所の施設内で行われる作業の場合と同様であること。
> ⑩ 事業所は、施設外就労に関する実績を、毎月の報酬請求に合わせて市町に提出すること。
>
> ❖ **請負契約の留意事項**
>
> ① 請負契約の中で、作業の完成についての財政上及び法律上のすべての責任は事業所を運営する法人が負うものであることが明確にされていること。
> ② 施設外就労先から事業所を運営する法人に支払われる報酬は、完成された作業の内容に応じて算定されるものであること。
> ③ 施設外就労先の企業から作業に要する機械、設備等を借り入れる場合には、賃貸借契約又は使用賃借契約が締結されていること。また、施設外就労先の企業から作業に要する材料等の供給を受ける場合には、代金の支払い等の必要な事項について明確な定めを置くこと。
> ④ 請け負った作業についての利用者に対する必要な指導等は、施設外就労先の企業ではなく、事業所が行うこと。
> ⑤ 事業所は請け負った作業を施設外就労先の企業から独立して行い、利用者に対する指導等については事業所が自ら行うこと。
> ⑥ 事業所が請け負った作業について、利用者と施設外就労先の企業の従業員が共同で処理していないこと。

出典：厚生労働省

2）施設外就労加算について

　平成 21（2009）年に創設された「施設外就労加算」は、単価がひとり 1 日 100 単位に設定されたこともあり、非常に多くの事業所が施設外就労に取り組む動機付けとなった。そして、障害のある人にとって、工賃向上のみならず、「社会の中で働く」というイメージをもてる貴重な機会となり、また企業にとってもインクルーシブな環境を整備することで、障害者雇用実現に効果があることを知る機会ともなった。

　　平成 30 年度の報酬改定においてもその効果が評価され、施設外就労のさらなる拡充をめざし、要件緩和等の推進策が講じられた。

　　令和元（2019）年度、施設外就労に取り組む就労移行支援事業所は 27.2％、就労継続支援 A 型事業所（以下、A 型）は 55.8％、就労継続支援 B 型事業所（以下、B 型）は 34.5％と高い割合を占めた（PwC コンサルティング合同会社『就労系サービスにおける諸課題の把握と事例整理に関する調査研究報告書』）。この報告書において、施設外就労の実施群と未実施群を比べると、A 型の賃金 10 万円以上の割合は実施群 6.0％、未実施群 13.6％、平均労働時間 5 時間以上の割合は実施群 22.3％、未実施群 48.6％と、いずれも未実施群の実績が高い。また、B 型においても、月額平均工賃が 1 万円〜2 万円の実績の割合が、実施群 49.0％、未実施群 46.4％と、いずれも遜色がないことがわかる。にもかかわらず、令和元年度の施設外就労加算の請求額は年間 120 億円に上った。

3）施設外就労加算の廃止について

　　しかし、令和 3（2021）年の報酬改定において施設外就労加算は全廃された。廃止理由は、工賃向上と雇用促進について一定の成果がみられ、加算はその役割を終え、基本報酬に組み込むという前向きな方向であったが、報告書の内容に鑑みると、加算請求の目的が報酬増に傾き、その結果ビジネスモデル化し、予算が膨らむなかで費用対効果が問題化したのではないか。この報告書には、非常に特徴的な調査結果が報告されている。実態を概観するために一読されることをお勧めしたい。

　　施設外就労加算は、事業所にとって、施設外で就労支援サービスを行うモチベーションとなっていたことは事実であり、この間の障害福祉や障害者雇用促進の取り組みにも一定寄与してきた。志のある実施群は施設外就労を継続していくだろうが、本当に継続し拡充されているのか、またその継続を阻むものはないのか等、加算廃止後の実態把握は必要である。

4）施設外就労の勧め

　　障害のある人たちの真の「働く場」は、施設の中でなく施設の外にある。障害のある人が働くことを通して社会とつながり、QOL（生活の質）を上げてきた歴史は今後も継続しなければならない。

　　そこで、就労移行、定着支援、賃金・工賃の向上に効果が顕著であり、加えて企業の雇用率達成や CSR（企業の社会的責任）に寄与する形態として、あらためて施設外就労の拡充を提案したい。

　　特長的なモデルとして、三重県伊賀市の施設外就労の取り組みを紹介する。

　令和3（2021）年10月現在、上場企業5社との請負契約により、A型および B型の利用者64名中45名が施設外で活動している。年齢は20～65歳、その4割近くの利用者が障害支援区分3および4である。A型の賃金が平均101,053円、B型の工賃は平均33,725円で、特筆すべきは、株式会社ミルボン内で活動するB型利用者には平均74,916円の工賃支給がされている。さらに、一般就労についても、施設外就労の利用者から直接雇用されるケースが多く、定着支援については施設外就労の担当職員がほぼ毎日フォローできる体制にある。

　施設外就労活動を活用して、利用者には、職業訓練→直接雇用→定着支援の穏やかなステップアップの機会が提供でき、一方では、一般就労の時期を終えた方には、職場環境を大きく変えず、一般就労→A型→B型→生活介護等への穏やかなフェードアウトの機会も提供できている。

5）施設外就労「M.I.Eモデル」について

　「M.I.Eモデル」は、単に三重県伊賀市における施設外就労の形態をさすのではなく、「Mie Inclusive Employment project」の略語で、企業内で行う施設外就労を軸とした就労の取り組みを通して、福祉と労働を実質的に統合させせるインクルーシブな働き方をめざしている。

　図表5-2のように、企業と就労支援事業所の1対1の基本モデルを拡充し、複数企業間の情報交換と、複数就労支援事業所の連携により、施設外就労の類型を増やし、高工賃の実現、一般就労への移行、さらには一般就労から施設外就労への転換等柔軟な就労形態を構築し、障害のある人、一人ひとりのニーズに合わせた多様な働き方を包摂するモデルである。

　モデルとしての特徴は、以下の2点にまとめられる。

　①地域内ネットワークの形成（企業間連携と就労支援組織間連携）

　②三つの主体がWIN.WIN.WIN

　施設外就労に関わる三つの主体とは、企業、利用者、就労支援事業所をさす。そのそれぞれにおけるメリットをまとめたものが図表5-3である。このメリットをいかに有機的に結び付けるかが「M.I.Eモデル」の重要なポイントとなる。また、「M.I.Eモデル」で提案する「（仮）インクルーシブ就労率」は、障害のある人の労働を、企業等への雇用に限定せず、雇用率制度による雇用と施設外就労への取り組みを融合させて、実質的にインクルーシブな就労機会を評価する新しい指標である。

　関心のある方は、令和3年3月に社会福祉法人維雅幸育会が発行した「施設外就労『M.I.Eモデル』報告書」をご覧いただきたい。

図表 5-2　施設外就労「M.I.E モデル」
地域の企業と就労支援組織がそれぞれ連携 → 複数の施設外就労を実施

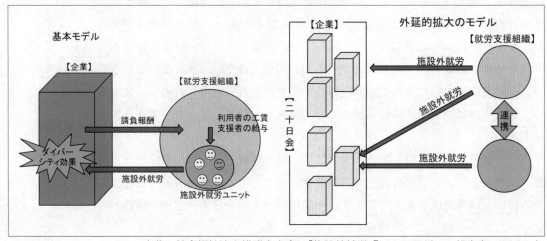

出典：社会福祉法人維雅幸育会、「施設外就労『M.I.E モデル』報告書」2021 年

図表 5-3　施設外就労に関わる三つの主体とそれぞれにおけるメリット

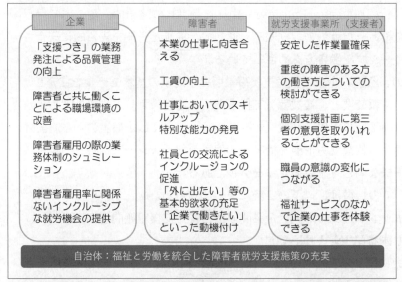

出典：社会福祉法人維雅幸育会「施設外就労『M.I.E モデル』報告書」2021 年

6）施設外就労の実現に向けて

　日本国憲法第 27 条には「すべて国民は、勤労の権利を有し、義務を負う」と規定されており、国民は自分の意志で働く権利があり、国には働きたい人が働けるように環境をつくる義務があるとうたわれている。

　障害のある人も一定の年齢にある人は、障害の程度にかかわらず、一般就労であっても福祉的就労であっても、1 度は「働くこと」に身を置くべきではな

いかと考える。

　これは、社会の側の論理で働かせるということではなく、あくまでも個人の「働きたい」という思いに寄り添って、多様な就労形態とさまざまな支援を組み合わせた選択肢を用意すべきである。それによって、障害のある人が一般就労でなくとも社会参加の機会を得て、自己肯定感を得て生きることが、結果的には社会全体の最適化につながるであろう。

　今後は、働きたいと願う人をどう訓練するのかではなく、障害のある人が働く場所と社会環境をどうつくっていくのかが問われる。

　障害者権利条約を批准し、わが国の障害者雇用や障害のある人の就労は新しいステージを迎えた。ダイバーシティとインクルージョンの時代を迎え、一般就労にのみ価値や意味があるという価値観や考え方の範疇を脱し、地域全体のインクルーシブな働き方を模索するなかで、施設外就労に取り組むことは意義あるものである。

参考文献
・朝日雅也「障害者就労における「施設外就労」の検証と提言～三重モデル構築に向けて～」、「施設外就労『M.I.E モデル』報告書」社会福祉法人維雅幸育会、2021 年 3 月
・影山摩子弥「三重県伊賀市における障がい者の請負型施設外就労の試み」『横浜市立大学論叢』第 71 巻　人文科学系列　第 1.2 号合併号、横浜市立大学学術研究会、2020 年 1 月
・奥西利江「施設外就労の取組みからインクルーシブ就労の実現へ」日本発達障害連盟編『発達障害白書 2022 年版』、明石書店、2021 年 9 月

第5章

（4）農福連携と〇福連携

1）社会就労センターの任務

　社会就労センターの各事業所は、さまざまな事業を組み立て障害者の働く場をつくっている。ここでは、農業と福祉を中心とした事業連携のあり方を紹介する。

2）農福連携とは

　少し前までは、事業所の中で一事業を自主生産する・下請け事業をする等の作業を行い工賃実績を上げていく事業所が多くみられたが、近年、事業所の外を作業場として事業を実践する事業所が増えている。そこから農業と福祉の新しいかたちが形成されていった。この事業が「農福連携」という用語で広がるようになった経緯は以下のとおりである。

❶国のビジョン策定

　平成 31（2019）年 4 月、農業分野への福祉事業所の参入が加速するなか、国の主催で内閣官房長官を議長とした省庁横断の「農福連携等推進会議」が官

邸で開催された。都道府県ネットワーク会長、三重県知事をはじめ全国から有識者 10 人が参加し、農福連携による効果の発信、農林水産業版ジョブコーチ増員、ノウフク商品の PR、林業・水産業と福祉分野の連携拡大等の提言がなされた。そして、令和元（2019）年 6 月の 2 回めの同会議において、国は今後の取り組みの方向性を「農福連携等推進ビジョン」（図表 5-4）として決定し、全国各都道府県に発信をした。こうして「農福連携」は、農業と福祉が連携し、障害者の農業分野での活躍を通じて、農業経営の発展とともに、障害者の自信や生きがいを創出し社会参加を実現する取り組みとして始められた。

　このビジョン推進に向け、厚生労働省も農林水産業と福祉をつなぎ整備促進を図るための支援制度を充実していった。まず、農福連携に対応した相談窓口として共同受注窓口の設置・運営に対する予算の確保を図り、また、農福連携を加速させるための施策として施設外就労を促進する新たな加算制度を創出した[47]。このような現状のなかで、多くの事業所が農福連携等に係る土台をつくり上げた。

図表 5-4　農福連携等推進ビジョン（概要）（令和元年 6 月 4 日　農福連携等推進会議決定）

出典：農林水産省

注
[47]　令和 2 年度をもって廃止

❷農福連携の形態

　農福連携とひと口で言っても、取り組み方は事業所の規模・立地条件等でさまざまな形態がみられる。以下にその事例を紹介したい。

＜事業所自ら農業を行う農福連携＞

ⅰ）農業を事業所の主事業とし、障害者に就労の場を提供し、米、野菜、養鶏等を独自で生産し直売所等で販売したり、レストラン経営、こだわりのお菓子作り等生産から加工までを一貫して行う。

ⅱ）耕作放棄地を借りて、独自に開拓し障害者とともに、無農薬・無化学肥料栽培の自然循環農業を行い品質の良さを売りにする。

ⅲ）高齢化で担い手不足の果樹園を事業所が引き受け、耕作放棄地も再生し、果樹・野菜の栽培を手掛ける。ASIAGAP 認証[48] を取得して、安全な農産物・環境に配慮した農業を売りにしていく。

＜農家・農業法人・株式会社等が障害者を雇用する農福連携＞

ⅰ）農家・農業法人が障害者を雇用して農作業に従事してもらう。その際農作業がスムーズに行えるよう、障害特性を見極めながら治工具・設備等を工夫して安全・安心でかつ生産性が上がるように環境を整えながら農作業を行っていく。

ⅱ）株式会社が就労継続支援Ａ型事業所・Ｂ型事業所を立ち上げ、地域の高齢農家の農地を積極的に借り入れ、果樹・野菜などを障害者とともに生産・販売を行っていく。

＜農家等が事業所に農作業や加工等を委託する農福連携＞

ⅰ）農業者の高齢化による人手不足の解消と、Ｂ型事業所の工賃アップをめざし、農業と福祉のマッチングが行われている。

ⅱ）農家から委託される作業（収穫・出荷・草取り・片付け・加工等）を指導員と一緒に直接農地に出向いて行う。

ⅲ）マッチングの体制を図式化すると、**図表 5-5** のとおりとなる。

3）○福連携

　農福連携が浸透するにつれ、取り組みは他分野にも広がりをみせている。

❶林業・水産業

　事業所の立地条件等によっては、里山整備で循環型林業を地域とともに行う、県産材を加工し製品を作る等が考えられる一方、水産業では担い手の少なくなった作業を担って産業振興に役立っている。どちらも、担い手の高齢

注
※ 48　アジアにおける GAP（農業生産工程管理）の国際規格。

図表 5-5　マッチング体制図

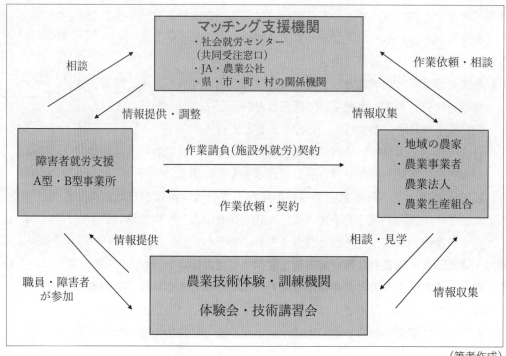

（筆者作成）

化に伴う人材不足を補っている。

❷商業

惣菜加工業者、飲食店、店舗等が必要とする野菜の契約栽培、加工品の製造を請け負っている。

❸工業

工場内のラインを担う、部品の整理整頓、製品のラベル貼り等専門的な知識がなくてもできる仕事を請け負っている。

❹伝統産業

地域の伝統野菜の栽培・伝統菓子の製造・伝統工芸品の製作等担い手から事業継承して少しずつ請け負い、事業所の事業として位置付けている。

4）農福連携と〇福連携の効果

連携を進めることによって、以下のような効果が期待されており、実際にさまざまな効果が報告されている。

①地域に根付いた産業が、障害者の活躍の場を広げる

②地域の人々と触れ合う機会が多くなり、地域住民の支え合い意識も深まることで、障害者の自信・コミュニケーション力が培われていく

③農業・他産業に係ることで障害者自身の体力・忍耐力が身に付く

④障害者の工賃・賃金アップにつながる

　今後は、「農福連携」をキーワードに、SELP Vision 2030 の実現をめざして、農林水産業をはじめとする○福連携などの担い手不足・環境問題など、地域のさまざまな課題に対し社会就労センターのもつ多様な人材、ネットワーク、商品、サービスで、誰もが住みやすい地域づくりに貢献することが求められよう。

（5）新規事業開発の手法

　社会就労センターの職員が、新しい業種を開拓しようとするときに留意すべきポイントは以下のとおりである。

①福祉サービスを利用する障害者の特性	②障害支援区分を考慮した作業種目
③現事業（作業種目）の戦略・施策の明確化	④消費者ニーズ
⑤マーケティング	⑥情報収集
⑦事業所および職員の意識改革	⑧地域課題解決

　障害福祉サービスの分野にも異業種参入が進んでいる現在、上記八つのポイントから障害福祉サービスへの使命と事業所の強化を図らなければならない。また製品・サービスの陳腐化が叫ばれるなか、業種開拓に向けて開拓プロセス・体制を考え、法人の強力な支援を担保にし、組織に埋もれた優れた事業アイデアの発掘を行い、客観的かつ合理的な評価プロセス・手法の活用に取り組まなければならない。

　21 世紀はまさに経営の時代であり、同じ産業に属していても、業績に際立った差が生じ、ローテク産業でも新しい技術やイノベーティブなアイデアを駆使すれば、屈指の高収益企業に変身できる。さらに、地球温暖化や資源高騰により競争激化する経営課題は、技術から経営効率に至るさまざまなイノベーション活動を要請している。以下に、社会就労センターによる業種開拓について記していく。

1）経営戦略の必要性

　経営戦略が注目されるようになったのは、事業活動が年を追うごとに複雑になり、生産すればすぐに売れていた生産志向の時代から、現在は顧客が満足するような製品を作らないと売れないマーケティング志向の時代になったからである。企業は「より良い製品を作ろう」「より良い方法で販売しよう」「顧客の要望により多く応じよう」とさまざまな工夫および研鑽等を行っている。併せ

て競争が激しく複雑な社会環境のなかで、事業活動を成功に導くためには、有効な経営戦略を立て、的確に時代のニーズを捉え、対応していかなければならない。現状に甘んじず経営戦略を立てていく体制が、社会的にもまた利用者・家族からも要望されていることを、真摯に受け止めることが必要である。

2）経営理念の必要性

　経営理念がなければ、事業の推進・開拓は図れないし、良いモノづくり、人づくりにはつながらない。経営理念の必要性および効果として次のことが考えられる。

ⅰ）**活動の基本的な基準を組織内部に示す**
　　判断のばらつきが少なくなり事業所でのコミュニケーションを円滑にし、活動の効率を高めることにつながる

ⅱ）**事業所の活動の意義を示す**
　　活動に高い意義があることが明らかになり、組織内の士気が高まる

ⅲ）**対外的に経営理念を示す**
　　事業所の活動の意義・姿勢を理解してもらい、より深い関係を築くことができる。逆に経営理念があっても機能していないならば不信感は募り、離れていく可能性が高まることも忘れてはならない

3）商品企画の目的

　商品企画の目的が不明確なままにプロジェクトを進めることは、曖昧な状況で市場開拓や商品開発がなされることになる。戦略商品は、事業所の長期的、革新的、集中的、総合的な活動を支える商品であり、商品企画に当たっては戦略自体を明確にする必要がある。目的に応じてどの程度のコストをかけるか、人件費も含んで考えなければならない。

　商品企画の目的はその商品別に大きく分けて、三つに分類される。

ⅰ）**戦略商品**：事業所の顔になる商品とする。競合との差別化を図り、新分野を開拓するといった事業所の戦略に貢献する目的の商品である。

ⅱ）**主力商品**：利益に直接貢献することを目的にした商品である。原価を下げるなどで、最大限利益の確保をする。

ⅲ）**補完商品**：主力商品を販売しやすくすることを目的とした商品で、カラーバリエーションを設定するなど顧客の個別ニーズに応える。

4）事業の変革・攻略

　例えば農業分野では、現在、農業生産にとどまらず、農産物加工・製造・販売まで行う6次産業化の取り組みを行う事業所等が増えてきている。平成25

年度「九州食料・農業・農村情勢報告（九州農業白書）」はその課題・方向性について、消費者の視点を取り込むマーケットインの実践、販路を開拓できる人材育成、6次産業化支援のファンド活用、商工業や医療・福祉など他産業との連携などを指摘している。

　これはどの事業にも共通するであろう。消費者ニーズを的確につかみ、また先取りし、常に改良・改善をしていく姿勢、挑戦する姿勢こそ、事業を展開する上で必要なことである。

5）知識と情報の戦略

　ヒト・モノ・カネが自由に移動するグローバル経済の下では、国際的にモノの値段が決まるといわれる。高賃金、高コスト体質の産業や企業は生きていけない。生き残りの鍵を握るのは、「知識」と「情報」であり、それを生かして「高付加価値化」を達成できるかどうかで、将来が決まる。知識や情報が、突然に高付加価値企業を生むともいわれる。そこに集まる企業群が源となって、非連続のかたちで新産業が創造されていく。そのためには、経済白書、農業白書、経済新聞等に毎日目を通し、情報を常に新しいものにし、そのなかから未来予想を含めた業種選択、開拓を進めなければならない。

6）地域課題解決への視点

　少子高齢化が進むことによって、福祉の領域だけでなく地域力の低下が顕在化している。
①生活関連サービスの縮小
②税収入減少における行政サービス水準の低下
③地域公共交通の撤退・縮小
④空き家、空き店舗、工場跡地、耕作放棄地などの増加
⑤地域コミュニティーの機能低下

　地域特性により、全ての地域で上記の流れが当てはまるわけではないが、人口減少を漠然とした危機意識ではなく、事業所がある地域でも起こり得る身近な問題として認識を共有することが重要である。その上で、障害者の就労支援事業が地域の事業承継や主力産業の「担い手」となることで、地域住民の生活の利便性、地域の魅力向上という地域課題を解決できることを意識して事業を推進することが大切である。

　社会貢献と営利を両立させながら、支えられる側が支える側として、そして共に地域を支え合う関係性を構築し、障害者自身も地域に対して役割をもち、地域に貢献できる事業所づくりの視点が必要である。

2　商品開発

（1）商品開発

1）商品開発の必要性

　社会就労センターを取り巻く社会環境や顧客の状況は常に変化している。現在、売れている商品やサービスがあったとしても、それがいつまでも売れ続けるという保証はない。それぞれの生産活動を活性化させ工賃向上の成果を出し続けるためには、常に新しい商品を開発し続ける必要がある。商品開発の基本的な考え方や手順を理解し、効果的な取り組みを進めていきたい。

　新商品とは、①市場に今までまったく見られなかった商品・サービス、②ほかではすでに生産・販売しているが、自分たちにとっては初めて生産・販売する商品・サービス、③既存の製品（商品・サービス）になんらかの改良を加え、付属品やデザインの面で新しい製品（商品・サービス）をさす。物やサービスがすでに飽和状態の現代では、市場に投入されるほとんどの新商品が②または③であり、社会就労センターで行う場合も同様である。

2）プロダクトアウトとマーケットイン

　現在の保有技術や製造設備といった提供側からの発想で商品開発・生産・販売といった活動を行うことを「プロダクトアウト」という。一方、「マーケットイン」とは市場や購買者という買い手の立場に立って、買い手が必要とするものを提供していこうとすることをさしている。少し前までは、商品開発はマーケットインであるべきという考え方が主流を占めていたが、昨今は、顧客は必ずしも自分が欲しいもの（ニーズ）を明確に知っているわけではなく、形のある商品として提示されて初めてそれが欲しいか否かの判断をするものだという意見も聞かれる。

　社会就労センターで行われる商品開発・生産・販売は、一般的にプロダクトアウト型が多い。「この作業なら自分たちにもできそうだ」「地元の材料を使える」「機械をもらった」などのきっかけで行われることが多いからである。顧客に支持されることを一義に考えると、今後はプロダクトアウトとマーケットインをいかに融合させていくかが課題である。

3）商品開発の手順

　商品開発のスタートはアイデアである。そのアイデアの種を元に商品コンセプトとして具体化し、生産計画や販売計画に落とし込んでいく。いったんは試

図表 5-6　商品開発の手順

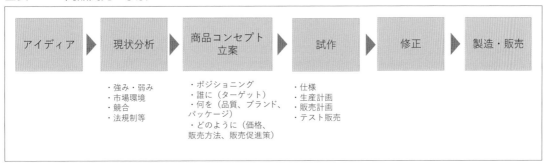

アイディア → 現状分析 → 商品コンセプト立案 → 試作 → 修正 → 製造・販売

現状分析	商品コンセプト立案	試作
・強み・弱み	・ポジショニング	・仕様
・市場環境	・誰に（ターゲット）	・生産計画
・競合	・何を（品質、ブランド、パッケージ）	・販売計画
・法規制等	・どのように（価格、販売方法、販売促進策）	・テスト販売

（筆者作成）

作品としてテスト販売を行い、修正したものを正式に製造、販売していく手順を踏むことが望まれる（**図表 5-6**）。

4）市場細分化（セグメンテーション）とターゲティング

　商品開発を成功させるための最初の課題はターゲットを決めることである。世の中には、全ての人に向けた商品やサービスは存在しない。商品・サービスは区分けされた「誰か」に向けたものである。そのためにまず行うことは市場細分化（セグメンテーション）である。

　市場や顧客を細かく区分けすることで、狙うべき顧客が区分できるようになる。そして、自分たちに合った顧客、競合が狙っている顧客、自分たちには狙うことが難しい顧客も見えてくる。

　例えばある事業所が、新しく宅配弁当を製造・販売するとする。この宅配弁当が、誰に向けたものかによって、メニューや量、価格も変わってくる。宅配弁当を購入するのは主に会社や工場などで働いている人か、外食が多いまたは昼食を作ることができない、あるいは億劫に感じるひとり暮らしの高齢者などが想定される。自分たちの顧客ターゲットは、どのようにして絞ればよいのだろうか。

　そのためには、いったん想定される市場の状況を具体的に把握する。周辺に何社くらいの企業があり、何人くらいの人が働いているのか。そのうち昼に弁当を買って食べているのは男性か女性か。何歳くらいか。体を動かす仕事か事務職かを把握する。ひとり暮らしの高齢者の場合は、その世帯数を把握していく。

　例えば、ひとり暮らしの高齢者が多い地域の場合など、その市場をターゲットに弁当を開発してはどうかという意見が出るであろう。だが、すでに周辺には複数の高齢者施設があり、それぞれ配食弁当事業を展開している。競合の多くが昼食だけでなく夕食向けの弁当の提供も併せて行っているとわかったとす

る。昼食と夕食の 2 回分の製造体制をつくり、夕方の配達に要員を割くことが困難だと判断される場合など、その市場に参入するのは効率的でないかもしれない。

　一方、近隣に飲食店が少ない地域などでは、仕事で時間に追われている 30 代、40 代のサラリーマンは、自身の昼食に満足していないかもしれない。ここをターゲットにしてはどうかという仮説も成り立つ。このようにして細分化した市場（セグメンテーション）を元に、自分たちが商品を提供する顧客ターゲットを決めていく（ターゲティング）。

　ターゲットを絞る切り口は、一般生活者を対象とする商品・サービス（BtoC）の場合、①属性（年齢・性別・居住地・所得・家族構成・職業・学歴など）や、②ライフスタイル（趣味・購買行動特性・嗜好品・購読雑誌など）がある。企業、法人（BtoB）を対象とする商品・サービスの場合、①属性（規模・業種・地域など）や②企業文化・価値観などがある。

5）競合と差別化するためのポジショニング

　30 代、40 代のサラリーマンというターゲットに向けて、どのような弁当を作れば売れるのだろう。そのためにはポジショニングを定めることが有効だ（図表 5-7）。「ポジショニング」とは、ターゲットに対して競合との差別化を図り、顧客に自分たちの弁当の魅力を認識してもらえる「立ち位置」を決定することである。言い換えると競合が存在しない、なるべく少ない立ち位置を決定することである。

6）マーケティングミックス

　ターゲットとポジショニングが決まったら、そのターゲットに対して、商品・サービス（Product）、価格（Price）、販売促進（Promotion）、流通方法や店舗（Place）をバランスよく組み合わせていく。これをマーケティングミックスといい、それぞれの頭文字をとって 4P といわれることもある。「誰に（ターゲット）」「何を（商品・サービス）」「どのように（価格、販売促進、流通方法）」が明確で矛盾がないように検討していけば、効率的、効果的に商品開発を進めることができる（図表 5-8）。

　宅配弁当で例えると、「何を」は、メニューそのもの、味付け、メニューの種類、量、材料品質、弁当容器などである。「どのように」は、サラリーマンが昼食に払いやすい価格と支払い方法、宣伝の仕方や「ワンコインで腹いっぱい」などのチラシのコピー、注文方法をインターネットか電話か、月極めか随時注文かなどを決めていくことである。

図表 5-7　30 代、40 代の昼食市場におけるポジショニング例

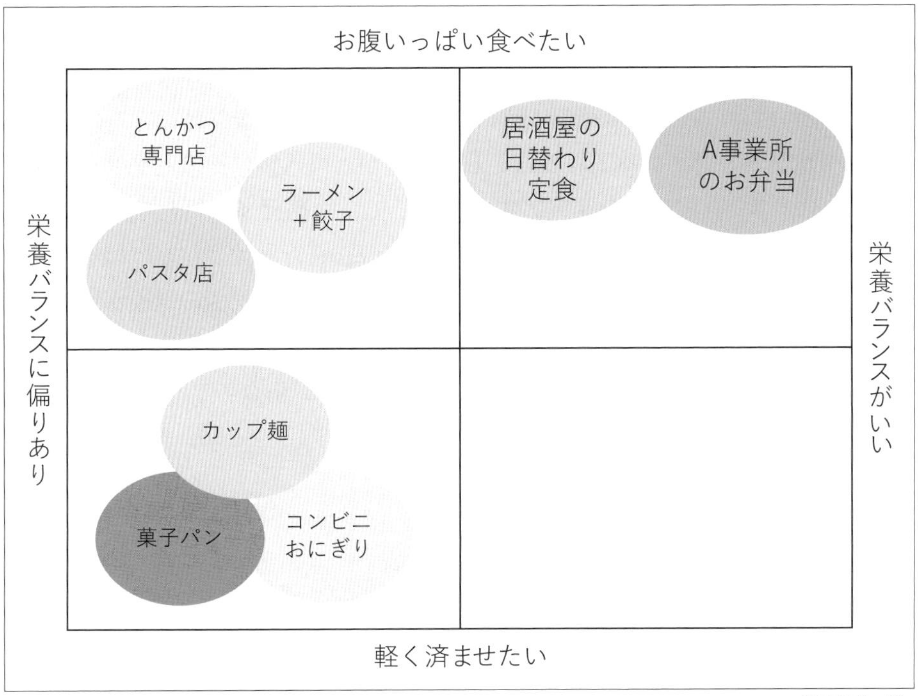

（筆者作成）

図表 5-8　マーケティングミックス（4P）の要素

何を	商品・サービス	Product	品質、品揃え、量、デザイン、ブランド、パッケージ
どのように	価格	Price	価格設定、割引、支払条件
	販売促進	Promotion	広告、パブリシティー、イベント、チラシ
	流通・店舗	Place	販売経路、販売地域、立地、直販、販売委託

（筆者作成）

7）DX（デジタルトランスフォーメーション）時代のプロモーション戦略

　顧客がものを買うことを決めるまでのプロセスとして、AIDMA（アイドマ）が有名である。1920 年代にアメリカの著作家、サミュエル・ローランド・ホール氏によって提唱された概念で、以下の単語の頭文字をとって構成される。

Attention：注目、商品やサービスについて知る

Interest：興味をもつ

Desire：欲しいという欲求

Memory：記憶

Action：購買行動

　一般的に単価の高い商品ほど、このプロセスに要する時間は長いとされ、単価が低ければ、興味をもってから買うまでの時間が短いとされる。

　Twitter や Instagram、Facebook といった SNS が普及した現在では、口コミで突然ヒット商品が生まれることがある。「バズる」という言葉に代表されるように、商品やサービスに興味をもった顧客は、口コミ、インフルエンサーといわれる SNS で影響力がある一部の個人の記事などを参考にするという行動が一般的となっている。そして顧客が、購入後にその商品サービスの評価を自身の SNS などでシェアするなどして、販売促進の役割も担っていることがある。インターネットの普及で、顧客の購買行動は変化している。この新しいタイプの顧客の購買意思決定プロセスは、広告代理店の電通が提唱した理論でAISAS（アイサス）といわれる。

　Attention：注目、商品やサービスについて知る
　Interest：興味をもつ
　Search：検索
　Action：購買行動
　Share：共有する

　今後は社会就労センターにおいても、顧客の購買行動やその変化に対応し、SNS を使った情報発信やプロモーション活動が求められていく。それぞれビジネスアカウントを設置して広告を発信することもできる。チラシを作って印刷し、1 枚 1 枚配布するより、効率的に潜在顧客へリーチできるので、積極的に検討したい。

　また、社会就労センターのなかにはインターネット販売を志向する事業所もあろう。コロナ禍で対面販売が困難になったことで、インターネット販売を強化した事業所も少なくないだろう（筆者は、事業所がインターネット販売に活路を見いだそうとすることについては、やや消極的意見である）。作り手の顔の見える商品を作って販売していることが社会就労センターの強みであるのだが、インターネットのホームページではその強みが表現しきれていない商品が実に多い。顔の見えない顧客に対して一定の売上を上げていこうとすると、相当のコストをかける覚悟も求められる。ウェブサイトや SNS での情報発信については、新規顧客の創出よりも既存顧客とのコミュニケーション手段として位置付けてはどうだろう。購買単価の向上、購買頻度の向上をめざした活用のほうが成果につながりやすい。どうしてもインターネット販売をめざすのであれば、自社サイトではなく、Amazon（アマゾン）や楽天市場などの大手 EC サイトに出店していくことを推奨する。手数料を支払っても、ユーザー数、決済システム、信用保証などのメリットは大きい。

　DX（デジタルトランスフォーメーション）時代にあっては、進化したデジタル技術を活用して人々の生活を向上させるために、社会就労センターの役割を広げていくことが求められよう。

8）顧客情報の収集と活用

　多くの社会就労センターでは、たくさんの商品をいろいろな方々に購入してもらうために、常設店を設けての販売や、イベントでの対面販売に取り組んでいる。なかにはネットでの販売も並行して行っている事業所もあるが、その場に来て初めて商品を手にし、買ってくれる一見客が多数を占めている。できれば、1度購入していただいた顧客とはずっとつながりをもち、リピーターとなってほしいものである。そのためにも、SNSを活用した情報発信を積極的に行い、「いいね」「チャンネル登録」「フォロー」などによって継続的につながっていくことが求められる。こういった顧客に対して、さまざまな情報発信を行うことで、リピーターになってもらえたり、情報の拡散をしてもらえたりするのである。

9）エシカル消費の将来性

　「エシカル消費（倫理的消費）」に関する消費者意識調査報告書[49]によると、「エシカル消費」という言葉の認知度は、2016年度は6.0％だったのに対し、2019年度では12.2％と2倍以上になっている。そして「これまで購入したことがあり、今後も購入したい」と答えた人は2016年度は28.4％だったが、2019年度は35.5％と増加している。

　「障害のある人が作った製品を購入したことがある」人の割合は、性年代別にみると、「女性 50代・60代」で、「購入している（計）」（よく購入している＋購入したことがある）が63.0％と最も高くなっている。また「エシカル消費に関心のある層」では、全ての層で「購入している（計）」が50％を超えている。

　これらのデータからは、社会就労センターで開発、製造、販売する商品の市場が広がり、これまで顧客として取り込めなかった男性や、40代以下の女性なども顧客に想定する可能性を推察できる。商品開発に当たっては、これまで想定しにくかった層の顧客に対しても積極的にチャレンジしていきたい。

（2）商品デザイン

　社会就労センターでは、障害があっても地域で当たり前の生活ができることを支えるために、利用者に高い工賃を支払うことを目的に、工賃アップをめざしている。また社会就労センターでは、指導員配置のなかで作業開拓を進める

注

※49　https://www.caa.go.jp/policies/policy/consumer_education/public_awareness/ethical/investigation/
　　　第5章4（1）2）257頁参照

ための体制を前提にした予算措置もされている。しかし、現実には作業現場で障害のある人の支援に追われ、市場調査や受注開拓、販売担当職員の役割を果たしきれていないように見受けられる。本来指導員には、利用者の高い工賃保証をめざす調査・受注・営業活動や、希望する利用者への職場開拓を進める業務を担う役割がある。以下、商品デザインの切り口からの開発についてのポイントを挙げてみたい。

1）既存商品のデザイン

　商品デザインとは、利用者（施設）のモノづくりを消費者に伝えるモノ・コトである。既存商品においては、販売実績・消費者の声・時代性などを定期的に検証し、商材の見直し・パッケージのリニューアル・価格の再設定などにより、商品をアップロードする必要がある。販売場所・販売方法も検討要素となる。継続して消費者の求める商品であり続けることが理想である。

2）新商品のデザイン

　まず利用者・施設の技術・生産能力と個性（独自性・オリジナリティー）を把握する必要がある（自己分析の必要性）。商品開発時における問題点の発見や、商品に対してセールスポイント（優位性）の反映ができるからである。利用者・施設の技術・生産能力を上げることは容易ではない。むしろ、現状の技術、生産能力でいかに利用者・施設のオリジナリティーを発揮できるかがポイントとなるだろう。そのためにはデザインの力（考え方）が必要であり、今ある技術でも新しいモノ、コトに応用することで新しい市場が生まれるかもしれない。開発に求められるキーワードとして「独創性と伝統性」「健康、安心、安全」「環境への配慮（自然との調和）」「豊かなコミュニケーション」を挙げておく。

3）商品開発のポイント

❶ターゲットとシーン

　誰がどのような状況でそれを利用しているか、必要としているかを具体的に設定すれば開発すべき商品のアウトラインが見つけやすい。「自分が購入するなら？」「○○さんが買うとしたら？」と考えてみても良いだろう。例えば仮に「Z世代」[※50]に絞り込んだ開発を進めるならば、彼らの1日の生活行動を想像し具体的に再現（あるいはヒアリングなどの実調査）をしていくなかで、彼

注
※50　生まれた時からインターネット環境が存在している、1990年代半ばから2010年代前半生まれの世代。「スマホ世代」ともいわれる。

らが求めるもののヒントが見つかるかもしれない。具体的な架空の購入者をつくる（名前や性格・趣味などプロフィールを細かく設定する）こともアイデアを出すには有効だろう。

❷視点

　ターゲットとする消費者や生活シーンの設定とともに、多様化していく社会のなかで商品の居場所にフォーカスして探ってみることも必要である。通年行われる行事やイベント（例：お正月、バレンタイン、ハロウィーン）、地域の祭り（例：だんじり、お盆祭り）、プライベートな記念日（例：誕生日、ウエディング）、特定の場所・時（例：駅舎、日曜日）などに合わせた商品開発も面白いだろう。

❸地域性

　その地域の特産品、風俗、習慣、行事などを組み込むことによって、他者にはできないストーリー性のある強力なオリジナル商品ができる可能性がある。その地域でしか存在しない食習慣を基にしたレシピ開発や、その地域でしか通用しない言葉（方言）をネーミングに生かすことができれば、地域外では新鮮な商品となり得るのではないか。ヒントは身の回りの生活にあるのかもしれない。

❹地元のパートナー

　地元の企業や団体、有名店舗などとコミュニケーションをとることで新たな技術や商材が獲得でき、コラボレーション商品ができるかもしれない。開発・生産におけるパートナーの協力が大きな力となり、相手にとっても地域貢献・社会貢献となるだろう。例えば、地域の祭りに焦点を絞り、祭りのTシャツや手ぬぐいを利用者の個性を生かした文字やイラストレーションで表現し、地元の自治会や関係者に提案し実現すれば地域との関係を深めることができるのではないだろうか。

❺利用者の個性

　利用者個人のもつ感性や特性に特化した開発は唯一無二の商品となり得る。特にアートとしての商品化は注目度が高まり需要拡大に大きな期待がもてるのではないか。パッケージのビジュアルやステーショナリー、衣類、バッグへの展開などさまざまな商品に展開できそうである。ただし、作品の二次利用における製作者の知的財産権について明確にして、開発に取り組まなくてはならない。

❻商品にするために

　商品に仕上げるには商材の形、大きさ、色、ネーミング、パッケージングなど検討し設計すべきことは多い。それには専門家の指導が必要となる。加工食品についてはレシピが重要であるので、パティシエや栄養管理士などに指導を仰ぎながらクオリティーを高めオリジナリティーを出していきたい。パッケー

第5章

ジングについてはデザイナーから包材、包装、ビジュアルデザインの指導を受けると良いだろう。また、食品において求められるのは、これからの消費者の食生活の変化に対応した商品開発である。食材の乾燥化やパウダー化、冷凍食品など時短に対応できる商品にも目を向けるべきである。その課題として、施設の設備や商品の配送方法などへの対応力が必要となる。

❼パッケージデザイン

　商品のコンセプト（アイデア、ネーミング、購入して得られるモノ・コトなど）を消費者に伝えるためにパッケージデザインは重要である。パッケージは、形、色、素材、ネーミング、ロゴタイプ、写真やイラストレーション、キャラクター、キャッチコピーなど多くの構成要素で成り立っている。それらが一体となって中身は何か、何という商品か、何を売りにしているのか正確に、わかりやすく伝えなければならない。そして何よりも購入してもらうためには魅力あるデザインでなければならない。市場では構成要素に特化したデザインも見受けられるので参考にすると良い（例：赤と青の色に特化した「牛乳石鹸」、ネーミングに特化したスイーツ「東京ばな奈」、ロゴタイプに特化したくりーむパン「八天堂」など）。

　売り場や売り方によっても表現は変わるだろう。例えばEC商品であればページ上の商品写真の見栄えはもちろん、配送時の梱包方法や開梱時の見え方まで考えるとなお良い。また、ビジュアルには利用者のイラストなどを用いるのもひとつの方法である。包装紙や梱包資材に展開できればギフトとしての価値も上がるだろう。ネーミングにおいては商標登録ができれば大きな財産となり、ブランドとして育てていくことも可能なので将来を見据えたデザインも場合によっては必要である。

❽キャラクターの開発

　オリジナリティーを出すためにキャラクターを開発するのはどうだろうか。ネーミングもわかりやすいものにしたい。パッケージや販売促進、施設の広報活動などさまざまな場面で活用できるだろう。認知度や人気度が上がればキャラクターからの商品開発も考えられるので、商標登録しておきたい。

❾包材・素材

　パッケージに使用される包材や素材は、常に新しい開発が進んでいる。包材・素材メーカーの協力を得て、バザール会場で展示ブースを設けて展示・説明会ができれば、新しい商品開発への取り組みに役立てることができるだろう。包材や素材を知ることは商品開発にはプラスになる。既成商品でも包材の見直しによって商品の見え方をより良くしたり、食品ならば賞味期限、消費期限、保存方法にも対応しやすい。

❿コストパフォーマンス

　商品化には開発費や原材料、包材、人件費などさまざまなコストが発生するが、コストが低いからといって商品価格も低く設定するのは危険である。その商品の価値（消費者の満足度）や、市場価格との比較、商品の見栄えなどを検証し、価格を設定しなければならない。そのためには、商材の原価やボリューム、パッケージデザインの再検討も必要となる。消費者は商材そのものに対価を支払うのではなく、その商品から得られる満足感・幸福感などを期待（あるいは確信）して購入するからである。

4）これからの商品開発・デザイン

　令和2（2020）年に始まった新型コロナウイルス感染拡大により、社会環境が大きく変わった。消費者の行動・生活スタイルや商品・サービスの提供の仕方も大きく変化し多様化をもたらした。同時に商品開発においても見直しが必要になったと思われる。社会の変化や消費者の動向を正確に判断するのはもちろんであるが、ますます多様化・個別化していくであろう消費者の生活スタイルに見合った商品開発の能力とスピードが求められるだろう。そのためには利用者の職場環境の整備も必要となる。複雑な作業にも対応できるように補助器具の改良など積極的に取り組んでいきたい。デザインにおいても、対象となる消費者、販売場所、販売方法の多様化で提供すべきデザインを常に模索しなくてはならない。しかしながらどのような社会においても忘れてはならないのは、商品のもつ力をいかに高めていくかということである。

（3）顧客情報の管理と活用

　多くの社会就労センターでは、商品を販売していくために、常設店を設けての販売や、各地域の振興センター等が主催する販売会・地域のイベント販売会にて一見の顧客に対面販売を行っている。

　昨今は、インターネット等の急速な普及によるネット販売も進みモノやサービスは非対面で流通して、商品を直接手に取っていただく機会も減り「モノを作れば売れる」わけではなくなってきた。顧客の購入経路が多様化しており、今の時代に必要とされるのは顧客との「信頼関係」である。

　顧客との「信頼関係」を損なうことなく、常に新商品やお買い得情報を顧客に発信するために、特に重要な点は顧客ニーズに適した情報をタイムリーにチラシ、DM、メール等で届けることである。

　しかし、情報を届けるための氏名、住所、メールアドレス等は個人情報であり、個人情報保護法により顧客も情報提示には敏感になっている。事業所側も

しっかりした管理が前提である。集積した情報を外部に漏洩しない情報管理システムの構築と、情報を目的以外に使用しないことを厳守することは必須である。そこで個人情報保護における五つのチェックリスト（**図表5-9**）を紹介する。

図表 5-9　個人情報保護における五つのチェックリスト

1	取得する時	個人情報を取得する際、何の目的で利用するか本人に伝えているか
2	利用する時	取得した個人情報を決めた目的以外のことに使っていないか
3	保護する時	取得した個人情報を安全に管理しているか
4	他人に渡す時	取得した個人情報を無断で他人に渡していないか※委託の時は除く
5	開示を求められた時	「自分の個人情報を開示してほしい」と本人から求められた時にすぐに応じているか

出典：個人情報保護委員会資料一部改変

（4）SELP 名称ならびに SELP ロゴマーク

SELP 名称ならびに SELP ロゴマークは、授産施設に代わるものとして生まれた[※51]。

セルプ協、日本セルプセンターでは、社会に広く SELP という名称ならびに SELP ロゴマークの普及を図ることで、社会就労センターの認知度をより一層高めるとともに、会員同士の連帯の強化を図っている。

SELP ロゴマーク（**図表5-10**）は、セルプ協と日本セルプセンターの会員や関係者が共有する資産とするため、商標登録を行い、これまで 10 年ごとの更新を続けてきた。また、「SELP 名称ならびに SELP ロゴマーク 活用ガイドライン」を作成し、使用に当たっての一定のルールを定めることにより、長期にわたって管理に努めてきた。

SELP ロゴマークのデザインが社会に浸透し、万人共通の記号となることで、そのデザインを目にする人は無意識に関係者の長年の努力と成果、すなわち障害者等の自立生活のための営みが行われていることを再確認するであろう。そのためにも、セルプ協と日本セルプセンターの会員には、積極的に SELP ロゴマークを使用し、普及に協力いただきたい。

SELP ロゴマークは、広報・啓発や製品（商品）に使用することが可能であ

注
※51　第 1 章 1 (2)　7 頁参照

る。具体的な SELP 名称ならびに SELP ロゴマークの規程や使用に係る申請の
手順については、セルプ協のホームページ[52] を参照されたい。

図表 5-10　SELP ロゴマーク

注
※ 52　https://selp.or.jp/selp/publication/index.html

3 販売管理と販売促進

（1）営業活動の目的と成果

　営業活動は、委託加工を実施している事業所の受注にとっても、自社製品の売り込みにとっても、非常に大切であることは言うまでもない。

　しかし、営業専門員を置いて営業活動をしている事業所は、非常に少ないと考えられる。それは、経営規模に負うところが大きい。

　就労継続支援 A 型事業では賃金向上達成指導員、B 型事業では目標工賃達成指導員を配置している事業所は多い。本来は、この人たちが営業専門員として目的をもった活動をしなければならない。しかしながら、この人たちも少なからず現場を預かり、兼務職員として配置されているのが現状である。

　また、自社製品がある事業所とはいえ、生産能力にさまざまな制限があり小規模な事業展開しかできない事業者は、営業活動も限られてしまう。委託加工においても、2、3 工程しか請け負っておらず、工程を広げられない事情（作業場の広さ不足や機械設備がほとんどない等）のある事業所の場合は、営業活動に至っていない。

　営業活動と生産活動は、互いに連携を取りながら実施されるべきだが、とりわけ生産現場においては資金計画もままならず、利用者サービスが優先され、思うような生産活動が展開しにくいとよく聞かれる。また、物づくりに必要な人、物、金および技術が不足しているとも聞く。就労支援事業所の目標をもう一度見直し、総合的な支援力の高低は、工賃の高低につながることを自覚することからまず始めたい。

1）委託加工事業の営業活動の実際

　委託加工を中心に実施している事業所は、軽作業や内職にとどまっている小規模事業所が多い。この場合の営業活動の事例を紹介したい。

　請負作業とはいえ、その請負作業の前後の作業は、親会社において必ず誰かが実施しているのではないだろうか。細くつながった親会社とのパイプを太くすることは、意外と難しくない。

　請負作業の荷運びを親会社の社員がしているのであれば、その荷運び人をキーマンとしてどのような前後の作業があるのか情報収集を行う。また、事業所において運搬作業も実施しているのであれば、親会社に製品を持って訪れた納品時こそが、チャンスである。親会社の作業を見学させてもらい、会社の中で休眠している機械設備がないか早速情報収集してほしい。1 年に、3 カ月や

6カ月しか稼働していない機械設備が見つかれば、前後の作業と一緒に機械を事業所に誘導できるだろう。

　この方法は、委託加工の世界では、当たり前に行われている方法である。機械設備調達の資金も必要なく、機械の修理も通常、親会社が行う。委託加工事業所から協力事業所へステップアップするのはこの時である。

　その際に気配りする点は、現在の軽作業の域を超えて、その前後の作業を請け負うために、営業専門員や支援員が、十分な作業把握と品質保証等を行うことである。粘り強い利用者への支援を必要とするため、一見難しそうな作業に見えるものでも利用者は必ずできると信じて支援することが、営業専門員と生産現場支援員の大きな仕事となる。

　軽作業であっても、2、3工程の内職事業者から脱却し、親会社の協力工場事業者へ転換することを推奨する。契約している親会社への施設外就労を常に追求することも、委託事業の営業のひとつである。親会社の立場に立つと、常に商品を把握できることや製品の品質管理等の観点から安心が担保できるなどメリットもあり、営業しやすいはずである。

2）自主生産における営業の実際

　さて、一方で自社製品を生産加工している事業者の営業活動は、どうだろうか。小規模の自社製品では、食品や縫製小物、工芸、園芸品等を地域のあちらこちらで開催される福祉バザー会や共通窓口開催のマルシェ、近くの小売事業者への委託販売が主流である。

　また、昨今では、道の駅等に特別コーナーを設置して取り扱いをお願いする場合もある。これらは営業活動のひとつではあるが、商品の価値の向上や、視点を変えた新商品開発には、あまり貢献していない。企業を巻き込んだコラボレーション商品の作成を含めた営業活動を展開して、特徴ある商品や販売方法等そのあり方を模索したい。

（2）官公需と障害者優先調達推進法の活用

1）障害者優先調達推進法の活用

　社会就労センター等の悲願ともいえる障害優先調達推進法が施行されて、令和5（2023）年には10年めの節目を迎える。

　この法律は国および地方公共団体等が、優先調達についてそれぞれ目標額を掲げ推進するとしている。

　図表5-11〜16[53]のように、自主生産品の購入や役務の随意契約が、障害者関連の企業や社会就労センターにもたらされている。優先調達の実績調査の

図表 5-11　売上形態・別官公需の商品・サービス
件数（複数回答）

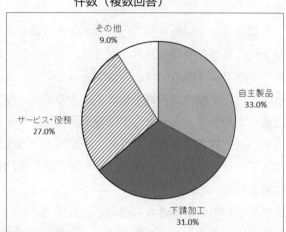

図表 5-12　事業種別・売上形態別・官公需の商品・サービス件数

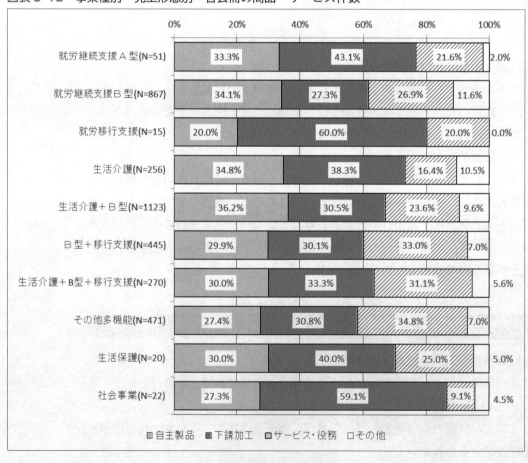

図表 5-13　事業種別・売上形態別・官公需の商品・サービス件数「（自主製品）

順位	商品・サービス分類	総数	自主製品に占める割合
1	菓子（クッキー、ケーキ、焼き菓子等）	150	12.9%
2	野菜類（きのこ類含む）	113	9.7%
3	パン	101	8.7%
4	その他の繊維・皮革製品（工芸品、雑貨、玩具、寝具、小物、グッズ等）	87	7.5%
5	その他の木工製品（工芸品、玩具、生活雑貨、小物、グッズ等）	67	5.8%
6	その他の製品	66	5.7%
7	弁当・惣菜	43	3.7%
8	その他の加工品	40	3.4%
9	穀物類（米、小麦、大豆、とうもろこし等）	34	2.9%
10	花卉類（花苗、園芸、鑑賞用植物等）	33	2.8%
11	紙製品（和紙〔便箋、はがき、しおり、小物〕等）	30	2.6%
12	ウエス	26	2.2%
12	陶磁器（工芸品、湯呑、花瓶等）	26	2.2%
14	飲料（ジュース、お茶、コーヒー、酒類等）	22	1.9%
15	普通印刷（ポスター、パンフレット、リーフレット、資料、冊子等）	21	1.8%

図表 5-14　事業種別・売上形態別・官公需の商品・サービス件数（下請加工）

順位	商品・サービス分類	総数	下請加工に占める割合
1	袋詰め・封入・包装・シール貼り等	157	24.2%
2	その他のサービス・役務の提供	54	8.3%
3	その他の製品	45	6.9%
4	その他の繊維・皮革製品（工芸品、雑貨、玩具、寝具、小物、グッズ等）	32	4.9%
4	紙製品（和紙〔便箋、はがき、しおり、小物〕等）	32	4.9%
6	その他のリサイクル事業	28	4.3%
7	ビニール製品（ごみ袋等）	21	3.2%
8	その他、分類不能	20	3.1%
9	建物・公園等の清掃作業・除草作業・管理業務	19	2.9%
10	プラスチック製品（工芸品、玩具、生活雑貨、小物、グッズ等）	18	2.8%
11	資源回収・分別（古紙、ダンボール、ペットボトル、空き瓶・空き缶、タイヤ等）	17	2.6%
11	郵便物の封入・封緘、仕分・発送作業（メール便事業含む）	17	2.6%
13	クリーニング	16	2.5%
14	その他の加工品	14	2.2%
15	制服（ユニフォーム）・白衣	13	2.0%
15	ウエス	13	2.0%
15	普通印刷（ポスター、パンフレット、リーフレット、資料、冊子等）	13	2.0%

第
5
章

図表 5-15　事業種別・売上形態別・官公需の商品・サービス件数（サービス・役務）

順位	商品・サービス分類	総数	サービス・役務に占める割合
1	建物・公園等の清掃作業・除草作業・管理業務	285	30.2%
2	その他のサービス・役務の提供	143	15.2%
3	袋詰め・封入・包装・シール貼り等	88	9.3%
4	資源回収・分別（古紙、ダンボール、ペットボトル、空き瓶・空き缶、タイヤ等）	77	8.2%
5	売店・喫茶店・レストラン等の運営	72	7.6%
6	普通印刷（ポスター、パンフレット、リーフレット、資料、冊子等）	52	5.5%
7	クリーニング	45	4.8%
8	郵便物の封入・封緘、仕分・発送作業（メール便事業含む）	26	2.8%
9	その他のリサイクル事業	19	2.0%
10	その他の印刷	16	1.7%
11	リネンサプライ	14	1.5%
12	封筒・はがき印刷	12	1.3%
13	リース・レンタル	11	1.2%
14	その他、分類不能	10	1.1%
15	名刺印刷	9	1.0%

図表 5-16　事業種別・売上形態別・官公需の商品・サービス件数（その他）

順位	商品・サービス分類	総数	その他に占める割合
1	その他、分類不能	67	21.3%
2	資源回収・分別（古紙、ダンボール、ペットボトル、空き瓶・空き缶、タイヤ等）	43	13.7%
3	その他のサービス・役務の提供	27	8.6%
4	建物・公園等の清掃作業・除草作業・管理業務	20	6.3%
5	野菜類（きのこ類含む）	13	4.1%
6	その他の印刷	12	3.8%
7	その他の製品	11	3.5%
7	普通印刷（ポスター、パンフレット、リーフレット、資料、冊子等）	11	3.5%
7	売店・喫茶店・レストラン等の運営	11	3.5%
10	その他のリサイクル事業	10	3.2%
11	その他の加工品	9	2.9%
11	封筒・はがき印刷	9	2.9%
13	菓子（クッキー、ケーキ、焼き菓子等）	7	2.2%
13	ビニール製品（ごみ袋等）	7	2.2%
15	弁当・惣菜	6	1.9%

結果を分析することで、どのような商品・役務が官公需に応えているかが見えてくるので、今後の受注拡大のヒントをみつけることができよう。ここで留意したいのは、障害者優先調達推進法は社会就労センターのみではなく、厚生労働大臣が認定した一般企業（特例子会社）も対象となっている点である。優先調達であっても競争相手がいることを忘れてはならない。

2）障害者優先調達推進法の実際

　国およびその関連外郭団体に対しては、日本セルプセンターを中心に事業委託のための営業活動を継続して展開している。

　日本セルプセンターでは厚生労働省をはじめ、各省庁に向けて、障害者優先調達への啓発活動や、現況報告会議を毎年実施している。これは、各省庁も2、3年で担当職員が異動し、その優先調達活動が途絶えかねない懸念があるためである。

　同じことが、都道府県レベルにおいてもあり、各地の社会就労センターの共同受注窓口において都道府県の障害福祉担当課に対して、活発に障害者優先調達推進法の実施について活動している。しかし、障害者優先調達推進法が施行された当時と今では、その活動には、かなり温度差がある。

　厚労省から都道府県への障害者優先調達推進法の啓発キャンペーンや通知が出され、全国社会就労センター協議会会長等からの依頼文書が出ているので、それを最大限活用していただきたい。

　都道府県においては、知事や福祉部長、障害福祉担当課等の理解に差もあるが、まず担当者がひとりのところが多く、その人が異動すると引き継ぎも十分になされていないことや各都道府県の共同受注窓口の営業担当もひとりであり、よほどの営業力やコーディネート力がないと障害者優先調達推進法の活性化にはつなげられない事情を乗りこえていかなければならない。

　障害者優先調達推進法の日（6月27日）・月間（6月20日〜7月20日）に合わせた十分な啓発活動を実施していく必要があろう。

　都道府県レベルで、国に倣った障害者優先調達推進会議を県の障害福祉担当部・課を中心に地元の社会就労センター協議会も協力し、毎年共同開催していくこと等を通じて、10年前に全国で燃え上がった障害者優先調達推進法の炎を下火にしてはいけない。

　市町村の障害福祉担当課においても各社会就労センター事業所の生産活動や何ができるのかなどの情報が不足しており、なかなか進まない状況がある。そこで、市町村レベルでの共通窓口の設置が有効である。市町村からの少しの補助金で短時間の共通窓口を設置することだけでも検討してほしい。市町村と各社会就労センター等の間に共通窓口を挟むことで、各社会就労センターへの受

発注の公平性を担保し、多い作業量も共通窓口によりシェアできる。また、市町村が検査過程を一部省くことができる。

　さらに、各社会就労センター事業所の実力向上、機械設備の充実、利用者育成等の情報が市町村の優先発注を誘導することになる。

　共通窓口を核として、市町村の部長会や課長会に出席し、あまり知られていない社会就労センター事業所の情報を提供するなかで、市町村部・課から会議の場において共通窓口が気付いていない仕事・役務（かなりの金額）がもたらされた事例もある。

　市町村こそ、各社会就労センター事業所に近い存在であり、障害者への理解をはじめ役務等の仕事が多くある。ぜひ市町村共通窓口設置にチャレンジしてほしい。

　さて、社会就労センター事業所の優先発注を受ける体制は十分に整っているだろうか。都道府県共通窓口のある営業担当者によれば、多くの事業所の商品・サービスの営業活動をしたいのが本音だが、実は意外とその中身が少ないという。役務の提供についても、社会就労センター事業所の事情から、せっかくの営業も受注につながらないこともあるという。

　例を挙げると、県庁所在地のある市から、市の公立保育園 10 カ所の園内清掃の役務（高額時給）がもたらされたものの、社会就労センターからは、1 件も受注希望の返答がなかった。同じような役務で、2 カ月にわたる約 40 日の催事場（公園）においてのトイレ清掃、ごみの収集およびごみステーションの管理（計 100 万円の役務）の優先発注があっても、作業に必要な人員の配置が整わないことや、事業所の開所時間との隔たりにより、受注につながらなかったことも 1 度ではない。

　自主生産品においても季節ごとの新製品開発をせずに、共通窓口の営業担当者が新たな営業開拓により獲得した顧客ニーズに応えられないことも多くあったようだ。

　仕事を受ける立場にある社会就労センター事業所だけがかたくなに自らの事情にとらわれていては、一般社会からは乖離（かいり）するだけではないだろうか。

3）共同受注の課題について

　一方で、共同受注による失敗事例もある。

　日本セルプセンターからあるアッセンブリ（梱包）の作業がもたらされ、全国各地の社会就労センター事業所から作業受注の申し入れがあった。担当者は全国を回って、作業の留意点を記した作業手順書を持って説明に歩き、社会就労センター事業所の理解は得られたものとして作業が開始された。しかし、各地の事業所ごとに理解度の差があり、違った商品ができたり、納期に間に合わ

ず、発注企業から顰蹙^{ひんしゅく}を買ってしまった。

　これについては、全ての工程に確認が必要であったことや、最終納品の前には、検査過程が必要であることを示唆している。共同受注とはいえ、納品前の商品の確認ができないのでは、質の低下につながる。

　また、ある都会の市で行われる敬老会のお土産用のパウンドケーキ 3,000 個を、同じレシピ・材料で事業所数カ所で市から受注した時のことである。共同受注として請け負い、事業所を信頼して各社会就労センターから集めたパウンドケーキを納品した。しかし、まったく違う商品に仕上がっており、一定の品質保証に至っていない商品もかなりあった。なかにはカビが生えている商品まであり、全品返品の上違約金まで払うことになった。1 個 1,500 円ということもあり、笑い話では済まない話である。

　これは、同じレシピで同じ材料を使用しても、焼き菓子用の機械の性能に差があり、同じ焼き時間では均一の焼きが入らず、焼きむらができたのが原因である。ある社会就労センターでは、受注量から逆算して、早い段階から商品づくりに着手したため、納品時にはカビが生えた上に納品前の検品もされなかったというあきれた理由もみられた。また、消費期限の認識も皆無であった。

　さらに、草花栽培の畑の草取り作業においては、支援員の知識不足と支援力の無さから、育成している草花本体を抜いたり、複数の事業所で分担して責任をもつべきはずが、荒天を理由に作業遂行を放棄した事業所があったため、期日に間に合わなくなり、発注者からかなりお叱りを受けた。これは、草取り作業は誰でも簡単にできるという思い込みから発生したと思われ、利用者への支援が十分に行われなかったことにより起きた事態である。草刈りにも資格（研修 2 日）があることや、抜いてはいけない草花にリボンで印を打つなどの技術も知らずに仕事を始めてしまうという、必要な段取りができていないずさんな共同受注であった。

　以上のような事例は、どの共同窓口・事業所でも少なからず経験しているはずだが、その経験が生かされず、担当者による引き継ぎもなされず、また、同じことを繰り返すのは福祉業界のあしき事例ともいえる。

　共同受注は、工賃向上をめざす手法中でも有効な手段である。しかし、社会就労センター事業所の理念の違いや障害種別の特性により、同じ作業をシェアしても、そのアプローチの仕方や作業方法が大きく異なる場合も想定される。このとき、共通窓口営業担当者のみでは、共同受注はうまくコーディネートし得ない。

　昨今のコロナ禍にあっても、リモート会議等を駆使し、関わる事業所の皆で、共通の課題として解決しなければならない。1 事業所では決してなし得ない大きな作業も、互いに高工賃をめざす仲間と理解し合って、その課題に立ち

向かっていただきたい。

（3）民需拡大と卸売

1）民需拡大について

　前述の障害者優先調達推進法を起爆材として、行政の後ろに控える大きな民間需要の掘り起こし（民需拡大）こそ、工賃向上へ向けた大きな目標といえる。民需拡大へ向けた手法としては現在、世界的な流れであるSDGs（持続可能な開発目標）も目標たり得るものとしている。よく企業の方から、「SDGsを企業として掲げていかないと相手にしてもらえないが、何から手を付ければいいのかわからず困惑している」という話を聞く。

　そこで、今まで社会就労センター事業所との関係が薄かった、あるいはなかった企業とのマッチング商談会をぜひ提案したい。それは、社会就労センター事業所をブースにして配置し、社会就労センター事業者が売りたい自主商品、役務事業等と、ブースに来た民間企業でマッチング商談会を行うミニ企業博覧会である。

　社会就労センター事業者が日ごろ製造している商品や役務事業を披露することで、社会就労センター事業者が気付かない事業所・利用者の才能等を、民間企業が開発するなど逆提案が多く集まっている。

　民間企業が、民間ならではの発想で新たな作業開拓をして、あるいは、障害者の労働開発も提案するなど社会就労センター事業所の営業の道を切り開くものとして、その期待は大きい。ある県では、コロナ禍前においては、県内を2分割し年1回ずつ開催し、企業と社会就労センター事業者の事業提携もあるなど結果が残る・期待できる成績を上げていた。

　民間企業と社会就労センター事業所のマッチング商談会事業は、コロナ禍以後の共通窓口営業の柱ともなり得る事業である。ぜひ、チャレンジしてみてほしい。

　企業との提携事業には、注意しなければならない点がいくつかある。国・地方公共団体等の優先発注事案とは、比べられないほどの商品に対する正確さや美しさ、納期に対する時間との勝負（早さ）など、また、求められる高度な技術も必要である。企業との提携が決まる前に、社会就労センター事業所の担当職員を事前に企業へ派遣するなどして、求められる最低限の技術など習得しておくことをお勧めしたい。さらに、企業に対して社会就労センター事業所側の年間行事等への理解も得ておく必要がある。利用者を、個別支援目標に応じて訓練するために、事業所全体で実施する障害者支援事業等への理解もその時に求めることが大事である。

　支援員・指導員が利用者に対し、かみ砕いた作業手順方法の説明や治工具の開発を行い、失敗しない提携に移ることが大切である。事業者の力の入れどころは、ここにこそある。

　また、企業との役務提携事業においての機械等の扱いや、企業内での施設外就労作業、社会就労センター事業所の中で実施する作業で、いちばん懸念しなければならないのは、事故である。絶対に事故を起こしてはならないとの信念が必要である。

　施設外就労では、企業の理解があったとしても、労災をとにかく嫌がるので確実な注意喚起をしなければならない。その上で、企業に力を借りながら提携する事業を確実に行うべきである。その提携事業に対する単価交渉は、社会就労センター事業所も企業も、共に最低賃金以上を目標としなければならない。利用者が、作業に慣れない2、3カ月は、特別単価の設定でも仕方ないが、機械を使用した作業や、手慣れた手仕事の場合は、最低賃金を交渉の最終ステージに乗せるべきである。

　社会就労センター事業所は（農業を営む季節労働者とは異なり）、安定的な労働力の提供が強みであるから、勇気をもって遠慮なく企業と交渉すべきである。

2）商業施設（バイヤー）との取引（卸売）について

　現在では、多くの道の駅をターゲットとした社会就労センターの営業活動があり、食品を中心に活動がなされている。

　しかし、食品加工生産や表示のあり方等について改正食品表示法が施行された今では、大きく様変わりをしている[※54]。表示のあり方、特にアレルギー表示、原材料調達の表示など制約がある。また、工芸品等もしかりで、品質検査協会等のお墨付きがない限り、取り扱いをしてくれない。特に、木工のプリント色付け薬および陶芸商品の釉薬（ゆうやく）問題、あるいは、縫製品のプリント、強度等品質問題がある。

　また、販売価格設定について企業卸の立場から、厳しい現実が突き付けられることもたびたびある。社会就労センター事業者の商品は、そのほとんどが手作りであり、商品数量が必要数を確保できない事態の発生も多くみられる。こんな事例もあった。納豆を手作りしている社会就労センター事業者の丁寧な作りと味が評判になった。スーパーマーケットから営業提携が持ち掛けられ、喜んだのもつかの間、1日当たり5万個製造できないかと、要求があった。ま

注
※54　第5章4（1）3）　258頁参照

た、縫製品でも、エコバッグをコンビニから発注されたものの、その枚数は最低 30 万枚だった。裁断、プリント、縫製と 1 年がかりで行う事業であった。企業なら、借入金を利用してでも製造ラインの機械化などへチャレンジしたであろう。いずれも共同受注システムがそれほど稼働していなかった時の話で、立ち消えとなった。

そこで、ネット販売会社との提携を模索することを提案したい。事業所のホームページですでにネット販売の取り扱いをしているところはある。また、SNS を利用した営業活動をしているところもあると聞く。しかし、自前でネット販売に取り組もうとしても、その進め方・手順をどうしたらいいのかわからず、十分な営業活動や売り上げに至っていないところが多いのではないだろうか。

各都道府県内には、少なくとも 1 カ所以上ネット販売を生業としている企業がある。そこを探し出して、提携の営業を実施してはどうだろうか。ネット販売会社は、特別な商品を四六時中探している。社会就労センター事業所で作られた手作り商品は、丁寧で、問題の少ないイメージがある。もちろん、解決しなければならない問題もあり、当然ながら品質検査協会の検査合格商品でなければ世に出せないが、これはそんなに難しい問題ではない。検査料金も安価で済む。

ネット販売会社は、

① 営業・販売の仕掛けにたけている
② その業界（食品・工芸・縫製・園芸品）に通じている
③ その業界で現在売れている商品やこれから売れる商品を知っている
④ 売れる商品展開には何が必要かアドバイスをしてくれる
⑤ 商品コンセプトのリフレーミング・ネーミングやロゴマーク、販売ターゲットなど多岐にわたる支援を受けられる
⑥ ネット販売会社は社員の個々人が営業員であり、売れる商品を探して、育成する等の活動をしている
⑦ 販売手数料は、意外に安価であり、商業施設への販売手数料より安い場合が多い

これらにより、自社製品の大きなステップアップをはじめ、全国展開への道も開く可能性もある。

自社製品をどう展開し、売上に結び付け、工賃に反映するのか、営業専門員の少しの勇気が試される時である。とりあえず、営業に動いてみよう。

（4）店舗運営・移動販売と小売　地域との連携

　消費者は商品やサービスに対してブランドらしさ、信頼、裏表のない真摯（しんし）な姿勢を強く求めるようなった。顧客の購買志向も、機能や価格といった商品自体のスペック＝「モノ」から、その商品がもつ「ストーリー」、自らのライフスタイルとの親和性から、商品に付帯する「コト」を見極め、応援したり購買行動を起こしたりするようになった。モノや価格の良しあしだけでなく、心の満足度に重きを置く「付加価値」の時代へ進化してきたといえよう。

　またコロナ禍で、よりインターネットを利用する機会が多くなったとはいえ、社会就労センターで働く障害のある方が生産した商品と消費者がリアルに出会う場としての店舗の役割の重要性は変わらない。店舗は、消費者が商品やライフスタイルを豊かにする情報と出会う場であると同時に、生産者である障害者と出会う場であり、地域の消費者同士がコミュニティーを形成する場でもある。

1）店舗運営の心構え

　店舗運営を成功させるには、商品開発の視点と同様にまず市場における顧客ターゲットを明確にし、店舗のポジショニングを明確にしておく必要がある[※55]。

　ターゲットとして設定した顧客目線に立ち、店舗のコンセプト、つまり顧客である消費者のどのような期待に応えるか、どのような売り場のしつらえ、商品の品ぞろえ、接客方法で価値を提供するかを具体的に詰めていくことになる。

　ポジショニングの観点からは、事前に出店予定エリアの競合店調査を行っておくことが大切である。出店後も定期的に競合店の店舗比較調査を実施して、自店舗の販売形態、店舗内空間（商品空間、スタッフ空間、お客様空間）の配置、商品構成や陳列の工夫、販売促進戦略、集客方法などとの比較分析を行い、ポジショニングの見直しが必要である。

　社会就労センターの強みである商品がもつ「ストーリー」を生かす品ぞろえや、地域の潜在化ニーズを掘り起こす機能をもたせつつ、ニッチ（隙間）な視点からの課題解決に取り組む場としていくことで、より一層競合店との差別化した店舗運営が図れるであろう。顧客が心からお買い物を楽しむ場とするためには、自主生産商品だけでなく、仕入れ商品を売り場にそろえることも必要に

注
※55　第5章2（1）4）　223頁参照

なろう。

　永続的な利益を追求していくことが、安定した店舗運営の基盤となる。目標を数値化し、事業計画書を基に黒字になるまで利益率を上げるためには、運営に係る経費を把握しておく必要がある。特に人件費や原材料費に加えて、家賃や光熱費といった固定経費は店舗運営経費のなかで大きなウエイトを占める。そのため、事業を定期的に評価することも必須となる。数値化された目標から逆算して、取り組むべき課題を具体化し、PDCAサイクルや3C分析[※56]を活用しながら、市場や顧客の変化に対応し、競合相手が実践している施策を上回る魅力のある店舗運営をめざして、チーム全体で業務改善に立ち向かうことが大切である。

　目先の売上に意識が向きすぎると、商品開発や価格戦略（値下げ競争）に走りがちになるが、そこで働くスタッフや利用者が、POPを活用した商品ストーリーの訴求や店頭での接客を通じて、心から仕事の喜びややりがいを感じられるようマネジメントしていくスキルも必要となる。スタッフや利用者の心理としても、売上が伸びるより、顧客に「ありがとう」と感謝される機会が多ければ多いほどその幸福度は上がるという。同時に、スタッフや利用者の嬉しさや喜びが顧客満足につながり売上に反映していく。言い換えれば、店舗運営はまさに「顧客に感謝されること」であり、店舗利益は人と人とのつながりによって創出されるのである。

　店舗には、商品販売以外の機能もまたある。ストレスの多い現代社会において、リラックスできる居心地の良い居場所として地域のサードプレイス（第3の場）が求められるようになった。サードプレイスとは、家庭（第1の場）でも職場（第2の場）でもない、自分らしい時間を過ごすことのできる場所を意味し、地域活性化の核としても期待が高まっている。顧客がリラックスやリフレッシュしながら趣味や嗜好を楽しんだり、スキルを磨いたりできる地域のサードプレイスとしての役割を担える店舗運営が実現できれば、ファンやリピーターが店舗に集まり、win-winの関係性を育むことができる。心の時代へとシフトチェンジしている今、サードプレイスとしての店舗は地域のプラットフォームとしても需要が高まることが期待できる。

2）SNSを活用した店舗運営

　SNS（ソーシャル・ネットワーキング・サービス）は、今や若い世代だけでなく幅広い世代で活用されており、顧客が求めている情報（商品に付帯する

注
※56　3C分析とは、Customer（市場・顧客）、Company（自社）、Competitor（競合）という三つの「C」について分析する方法で、事業計画やマーケティング戦略を決定する際などに用いられる。

「コト」であることがポイントである）をいち早く発信できれば、メールやチラシより少ない労力でより多くの顧客にアプローチできるほか、情報拡散力のある効果的な広告・宣伝ツールとなる。顧客とコメントなどのやりとりを通じて信用や親近感を獲得できれば、顧客が共感できる内容やその魅力をさらに拡散してもらえる。顧客との良好なコミュニケーションは店の評判を上げ、来店者の増加や販売促進に大きく影響する。

3）移動販売・宅配と地域連携

　コロナ禍のなかで、キッチンカーと並んで需要を増しているのが、高齢者などの買い物弱者に食料品や日用品などを届ける移動スーパーである。経済産業省などの調べによると、買い物弱者は全国に700万人以上いるとされており、今後もさらに深刻化する可能性が高い。

　社会福祉法人佛子園 日本海倶楽部では、いち早く過疎化や高齢化による買い物弱者に対して地域課題の解決に向けた取り組みを行っている。「日本海倶楽部・ザ・トランスフォーマー」という移動スーパーを展開し、食料品や日用品などの販売を行っている。そのネーミング「トランスフォーム（形態は変幻自在）」からも、商品を販売する目的だけでなく、地域の要望や困りごとにも柔軟に対応していくというコンセプトが秘められており、商品販売だけでなく、日々進化しながらその先に地域の課題解決を見据えた取り組みをめざし、地域から必要とされる移動スーパーを実現している。

　また、社会福祉法人矢吹厚生事業所 わーくる矢吹では、社会福祉協議会と連動した高齢者見守り弁当の配食サービスを実施している。高齢者宅へケアマネジャーなどの有資格職員が訪問し、その日の様子を見守りながら、話し相手、相談相手となり、心待ちにしている高齢者に対して真心を込めたお弁当を配達している。また、障害者に対しても見守り弁当の配食サービスを実施しながら、地域における公益的な取り組みとしても地域課題の解決に取り組んでいる。

（5）共同販売

1）ナイスハートバザール（共同販売会）について

　ナイスハートバザールは、昭和56（1981）年に国際障害者年の記念事業のひとつとして、東京の大手デパートにあった「社会福祉コーナー」のPRのために、全国の社会就労センターで働く障害者が作った商品を一堂に集め、見本市として行ったことが始まりである。全国の社会就労センターで生産・製造された商品の共同販売会である。販路の拡大、障害者の工賃・賃金水準の向上を

図るとともに、多くの市民の理解を深め、障害のある方々の社会参加を促進することが大きな目的である。

　この活動は、社会就労センターの事業振興にも寄与し、広く社会にも注目されてきた。現在、全国ナイスハートバザールは、国庫補助金の対象となり毎年全国 2 カ所で全国ナイスハートバザールが開催されている。また、都道府県単独のナイスハートバザールも 40 年にわたり全国各地で開催されている[57]。

（6）ネット販売とサブスクリプション

　前項までは顧客とリアルに出会う販売形式であるが、ここではバーチャル（仮想）で出会う販売形式として、ネット販売[58] とサブスクリプションについて、その仕組みや留意点について基本的な内容に触れていく。

1）E コマースとは

　今や、パソコンやスマートフォンからいつでもどこでも商品を検索して購入できる便利なネットショッピングは、私たちの生活に確実に根差しつつある。日本国内での E コマース（Electric Commerce、電子商取引）の市場は年々拡大傾向にある。E コマースとは、電子的に行われる取引全般のことを示すが、ここではインターネット上で行われるネットショッピングのことを示す。そしてネットショッピングができるサイトのことを EC サイトと呼ぶ[59]。

　社会就労センターは、消費者としてではなく販売者として E コマースを活用し、販売チャネルを拡大していくことが求められているといえよう。

　E コマースには大きく分けてふたつの方法がある。ひとつは、楽天市場や Amazon など大手ショッピングモールなどのプラットホームに「出店する」方法である。すでに多くのユーザーがいるところに出店するため、集客力が強く、ブランド力がなくても商品を販売することができるが、テナント料や広告費、売上に応じた手数料などが発生する。

　もうひとつは、自社 EC サイトを構築して「開店する」方法である。EC サイトの場合、自社ブランドのサイトをインターネット上に開設するので、テナント料や売上へのチャージは抑えられるが、「出店する」場合より集客などに時間やコストがかかるケースも多い。サイト設計の自由度が高いため、最適な構成や思いどおりのデザインでショップ内をブランディングすることもでき

注
[57]　https://selp.or.jp/nice_heart/index.html
[58]　第 5 章 2 (1) 7)　225 頁参照
[59]　https://www.ecbeing.net/contents/detail/ecsite

る。5G の普及が身近になれば、対面販売のようなコミュニケーションも実現可能となる。どちらの方法も 24 時間販売が可能となる。

❶EC サイトの種類

EC サイトを気軽に始めたいという場合、最初は無料で構築できる STORES（ストアーズ）や BASE（ベイス）などのサイトから始めるケースが多い。EC サイトの構築には、大きく分けてフルスクラッチ型、パッケージ型、オープンソース（無償パッケージ）型、ASP（SaaS）型の 4 タイプがある。社会就労センターが自社 EC サイトを構築する場合は、まず ASP 型を検討することをお勧めする。ASP 型はアプリケーション・サービス・プロバイダ（ASP）が提供するクラウド上で、最も手軽に EC サイトを構築できる方法である。低予算で立ち上げられることはもちろん、プロバイダ側がシステムの更新を行うため、自社でアップデートしなくても常に最新の機能を利用することができる。

いずれにしてもサイトを構築した瞬間から管理業務が発生するため、その運用に忙殺されないよう、きちんとした運営計画を立てシステムに詳しい担当者を配置するなど、事業体制を整えた上で「開店する」ことをお勧めしたい。

❷EC サイトの運用

実店舗販売でも E コマース販売でも、顧客ターゲットを明確にし、自社サイトのポジショニングを明確にしておくことが大切である。

E コマース販売では事業者がブランディングをはじめとするマーケティング、商品情報提供、販売活動までのプロセスを一貫して担っていく必要がある。特に商品の高付加価値化や差別化のために、その商品が出来上がるまでの過程、生み出したときの苦労、出来上がった経緯や背景など顧客に共感できる内容の「ストーリー」など、商品が生み出された歴史や作り手の思いは、重要な差別化ポイントとなる。また、購入した顧客自身が製品に手を加えることができる商品もストーリーのひとつとなる。

❸E コマース販売の留意点

EC サイトに商品を出品する際のポイントは、商品画像や価格、説明文などの作り込みに力を注ぐことである。このとき「FABE 分析」を活用して伝えたい情報や内容をシンプルに整理すると、より効果的に顧客に内容や思いが伝わりやすくなる。

＜Feature・特徴＞　性能・スペック

＜Advantage・優位性＞　差別化ポイント・利点

＜Benefit・顧客便益＞　顧客が得られるメリット（幸せ・喜び・楽しさなどの感情も含む）

＜Evidence・証拠＞　裏付けとなるデータ、実績

さらに、説明文は端的にまとめ、読みやすくなるよう余白などにも留意しな

がら作り込む。キーワードタグの設定やその他商品の URL の張り付け、プロフィールページも作り込むことをお勧めする。また、画像は背景や明るさなどを意識しながら、見栄え良く、使用感や利用シーン、製作風景なども掲載できると、ページのクオリティも上がり閲覧回数も増えるきっかけとなる。

　また、EC サイトで商品を販売するに当たり、商品によっては特定の資格や許可が必要となる場合（例えば、酒類や食品の販売など）があるので、必ず事前に確認をしておく必要がある。

　E コマースでは、自主生産商品と顧客との出会いはネット上でも、購入された商品の納品はリアルに行うこととなる。梱包資材の準備、配送業者の選定、紛失など配送事故に対する対応窓口の準備も欠かせない。

2）サブスクリプション（サブスク）とは

　サブスクリプションとは「予約販売」や「定期購買」という意味で、「継続的な定期・定額購買」や、一定期間の利用権購買をする形式のビジネスモデルのことである。サブスクリプションの最大の特徴は「定額制」である。元々は音楽配信や、動画配信といったウェブサービスから始まったシステムであるが、購入することを前提に会員契約を結ぶプレオーダーシステムは、最近では飲食店をはじめさまざまなサービスで導入が進んでいる。

　サブスクリプションの導入によって得られるメリットは、安定した収入を確保できることである。従来の物販店や飲食店における料金システムは、商品購入と同時に支払いが行われるため、来店しその都度購入されないと売り上げにはつながらなかった。しかし、サブスクリプションはあらかじめ定額で料金を徴収するため、毎回の販売や購入申し込みがなくても確実に売り上げにつながる。魅力的で付加価値のあるサービスを提供できれば、客足に左右されず安定した収入が確保できることとなる。また飲食店の場合、サブスクリプションの登録者は課金された分の元を取ろうとするので、積極的に店舗を利用してもらえるようになり、固定客の定着や獲得の増進にもなる。その半面、提供する商品や内容に付加価値や魅力がなければ、定期契約が解除されることとなる。主力商品の購入手続きの手間を省きリーズナブルに提供することで、消費者の心に響かせることができる。工夫次第では安定的な販売促進の手法なので、社会就労センターとして積極的に活用していくことをお勧めしたい。

　ここでは、飲食店（コーヒーショップ店）と物販店がサブスクリプションを導入した事例を紹介する。

＜導入事例 1＞

　coffee mafia（コーヒーマフィア）は、サブスクサービスをいち早く導入したコーヒーショップとして大きな話題を呼んだ。月額 3,000 円の料金プラン

で、毎日のコーヒーが飲み放題となるだけでなく、ほかの商品も 200 円引きになるという非常にお得なサービスを展開した。コーヒー飲み放題だけでは赤字になるが、コーヒーに合わせた「ついで買い」の商品購入で黒字化に成功している。

＜導入事例 2＞
　ビオ・マルシェ[60] は、有機野菜やオーガニック食材を毎週宅配する会員制の定期宅配サービスである。月額 3 千円程度で野菜セットを選択・購入することができる。

　この事例は宅配業者を利用するモデルであるが、社会就労センターでは近隣の消費者を会員にして、利用者が配送するという形態での展開も可能であろう。

（7）債権管理と販売管理事務

1）販売管理
　事業活動において、商品の販売やサービスの提供を行って代金を回収するまでの一連の流れを管理することを販売管理という。

　注文を受け、「何を」「どこに」「どれだけ」「いつ」「いくらで」販売するのか、「販売した代金はいつ回収できるのか」「仕入れに係る代金はいつ支払うのか」という一連の業務を、具体的には下記の流れで管理する。

　なお、社会福祉法人においては販売管理に馴染みが薄く、業務が混乱している場合も見受けられるが、それぞれの業務を定型化することが大切である。

❶商品・サービスの営業
　商品・製品・サービス内容の一覧表を作成し、「注文書」とともに潜在顧客に配布する。

　注文書の様式は各法人の実態に合わせ、顧客にわかりやすく、かつ法人にとって管理しやすいものである必要がある。注文書は顧客と法人をつなぐものであり、契約の基礎となる役割を果たすため、様式作成の際は関連部署の意見も聞きながら、法人の総力を挙げて行う。

　注文書には「何を」「どこに」「どれだけ」「いつ」「いくらで」販売するかおよび代金の支払いの条件について記載されている必要がある。

❷受注管理
　受注管理とは、受け付ける注文についての管理をいう。注文を受けたにもかかわらず、注文どおりの販売が行われないという事態が生じないよう、管理の

仕組みをつくる必要がある。

ⅰ）注文書の受領と確認

顧客からは、注文書を受領する。注文書を確認し、生産・出荷部門等が注文書どおりに実行するよう指示する。

ⅱ）注文請書の発行

顧客に対し、注文書により受注したことを報告するための書類が「注文請書」であるが、これは必ず作成しなければならないものではなく、必要に応じて作成する。

❸出荷管理

出荷管理は、注文書どおりに商品やサービスを提供する出荷業務を管理する。納期までに納品できるように、また、商品が配送中に破損しないように手配する。

商品を引き渡す際には、必ず「納品書」を作成し注文者に交付する。

❹代金請求

商品やサービスを販売あるいは提供した後に、「請求書」を発行し、代金を回収することによって仕事が完結する。

請求書を作成する際は、「相手の会社名」「商品名」「請求額」「振込先」「支払期日」等を記載し、間違いがないかを 2 度チェックする。

商品と引き換えに代金を現金で回収する場合は、代金と引き換えに領収書を交付する。

請求書は、1 度限りの取引や個々にサービスを提供する場合等は取引の都度発行することもあるが、多くの場合一定期間（通常 1 カ月）の取引をまとめて発行する。

❺売上計上

請求書を発行し、会計上、売上に計上する。

なお、売上計上漏れや請求漏れが発生することを防ぐため、売上管理を徹底する。

毎月決まった日に正確な請求書を発行できるよう、下記⑦の売掛金（未収金）管理表を作成し、表の発生額列の金額を生産・出荷部門と相互チェックする。発生額の列は請求書に記載しやすいよう、商品やサービスごとに複数列で表示するなど、法人ごとに集計表を適宜変更する。

❻回収業務

代金の回収日に、請求書どおりに売上代金の入金が行われたことを確認する。

❼売掛金（未収金）管理表の作成

売掛金（未収金）管理表に（図表 5-17）より、❹の代金請求、❺の売上計

図表 5-17　売掛金（未収金）管理表（例）

社会福祉法人　○○福祉会
施設名　　　　◇◇作業所

相手先名	○○年度3月末残高	4月発生分					4月回収分				4月末残高
		パン売上	お弁当売上	物資(食品以外)販売	合計		自動引き落とし	振込	現金	合計	
日本商店	40,000	6,000	35,000		41,000		40,000			40,000	41,000
○○工務店	21,000		42,000	5,000	47,000			21,000	5,000	26,000	42,000
◇◇技研	35,000	2,000	22,000	1,000	25,000				3,000	3,000	57,000
合　計	96,000	8,000	99,000	6,000	113,000		40,000	21,000	8,000	69,000	140,000

帳面発生・入金額	合　計	96,000	8,000	99,000	6,000	113,000	40,000	21,000	8,000	69,000	140,000
	差　額	0	0	0	0	0	0	0	0	0	0

（筆者作成）

上、❻の回収業務までをひとつの表で管理する。

　売掛金（未収金）管理表は、法人内部の横領など不正を防止するためにも必ず作成する。

2）代金回収と債権管理

　商品やサービスと引き換えにその場で代金を受け取る、いわゆる「現金商売」であれば、売上代金を取りはぐるという問題は発生しない。しかし多くの「商売」では、得意先（売上先）に商品やサービスを提供した後、1カ月分をまとめて請求し代金を回収する。これを「掛（かけ）」といい、「掛」による売買の際の金銭債権を「売掛金」という。

　社会福祉法人会計基準では売掛金の勘定科目が用意されていないので、流動資産の中区分科目を作成するか未収金で代用する。

　売掛金の回収は、次のように管理して行う。

❶大量に発生する少額債権

　売掛金のなかでも社会福祉法人の就労支援事業で発生する売掛金は、1件当たりの金額が少額な上、取引の相手方の数は多いという場合が多いため、できる限り自力回収できるようシステム化する必要がある。

　数件程度の債権であれば担当者が個別に対応することも可能となるが、同種の債権が大量に発生する場合、場当たり的な対応ではすぐに破綻してしまい、結果として大量の回収漏れが発生することとなる。大量の少額債権を効率的に回収するためには、事前に回収計画をつくり、計画に沿って機械的に対応することが必要となる。

❷回収計画

ⅰ）支払期日に回収できなかった場合、何日程度待つかを決める。

ⅱ）何日待つかを決定した後、滞納者を抽出してリスト化し、例えば支払期日が毎月25日ならば約2週間待って翌月10日に、売掛金残高確認書・商品代金支払いの「お願い」の文書を普通郵便で送付する。

iii）「お願い」郵送後 1 週間経過しても支払いがない場合、催促の電話をかける（例「文書が届いていると思いますが、お読みいただけましたでしょうか？」）。

iv）「お願い」郵送後 3 週間経過後（ ii ）が翌月 10 日の場合、翌々月 1 日）に「督促状」を内容証明郵便で送付する。

v）「督促状（内容証明）」送付後 1 週間経過しても支払いがない場合、督促の電話をかける。

vi）支払期日から 2 カ月経過後（翌々月 25 日）も支払いがない場合、「最終通告書」を内容証明郵便で送付し、契約の解除、取引の停止、商品の引き上げを検討する。

vii）支払期日から 3 カ月経過後までに、契約の解除・取引の停止・商品の引き上げ等を決定する。

　この売掛債権の取り扱いについては、弁護士や司法書士等第三者への回収委託か、法的措置をとるのか、回収を諦めるのか、いずれかを決定する。

　いずれの場合にも、理事会へ詳細を報告し承認を得なければならない。「諦める」場合は消滅時効の成立を待つか、または債権放棄を理事会で決定すると同時に、徴収不能額として仕訳を起こし計算書類に計上する。

　徴収不能額とは別に、決算日における売掛金（未収金）残高について、過去の徴収不能額の発生割合に応じて徴収不能引当金繰入額として費用計上する。就労支援事業に係る売掛金（未収金）について生じた徴収不能額および徴収不能引当金繰入額は、就労 3 表[61] のうちの「就労支援事業販管費明細書」に費用として計上され、就労支援事業活動費用計に算入されることとなる。

　法人としては、就労支援事業収益＝就労支援事業活動費用計となることをめざすため、徴収不能が発生し費用が増加するということは、販売価格を上げるなど収益額を増やすか、工賃等の費用を減らすかの判断が求められる。

❸自法人回収手続きの重要性

　少額債権の場合は、第三者への委託や法的措置に係る費用が債権の額を上回ってしまっては元も子もない。一方で、少額債権の未回収はやむを得ないとする気持ちは次から次へと未回収を生むことになり、法人の存続そのものを揺るがしかねないものとなる。高い回収率を実現するためには、絶対に回収するという強い気持ちを法人の全てのスタッフがもち、回収計画に基づいて行動することが重要となる。

注
※61　第 2 章 8 （1）6）　79 頁参照

4 生産管理

（1）安全と品質

　消費者に提供する商品やサービスが、消費者からの信頼や支持を持続的に獲得するためには、「安全」と「品質」に対する取り組みが必須である。「安全」と「品質」は、車の両輪のように一体であり、それぞれの違いを理解して、確実に実施できる体制づくりの構築が必要である。食品に関しては、厚生労働省より、平成30（2018）年6月13日に、改正食品衛生法が公布され、HACCP（ハサップ：Hazard Analysis and Critical Control Point）による衛生管理が制度化され、令和3（2021）年6月1日に完全施行された。HACCPとは、食品の安全確保に特化し、「品質」とは、切り離して考えられている製造工程の管理手法である（**図表5-18**、**図表5-19**）。HACCPによる衛生管理が導入された背景として、食のグローバル化が進むなかで、消費者の安全・安心な食品に対するニーズの高まりや食中毒患者数の下げ止まりが挙げられている。

　今までの社会就労センターの生産活動においては、「品質」の向上に優先的に取り組んできた経緯があるが、「安全」について振り返りと見直しを行い、「安全」は、流通やサービスの基盤であることを再認識することが重要である。

1）安全とは

　「安全」は、国際安全規格（ISO／IECガイド51：2014）で「許容できないリスクがないこと」と定義されている。「許容可能なリスク」とは、リスク

図表5-18　HACCP制度の概要

対象	食品の製造・加工、調理、販売等を行う食品等事業者 ⇒常温で保存可能な包装済み食品のみを販売する営業等の業種については、対象から除く
管理方法	食品等事業者が、一般衛生管理およびHACCPによる衛生管理のための計画【衛生管理計画】を作成・遵守する
適用基準	原則は、HACCP7原則を基準とする ただし、一定の業種や小規模事業者は、HACCPの考え方を取り入れた衛生管理を実施する
一定業種 小規模事業者	業界団体が作成した業種別の手引書を参考にして、【衛生管理計画】を作成し、計画に基づいて、毎日実施した結果を記録する
監視指導	地方自治体の食品衛生監視員（保健所）が実施
一定の業種や小規模事業者以外：HACCPに基づく衛生管理 一定の業種や小規模事業者　　　：HACCPの考え方を取り入れた衛生管理	

出典：厚生労働省資料を一部改変

図表 5-19　HACCP の考え方を取り入れた衛生管理
業界団体が作成した業種別手引書に基づき実施する

実施項目		実施ポイント
衛生管理計画の作成	一般衛生管理	・手引書の内容を理解する ・必要に応じてマニュアルの作成・整備を実施 ・一般衛生管理計画の作成
	HACCP の考え方を取り入れた重点衛生管理	・手引書の内容を理解する ・必要に応じて器具、備品等の整備を実施 ・重点衛生管理計画の作成
計画に基づく実施		・職員、利用者、ボランティアへの周知徹底 ・衛生管理計画に基づき実施
記録・保管・振り返りと見直し		・記録様式に記録・確認、改善措置と保管
保健所の立入検査時に検証確認する記録		・衛生管理計画に基づく実施記録 ・改善措置の記録
営業許可の施設基準の確認検査時に確認する資料		・衛生管理計画 ・衛生管理計画に基づく実施記録 ・改善措置の記録

出典：厚生労働省資料を一部改変

の大きさを 4~5 段階に分けたときの、いちばん低いリスクのことをいい、これ以上を「許容できないリスク」という。言い換えれば、リスクの大きさを「許容可能」までに低減・回避させれば、「安全」な状態であるといえる。ただし「許容可能なリスク」の上限を決めるのは社会である。時間や場所が変化すれば、その上限値も変化することに、十分留意する必要がある。社会就労センターの生産活動において「許容できないリスク」としては、下記が挙げられる。

【食品の事例】
・病原細菌、ウイルス等による食中毒
・ガラス、金属等の硬質異物の混入
・原材料に意図せずに混入したアレルゲン（乳、卵、小麦、エビ、カニ、蕎麦、落花生等）
・食品表示のアレルゲンの欠落、誤表示
・消費期限・賞味期限の欠落、誤表示
・野菜、果実の残留農薬の基準値違反等
【食品以外の事例】
・衣料雑貨品の折れ針の混入
・陶磁器の有害金属（鉛、カドミウム等）の基準値違反
・指定おもちゃ（6 歳児未満）の有害金属の基準値違反
・出生後 24 月以内の乳幼児用の衣料雑貨品のホルムアルデヒドの検出等

出典：厚生労働省資料を一部改変

図表 5-20　安全確認のエビデンス

	項目	エビデンス
①	許可等の取得	・各種許可証、各種届出証
②	知的財産権の遵守	・検体のビジュアル検査結果
③	規格基準の適合	・検体の分析検査結果 ・施設の衛生検査結果
④	法令・条例等の遵守	・検体の分析検査結果 ・検体の表示確認検査結果 ・施設の衛生検査結果 ・セミナー等の受講履歴 ・マニュアル等の整備状況
⑤	規約の遵守	・検体の表示確認検査結果
⑥	安全・安心の提供	・PL 保険加入証明書

（筆者作成）

　「安全」は、客観性が必要であるが、「見えない価値」といわれるだけに、客観性を担保するエビデンス（証拠、科学的根拠）が欠かせない。販路拡大における流通業の商談時には、「安全」であることを確認するため、エビデンスの提出が求められる。事前に必要なエビデンスを確認し、準備して商談に臨むことが望ましい（図表 5-20）。

2）品質とは

　「品質」は、ISO9000（品質マネジメントシステム）において、「本来備わっている特性の集まりが、要求事項を満たす程度」と定義されている。「品質」は、次の三つに区分される。（図表 5-21）

　「品質」は消費者が支払う「対価」に対する「価値」のことで、商品やサービスを提供する事業者が決めるものではなく、消費者が決定するものである。「品質」は「見える価値」といわれるだけに他者との競争分野であり、差別化が求められる。流通業の商談時に「安全」は最低限の前提条件であり、商品やサービスがもつ「品質」に「価値」があるかどうかが、採用のポイントとなる。現在、第三次品質の「エシカル消費[62]（倫理的消費）」に価値を求める消費者が増えてきたことは、社会就労センターの生産活動にとっては追い風となっている。

注
※62　消費者それぞれが各自にとっての社会的課題の解決を考慮したり、そうした課題に取り組む事業者を応援しながら消費活動を行うこと。配慮対象商品としてエコ商品、地産地消、フェアトレード商品、障害者が生産した商品などがある。
第5章2（1）9）　227頁参照

図表 5-21　品質の区分

区分	食品の事例	食品以外の事例
第一次品質 物理的・化学的な要素	栄養成分、固形、液体	繊維組成、材質、強度
第二次品質 心理的・官能的な要素	味、香り、デザイン	色彩、形状、デザイン
第三次品質 社会的な評価・イメージ	エシカル消費、認証商品	エシカル消費、受賞商品

（筆者作成）

3）食品表示とコンプライアンス

　食品の表示は消費者にとって、その商品を知るための大切な情報源である。食品の表示には、ふたつの役割がある。

【安全・安心の情報提供】

　・添加物やアレルゲン、消費期限や保存方法等の情報を提供して、食品による事故を防止し、食品の安全確保に役立てる。

【商品の品質のアピール】

　・パッケージデザインや訴求表示等で商品の魅力を消費者にアピールし、購買につなげる。

　食品表示の果たす役割を認識し、適正な表示を行うことは事業者の責務である。

　食品表示については、平成 25（2013）年 6 月 28 日に食品表示法が公布され、令和 2（2020）年 4 月 1 日に完全施行された。また、令和 4（2022）年 4 月 1 日に原料原産地表示の義務化が完全施行される。食品表示は食品表示基準が都度改正されることから、最新の情報を入手し適正な表示を作成することが必要である。

　また、令和 3（2021）年 6 月 1 日より食品衛生法と食品表示法に違反する食品やその恐れのある食品については、リコール情報を行政に報告する制度がスタートした。食品表示法のリコール対象となる原材料名のアレルゲン表示の欠落や誤表示、消費期限・賞味期限の欠落や誤表示を防止するためには、食品表示法の知識を深め食品表示の正しい作成方法を習得し、作成した表示についてはダブルチェックを実施するなどコンプライアンス体制の確立が不可欠である。

（2）工程管理と労働生産性

　生産管理システムの目的は、QCD（Quality、Cost、Delivery：品質、原

価、納期）の向上を追求する「仕組みづくり」といえる。QCD を追求するため経営資源（ヒト、モノ、カネ）をどううまく生かすか、そのために「情報」をどう使うかに、生産管理システムを設計する切り口があると考えられる。障害者優先調達推進法も施行され、これからの社会就労センターは、これらの手法を取り入れ利用者工賃を向上させるために取り組まなければならない。

1）工程管理

　工程管理とは、所定の品質の製品を定められた手順とコストで納期どおり生産し、生産性を向上させていくために生産活動の進捗を効率よく管理することである。これは、一つひとつの製品の生産における QCD を達成することである。

　工程管理で使用される情報には 2 種類ある。
　①受注に基づく製品の製造依頼
　②予測に基づく部品やユニットの製造表示、MRP[※63]（Material Requirements Planning）のアウトプット

　いずれの情報も何を（品目番号）、いつ（完了予定日）、いくつ（完成数）が重要である。品目は必要な材料や部品の準備。完了予定日は生産にかかる時間を考慮して着手日を定めることにつながる。完成数は歩留まりを考慮して、投入量が算出され指示される。

　工程管理がうまくいかないと工程間の不均衡が発生し、工程が混乱する。ついには至るところで"待ち"が発生し、納期遅れになるという悪循環に陥る。

　多品種を取り扱っている社会就労センターにとっては、この工程管理手法を取り入れるにはかなり困難を来す恐れがあるが、クラウドシステムなどの各種デジタルツールを積極的に活用し、効率的な工程管理に取り組むことが求められる。

　工程は、大きく次の四つに分けられる。

❶生産工程（加工工程）

　製品の製造工程（加工）のことであり、従事する人と機械の能力等に合わせて工程で加工する負荷のバランスが課題になる。

　少品種多量生産の場合は工程の計画は比較的組みやすいが、多品種少量生産の場合は変化がたびたび起こるので、工程計画は組みにくいことから、一般企業の手法を学ぶことが必要になる。

注
※63　完成品レベルの生産計画に基づいてその生産に必要な資材の正味所要量を求め、品目、納期と併せて生産計画をつくり、これを基準にして資材の手配、納入、出庫の計画、管理をタイムバケットという時間単位で繰り返す管理手法。トヨタ自動車の「かんばん方式」が有名。

❷運搬工程

比較的小物・軽量で小規模の場合は手作業での工程で済むが、生産量の多い場合や、大型製品・重量物の場合は、運搬専用の人材や運搬具が必要になる。

機器を使うことから対面する職員とのコミュニケーションや配慮が必要になり、事故防止に十分注意が必要である。

❸停滞工程

貯蔵と滞留に分かれる。貯蔵は作りすぎによる停滞を表し、滞留は生産工程が停滞することによる作業待ちの状態をいう。いずれも注意する必要がある。

❹検査工程

数量または、品質の基準に対する合否を判定することであり、不完全・不良品を工程・出荷（納品）に流出させないことが目的である。検査工程は、各部署単位にマニュアルを設定しておくことが大事であり、当然、少量生産と多量生産との場合では、検査の必要頻度や方法が異なってくる。

さまざまな実績データを評価し、より実態に合った生産工程にすることによって、計画の精度が向上し、不測の事態に対してより柔軟に素早いアクションを可能にするわけで、タイムリーな実績の収集と評価、それらの共有化と有効利用が、工程管理の重要な役割といえる。

2）労働生産性

労働生産性とは、一定の労働投入量（労働人員数・労働時間数で表される総量）が生み出した経済的な成果（付加価値額）である。社会就労センターにおける就労支援事業において、労働生産性を向上させることは、利用者ひとり当たりに支払う工賃原資の確保のために極めて重要なことである。

生産性向上に向けた基本的な考え方として、①労働投入量の効率化を図ること、②付加価値額を増やすことのふたつに大きく分けることができる（図表5-22）。

図表5-22の「①労働投入量の効率化を図る」ための活動としては、機械の導入、ICT機器を活用して業務の省力化を図ることや、業務プロセスそのものを地道に見直し、ムダやムラを減らしていくことである。言い換えると単位（時間、人）当たりのコストを下げることによって生産性を向上させていくのである。

他方、「②付加価値額を増やす」は既存製品・サービスの高付加価値化や新規製品・サービスの展開等を通じて、収益を増やすための方策である。その成果は事業環境等によっては比較的長期に及ぶ。労働投入量の効率化を図るための活動に比べると不確実性は高いが、工賃原資（人件費）を確保するためにはコストダウンだけでなく、高付加価値化への取り組みは継続的かつ積極的に推

図表 5-22　生産性向上に向けた基本的な考え方

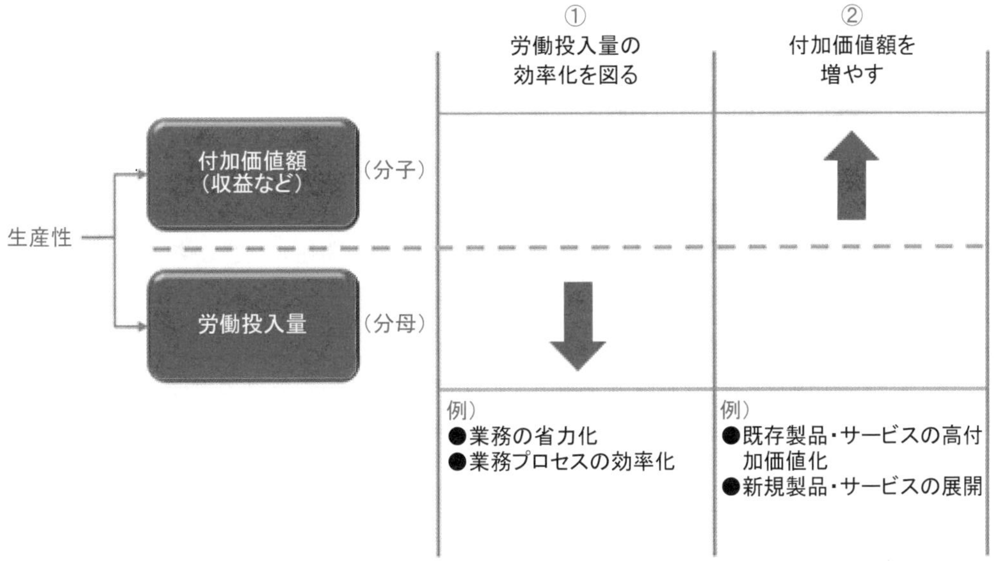

出典：総務省「ICT によるイノベーションと新たなエコノミー形成に関する調査研究」（平成 30 年）

進する必要がある。

3）業務管理

　業務管理は事業活動における業務が効率的かつ能率的に遂行されることを確保するために行われており、その範囲は多岐にわたることから、システムでの対応が不可欠である。内部統制への対応においても業務管理は重要である。

　業務管理を進める上では、できる限りクラウドシステムなどの ICT（情報通信技術）を活用したシステムを導入することで、情報処理の有効性、効率性などを高める効果が期待される。

❶資材調達・購買管理

　資材の発注から受け入れ、払い出し、加工、納品までの管理を担う。資材受け入れには、発注と部材・数量の確認、欠品がないかも含め、受け入れのための検収が必要になる。次の生産工程に影響が出ないよう、資材提供が行えるようにしなければならない。ある程度の不良品発生も含め、多少多めの発注は必要だが、余分な在庫を抱えないように注意しなければならない。また、仕入れ価格は製品価格に反映されることから競争力に対応するためには、できるだけ安く仕入れることは必要だが、消費者のニーズに合った商品を提供する必要があることからも、仕入れの品質、規格は気をつけなければならない。多品種にわたることから IT による管理が必要である。

❷外注管理

外注先との間では、品質・発注数量・納品数量のトラブルが起きないよう工夫し、担当者は作業工程をよく理解している者が担当する必要がある。

❸在庫管理

現在ある在庫を正確に把握し、その量や状態を的確に評価して、常に適切な在庫量を維持することが在庫管理である。

在庫管理業務には、資金効率の観点から年間在庫金額から管理する在庫金額管理や目標在庫回転率をみる在庫回転率管理がある。また、同じ場所に長期間存在し移動がないものを抽出し紛失物がないかを把握する長期滞留品管理や出庫要求に対して在庫が不足しないか等を管理する欠品率管理等がある。帳簿への記帳や IT システムを使用した管理を行い、いつでもわかるようにしておく必要がある。

（3）原価管理と価格設定

1）原価管理

原価管理とは、実際に生産された製品の原価を把握し管理することである。製造原価は、材料費（直接材料費・購入部品費、外注加工費や間接材料費）、人件費（直接・間接労務費、福利厚生費）、製造経費（減価償却費、光熱水費、修繕費、賃借料、保険料、その他諸経費）で構成される。

原価計算は、総合原価計算と個別原価計算に大別される。総合原価計算は、期間内で発生した全費用をその期間に生産された製品数量で割って 1 個当たりの原価を算出する方法で、個別原価計算は、必ず製造指図書を発行し、かかった費用を全て製造指図番号に従って原価計算表に集計して原価を計算する方法である。製造原価を安く抑えるためには、ロット数を増やす意味から共同仕入れを行う、品質を下げないで低コストの材料を調達する、販売ロスや製造ロスを少なくするための工夫などが必要である。

2）価格設定

どんなに素晴らしい商品やサービスであっても、価格設定を間違えると、売上や利益が確保できず、利用者に十分な工賃を支払うことができなくなってしまう。社会就労センターでみられる価格設定は、どちらかというと市場価格より低めのものが多いように感じられる。価格を下げるのは簡単だが、上げるのは容易ではない。価格が安いことで品質も低いと思われてしまうことすらある。安易に低価格での販売を行うことは慎み、顧客が満足してくれる最高の価格設定をする認識をもつ必要がある。

図表 5-23 価格の設定方法

基準型	方法	デメリット
①コスト基準型	製造や仕入れに要した原価に一定の利益を乗せたものを価格とする方法	製造業や卸売業などでよく行われる方法。競合との関係が考慮されないと、市場ニーズから大きく離れた設定となってしまう恐れがある。
②競争基準型	競合他社が設定した価格、すでに市場にある商品の価格を基準に価格を設定する方法	すでに価格が認知されている方法なので顧客に受け入れられやすいが、コスト競争力がないと適切な利益が確保できない恐れがある。
③マーケティング戦略基準型	顧客はいくらまでならお金を払ってくれるかということを基準に価格を設定する方法	全く新しい製品で市場がまだ出来上がっていない場合は、顧客が望む最適価格がわからない。

(筆者作成)

　京セラの創業者である稲盛和夫氏は、利幅を少なくして大量に売るのか、それとも少量であっても利幅を多くとるのかなど、価格設定は無段階であり、「値決めは経営」というほど重要だと社員たちに伝えている[64]。

　価格の決定方法は主に図表 5-23 のとおりである。

　価格設定は、マーケティングミックス（4P[65]）の構成要素のひとつであることも覚えておきたい。ターゲット、商品そのもの、プロモーションとのバランスによっても大きく影響される。モノが世の中にあふれている時代、「安ければ売れる」とは限らないこと、価格訴求で進めると利益の確保ができなくなってしまうことを再認識していきたい。

（4）作業・支援業務の改善技術

1）ISO と QMS

　ISO（International Organization for Standardization：国際標準化機構）が定めた、製品やサービスの品質を向上させ顧客満足度の向上を追求するためのシステムを構築する規格として、ISO9001：2015 がある。この規格で求められるのは、リスクに基づく考え方を組み込んだ、プロセスアプローチによるQMS（Quality Management System：品質マネジメントシステム）を構築し運用することである。QMS を構築し運用するとは「規格要求事項に従って、決まり事や手順をつくる」「決まり事や手順をみんなで守る」「決まりごとや手順が守られているか監視、測定、分析および評価する」「その結果、成果

が出ていなければ改善する」というPDCAサイクルを機能させることである。

　ただし、構築したQMSそのものが要求事項の表現そのままであったり、要求事項を満たすことだけを目的としてつくられたのであれば、せっかくQMSを構築してもその成果が実感できないどころか、かえって業務を煩雑にしてしまうこともある。

　QMSは、要求事項に適合しているだけでは不十分である。組織にとってきちんと成果が出ることで初めて、QMSを構築し運用できているといえる。QMSが要求事項を満たしていることを「適合性」といい、計画した活動を実行し、計画した結果を達成した程度を「有効性」という。

　QMSは、「品質マネジメント7原則」の趣旨にのっとったISO9001：2015規格に基づき構築するものであり、組織のパフォーマンス全体を改善し、持続可能な発展に取り組むための安定した経営基盤の確立に役立ち得るものである。

＜品質マネジメント7原則＞
　ⅰ）顧客重視
　ⅱ）リーダーシップ
　ⅲ）人々の積極的参画
　ⅳ）プロセスアプローチ
　ⅴ）改善
　ⅵ）客観的事実に基づく意思決定
　ⅶ）関係性管理

　ISOが求めるQMSは、現状維持にとどまらず、現状をより良くする発展を意図する。そのためには継続的な改善が必要であり、改善では「失敗の原因をさぐる」ことにとどまることなく「再発防止策を通じて成長・進化する」ことを追求しなければならない。「どうして失敗したのか」に立ち止まらず、「この事態から何を学ぶべきか」「この事態に遭遇したことによって新たに始められることは何か」「再発させないためにどうするか」と思考することが重要である。

2）IE、QC活動、TQC活動、VE

　業務の効率化を図り、生産性と品質向上を実現することで収益や工賃支払を向上させるためには、管理技術の適正な運用が求められる。管理技術とは、業務の手順と運用を徹底させる技術であり、IE（Industrial Engineering：生産工学）、QC（Quality Control：品質管理）活動、TQC（Total Quality Control：統合的品質管理）活動、VE（Value Engineering：価値工学）といった手法や考え方がある。

❶IE

　IEとは企業や組織が人、物（資材、設備、エネルギー）、金、情報といった経営資源をより効果的効率的に運用できるように、作業手順、工程、レイアウト、制度、管理方法を分析評価して改善策を講じ、無駄のない最善の方法を出すための手法である。

＜IEの進め方＞

ⅰ）現状分析を徹底的に行う

　工程での生産の実態を系統的に把握

ⅱ）徹底した無駄の排除

　a. 作りすぎの無駄　b. 手持ちの無駄　c. 運搬の無駄

　d. 加工そのものの無駄　e. 在庫の無駄　f. 動作の無駄

　g. 不良をつくる無駄

ⅲ）工程での標準化を系統的に実施

　手順を間違えなければ誰でも同じ結果が出せる。

ⅳ）出来栄えを評価し図表、グラフなどを利用し、工程あるいは組織の認識を共有する。

　これらの事柄を継続的に改善することは、経営層または組織の幹部の強い志が必要であり、組織全体に浸透させなければ、結果が得難いといえる。

❷QC活動、TQC活動

　QC活動とは、生産現場などで作業の効率化、品質向上、安全性向上のなどをグループ単位で業務改善に取り組むことである。グループの構成は同一作業（同一部署）が望ましく、6~8人程度が適当だといわれている（そのため、「小集団活動」ともいわれる）。昨今では、製造業のみならず幅広い業種でもQC活動が取り入れられている。

　さらに、TQC活動とは生産工程だけでなく、組織全体（全員参加）の下でQC活動を行うことをいう。

　QC活動の進め方はQCストーリーに沿った活動が一般的で、成果も確認しやすく推奨されている。そのQCストーリーはテーマにより、ふたつのストーリー（図表5-24）から選択することになる。このプロセスをグループメンバーで役割分担、期間、責任を理解し合いながら進めていくことが重要である。

❸VE

　VEとは、製品やサービスの価値を、その目的である機能ととらえて、コストや課題の代替案を創造することで価値向上を図るものである。またユーザーの立場から捉えて、この機能を実現するためのさまざまなアイデアを出し、組み合わせ発展させるプロセスを組織全体で行うものである。

第5章

図表 5-24　ふたつの QC ストーリー

問題解決型 QC ストーリー	課題達成型 QC ストーリー
テーマ設定	テーマ設定
現状の把握	課題の明確化
目標の設定	目標の設定
要因の解析（原因の追究）	方策の立案と選定
対策の検討と実施	成功シナリオの追求と実施
効果の確認	効果の確認
標準化と管理の定着（歯止め）	標準化と管理の定着（歯止め）
反省と今後の対応	反省と今後の対応

（筆者作成）

　つまり、ⅰ）ユーザー、消費者本位と機能本位で考え、ⅱ）さまざまなアイデアを生かし現状課題の代替案を組織全体で取り組み、ⅲ）機能とコストの両面から製品やサービスの価値の向上を図る、ことである。

おわりに

　『社会就労センターハンドブック　働く支援のあり方』は、平成13（2001）年の初版、体系等の改正を反映した平成27（2015）年の改訂版以来の発行となります。

　改訂版の発行以降、目まぐるしく動く、この間の制度改正や報酬改定などを受け、できるだけ早期に発行をすべく、「社会就労センターハンドブック編集委員会」で検討を行い、新たな内容を含め編纂したものです。

　ご協力をいただきました執筆者の皆さまには、あらためて御礼申しあげます。

　セルプ協では、令和3年度は前年度から継続する、新型コロナウイルス感染症による就労支援事業所の生産活動の状況確認と、4月に実施された報酬改定の検証の年としています。

　特に新型コロナウイルス感染症に関しては、感染者が発生した会員施設・事業所に緊急見舞金制度を創設し、見舞金を支給するなどの取り組みを行っています。あわせて、田村憲久厚生労働大臣（当時）宛てに、通所型事業所（生活保護・社会事業授産を含む）の全ての利用者、ならびに従事者への新型コロナワクチン接種を迅速に実施するよう、各自治体に対し指導することを求める要望書を提出し、さらに各都道府県、市町村における要望活動へとつなげました。

　また現在、社会保障審議会・障害者部会では、「障害者総合支援法の施行後3年を目途とした見直し」についての議論が進められており、本会は以下の2点の基本的姿勢に基づき、必要な意見を申しあげ、提案を行っています。

- ・働くことを希望する全ての障害者が働く場を自由に選択することを保障するために、障害者の多様なニーズに対応した「多様な就労の場」を確保することが必要である。
- ・福祉的就労の場における障害者の労働者としての権利を実現するとともに、障害者の働く場が失われることがないように対応を進めることが重要である。併せて、障害者の地域における自立生活が可能となる所得保障を実現することが必要である。

　セルプ協では工賃向上のみにとどまらず、工賃額だけでは評価しきれない、支援の質を大切にしていくとともに、障害者自身が誰かを幸せにし、必要とされる社会をめざして活動していきます。

　「はじめに」でも記載したとおり、『SELP Vision 2030』は、2030年を見据え、セルプ協と会員施設・事業所がめざす未来を「みんなの夢を実現するための11チャレンジ」として整理したものです。

　セルプを利用されている皆さん、そしてその方たちを支援するスタッフの皆さん、誰もが、「楽しく働き、心豊かにくらす」ことができる社会をめざして、私たちはチャレンジを続けましょう。

　理想を一つひとつ、実現していくために。

　令和4年1月

社会福祉法人　全国社会福祉協議会

全国社会就労センター協議会

会長　阿由葉　寛

執筆者一覧

（執筆順・敬称略、役職等は執筆当時のもの）

阿由葉　寛	セルプ協会長／社会福祉法人足利むつみ会　理事長	
		はじめに、第1章1（4）・3（3）・4コラム、おわりに
鈴木　清覚	セルプ協顧問／ゆたか福祉会　理事長	第1章1（1）（2）
井上　忠幸	セルプ協常任協議員（雇用事業部会部会長）／中野区仲町就労支援事業所所長	
	所長	第1章1（3）、第2章7
斎藤　公生	セルプ協顧問／東京リハビリ協会　理事	第1章1コラム
星野　泰啓	セルプ協顧問／よるべ会　理事長	第1章1コラム
近藤　正臣	セルプ協顧問／名古屋ライトハウス　理事長	第1章1コラム
桑原　隆俊	セルプ協常任協議員（制度・政策・予算対策委員会委員長）／厚生協会　常務理事	
	事	第1章2、第4章6・7
叶　義文	セルプ協副会長／キリスト者奉仕会　理事長	第1章3（1）、第4章4
松村　浩	セルプ協副会長／維雅幸育会　常務理事	
		第1章3（2）、第3章1（2）・2（1）（2）
髙江智和理	セルプ協副会長／日本セルプセンター会長／北海道光生舎　理事長	
		第1章4、第2章1（1）（2）
福田　一宏	セルプ協協議員（総務・財政・広報委員会副委員長）／北海道リハビリー法人本部　事務局長	
	本部　事務局長	第2章1（3）
改田　健児	セルプ協協議員（総務・財政・広報委員会委員）／授産所高浜安立　施設長	
		第2章2（1）（2）
花宮　良治	セルプ協常任協議員（総務・財政・広報委員会副委員長、雇用事業部会副部会長）／ソレイユ　施設長	
	長）／ソレイユ　施設長	第2章2（3）（4）
志賀　正幸	セルプ協常任協議員（総務・財政・広報委員会委員長、雇用事業部会幹事）／つかさ会　理事長	
	つかさ会　理事長	第2章3・4・5
小澤　啓洋	セルプ協協議員（調査・研究・研修委員会委員、就労移行支援事業部会副部会長）／光明会　常務理事	
	長）／光明会　常務理事	第2章6
吉野　縫子	税理士法人田中・吉野会計　税理士	第2章8、第5章3（7）
平松　和子	平松朗務事務所所長／社会保険労務士	第3章1（1）
佐野　竜平	セルプ協協議員／法政大学現代福祉学部　准教授	第3章1（3）
寺本　賢司	セルプ協常任協議員（制度・政策・予算対策委員会副委員長）／邑智園　施設長	
		第3章3（1）
野々下哲也	セルプ協常任協議員（調査・研究・研修委員会副委員長、雇用事業部会幹事）／港ワークキャンパス　施設長	
	事）／港ワークキャンパス　施設長	第3章3（2）

社会就労センターハンドブック 働く支援のあり方

発 行 2022年1月28日 初版第1刷
　　　　2022年5月20日 初版第2刷
編 者 全国社会福祉協議会・全国社会就労センター協議会
定 価 3,300円(本体3,000円+税10%)
発行者 笹尾 勝
発行所 社会福祉法人 全国社会福祉協議会
　　　　〒100-8980
　　　　東京都千代田区霞が関3-3-2　新霞が関ビル
　　　　TEL 03-3581-9511　　FAX 03-3581-4666
振 替 00160-5-38440
印刷所 三報社印刷株式会社
ISBN 978-4-7935-1397-8 C2036 ￥3000E　禁複製